BLED
Conjugaison

Édouard BLED
Odette BLED
Lauréats de l'Académie française

Nouvelle édition assurée par
Daniel BERLION
Inspecteur d'académie

HACHETTE
Éducation

Conception graphique
Couverture : Olivier CALDERON
Intérieur : Laurent CARRÉ – Audrey IZERN

Composition et mise en page : MÉDIAMAX

ISBN 978-2-0116-9448-5

SOMMAIRE

AVANT-PROPOS

Il en est de la conjugaison comme de bien d'autres apprentissages : pour atteindre l'objectif fixé, avec ce que cela implique d'efforts patients, persévérants et ordonnés, il faut procéder en adoptant une démarche rigoureuse. Comme l'écrivaient Odette et Édouard Bled : *« Hâtons-nous lentement et méthodiquement ! »* Certes, cette manière de faire n'est pas la seule qui permette d'apprendre, mais dans le cas spécifique de la conjugaison, c'est celle qui – très pragmatiquement – donne les meilleurs résultats pour une majorité de personnes.

Cette démarche fut adoptée par Odette et Édouard Bled dans tous leurs ouvrages. Nous avons conservé la ligne de conduite qui a assuré le succès de la collection : la rigueur, l'exhaustivité, la clarté de la présentation, la somme d'exercices à aborder avec constance et détermination. Tous les utilisateurs des *Bled* retrouveront ici ces qualités, gages de progrès.

Une nouvelle édition modernisée en profondeur

Les recherches linguistiques ont mis en évidence certains faits qui permettent de mieux soutenir les efforts de ceux qui apprennent ; aussi avons-nous introduit une cohérence nouvelle, sans pour autant modifier un contenu qui demeure le socle essentiel de notre système verbal.
Par ailleurs, les transformations, voire les bouleversements de notre société sont tels que nous avons choisi d'introduire des verbes qu'un citoyen du XXIe siècle utilise désormais dans sa vie quotidienne : la télévision, la vidéo, l'informatique, les moyens de communications, les modes alimentaires, les avancées technologiques, les voyages, les loisirs, le sport, bref tous les nouveaux centres d'intérêt servent de supports aux exemples et aux exercices.

Un apprentissage progressif

La reconnaissance des verbes

L'étude de la conjugaison a une grande importance parce que les verbes sont les mots essentiels des propositions. Aussi faut-il apprendre à les identifier rapidement, à retrouver leur radical et à les replacer dans des ensembles qui présentent les mêmes régularités.
Le classement en trois groupes est simple et facilite la mémorisation des terminaisons, même si à l'intérieur d'un même groupe on rencontrera des séries qui se distinguent soit par des modifications identiques du radical, soit par des terminaisons particulières.
Nous consacrons aussi de nombreuses leçons à des verbes très fréquents (essentiellement du 3e groupe) dont les conjugaisons sont particulières. Il est impératif de les étudier avec le plus grand soin.

Les temps et les modes

Les temps et les modes les plus usuels font l'objet d'études détaillées ; quant aux temps ou aux personnes qui ne se rencontrent plus que dans les textes littéraires (deux premières personnes du pluriel du passé simple, conditionnel passé, imparfait du subjonctif...), ils sont présentés dans des situations variées afin que vous puissiez les identifier et essayer, pourquoi pas, de les placer dans vos écrits.

Les confusions de formes

Certaines terminaisons sont homophones (je **cours** ; il faut que je **coure** – je **parlerai** ; je **parlerais**, etc.). Nous proposons des procédés simples de différenciation par substitution ; ils vous permettront de placer rapidement la terminaison correcte.
Enfin, nous avons consacré deux leçons à l'accord des participes passés, source de nombreuses erreurs.

Une organisation claire en 38 leçons

Chacune des leçons traite une difficulté spécifique. Toutes les leçons sont présentées en double page selon le même schéma.

Les règles et les procédés

La page de gauche est consacrée à l'exposé, simple et clair, des principales règles de conjugaison suivies de remarques qui prolongent la réflexion. Règles et remarques sont accompagnées de nombreux exemples.

Les exercices

La page de droite propose quatre à six exercices d'entraînement sur la conjugaison présentée en page de gauche. Nous vous recommandons vivement de les effectuer en totalité, c'est-à-dire de copier l'intégralité des phrases. Contrairement à une idée reçue, ce temps de copie n'est pas du temps perdu, il permet la mémorisation, en situation, de milliers de mots et d'accords.

Les corrigés

Tous les exercices font l'objet d'un corrigé (pages 84 à 112) auquel vous pourrez vous reporter aussi souvent que nécessaire.

Les 83 tableaux de conjugaison types et l'index de plus de 6 000 verbes

Pratiquement tous les verbes du français peuvent être rattachés à 83 séries types qui présentent les mêmes variations du radical et les mêmes terminaisons. Chacune de ces séries fait l'objet d'une présentation exhaustive des temps et des personnes dans des tableaux de lecture aisée. Pour conjuguer un verbe, il vous suffira de le chercher dans l'index et de noter le numéro du modèle de conjugaison type.

La maîtrise de la langue

À travers l'apprentissage de la conjugaison, c'est en fait la maîtrise de la langue que nous visons ; si vous êtes à l'école de la rigueur et de la correction, vous serez progressivement en mesure de régler les problèmes posés lors d'une expression personnelle.
Nous avons voulu offrir à la personne rencontrant des difficultés, un ouvrage qui lui permette de reprendre confiance et de progresser à sa mesure ; quant au lecteur plus avancé dans la maîtrise de la langue, il trouvera dans ce livre matière à se perfectionner pour être toujours plus assuré dans ses écrits.

Daniel Berlion
Inspecteur d'académie

RÈGLES
ET EXERCICES

1 LES VERBES

Un verbe est un mot qui indique ce que fait, ce qu'est ou ce que pense une personne, un animal ou une chose.

L'infinitif

- On dit qu'un verbe est **conjugué** lorsque son écriture change selon le sujet du verbe ou le temps de la phrase.
- Lorsqu'il n'est pas conjugué, le verbe se présente sous une forme neutre : **l'infinitif**. C'est ainsi qu'il figure dans un dictionnaire.

parler – marcher – réunir – découvrir – faire – croire – venir – pouvoir

Le radical et la terminaison d'un verbe

Un verbe se compose d'un **radical** et d'une **terminaison** (ou désinence).

cherch-**er** réun-**ir** voul-**oir** descend-**re**

radical terminaison

(Dans les exemples ci-dessus, les terminaisons sont celles de l'infinitif.)

Remarque

Pour certains verbes, le radical reste le même dans toutes les formes verbales.

je **ris** – nous **ri**ions – ils **ri**ront – il faut qu'elle **rie** – **ris** – j'ai **ri**

Pour d'autres verbes, le radical peut varier d'une forme verbale à l'autre.

je **vais** – nous **all**ons – elle **ir**a – il faut que tu **aill**es

Les trois groupes de verbes

- **Le 1er groupe :** tous les verbes dont l'infinitif se termine par ***-er*** (sauf *aller*).

cherch**er** – trouv**er** – parl**er** – appel**er**

- **Le 2e groupe :** les verbes dont l'infinitif se termine par ***-ir*** et qui intercalent l'élément ***-ss-*** entre le radical et la terminaison, aux personnes du pluriel du présent de l'indicatif.

réunir (nous réuni**ss**ons) – agir (vous agi**ss**ez)

- **Le 3e groupe :** tous les autres verbes.

perdre – apparaître – vivre – courir (on ne dit pas « nous courissons »)

Les verbes *avoir* et *être* n'appartiennent à aucun groupe. Ils s'emploient comme les autres verbes, mais aussi comme **auxiliaires** aux temps composés (voir leçon 2).

Les verbes pronominaux

On appelle **verbes pronominaux** les verbes qui sont accompagnés d'un pronom personnel de la même personne que le sujet. À l'infinitif, c'est le pronom de la 3e personne : ***se***.

se laver – **se** tenir – **se** nourrir – **s'**asseoir – **se** pincer – **se** poser

Je **me** lave. – Tu **te** tenais. – Il **se** nourrit. – Nous **nous** asseyons. – Vous **vous** pincez. – Ils **se** posent.

Entraînement

1 Pour chaque verbe, séparez le radical de la terminaison.

Ex. : nous attendons → attend – ons

je vérifiais – nous crions – tu déjeuneras – elle respira – vous éteignez – ils fondent – je répondrais – vous conduisez – avancez – nous attendions – elles disparaissent – tu blêmis – on naviguait – il pleuvra – nous maigrissons – ils conclurent – j'admets – nous traversons – tu applaudissais – vous survivez

2 Indiquez le groupe auquel appartient chacun de ces verbes à l'infinitif.

Ex. : *pousser* → 1er groupe

traduire – subir – trébucher – pleuvoir – barbouiller – aboutir – plaire – annuler – resplendir – apparaître – atterrir – triompher – intervenir – réfléchir – souligner – approfondir – préconiser – gesticuler – garantir – parcourir – avertir – entendre – enfreindre – espionner

3 Indiquez l'infinitif de ces verbes dont le radical est modifié selon les formes verbales.

Ex. : je veux – je voudrais – veuillez – j'ai voulu → *vouloir*

tu reviens – il revenait – tu revins – ils reviendront – nous sommes revenus → …
je dois – il devait – ils durent – vous devrez – nous devions – elle a dû → …
nous pouvons – je pus – ils pourront – (que) tu puisses – elle a pu → …
ils envoient – tu envoyais – vous enverrez – j'envoyai – nous avons envoyé → …
vous saurez – nous savons – sache – ils surent – tu sais – elles ont su → …
elle boira – on a bu – vous buviez – je bois – (que) je boive → …
je fais – ils font – vous faites – tu feras – (que) nous fassions – il a fait → …
elles plaisent – je plaisais – tu plus – nous plairons – il plaît – vous avez plu → …

4 Copiez cette liste de verbes et encadrez les verbes pronominaux.

permettre – se servir – se détendre – patienter – inverser – se souvenir – vendre – s'enrichir – s'éteindre – éblouir – se remplir – supprimer – s'accomplir – trottiner – s'évanouir – accompagner – s'enfermer – se maquiller

5 Copiez ces phrases, soulignez les verbes conjugués, écrivez leur infinitif et donnez leur groupe.

Ex. : Autrefois, les gens se déplaçaient en diligence. → *se déplacer* : 1er groupe

Nous écrivons à nos amis de Vendée. – Je ne connaissais pas l'auteur de ce tableau. – Vous ne dites pas un mot. – Tu craignais de voir ta cave inondée. – Les maçons bâtissent un mur de soutènement. – Ce colosse a ouvert la porte d'un coup d'épaule. – Les voisins se plaignent du bruit. – Vous avez revu vos anciens camarades de classe. – Nous fuyons à toutes jambes. – Je suis né au mois d'avril. – Tu rédigeras correctement l'adresse sans oublier le code postal. – Le caissier me rendit la monnaie. – Nous nous endettons pour acquérir un appartement au centre de la ville. – Vous avez cru apercevoir une soucoupe volante, mais ce n'était qu'une étoile filante. – Beaucoup de personnes te confondent avec ton frère jumeau. – La fumée est si épaisse que vous suffoquez. – Le bonhomme Carnaval trône au centre de la place ; chacun peut l'admirer.

Solutions P. 84

2 LES TEMPS – LES MODES – LES PERSONNES

La conjugaison est composée de séries verbales appelées « temps », elles-mêmes réunies en séries appelées « modes ».

Les temps

Le temps du verbe permet de se situer (action / parole) sur un axe temporel (passé, présent, futur). La terminaison d'un verbe varie selon **le temps**.

hier → je march**ais** aujourd'hui → je march**e** demain → je march**erai**

- **Temps simples :** formes sans auxiliaire.
  je marche – nous marchions – vous marcheriez
- **Temps composés :** auxiliaire *être* ou *avoir* + participe passé du verbe.
  j'ai marché – nous avions marché – ils seront partis

Les modes

- **L'indicatif** : action dans sa réalité.
  Il **lit** ce roman.
- **L'impératif** : action sous forme d'ordre, de conseil, de recommandation.
  Lis ce roman !
- **Le subjonctif** : action envisagée ou hypothétique.
  Il faut qu'il **lise** ce roman.
- **Le conditionnel** : action éventuelle, qui dépend d'une condition.
  S'il en avait le temps, il **lirait** ce roman.

Les personnes

La terminaison d'un verbe varie selon **la personne**.

je, tu, il, elle, on, nous, vous, ils, elles sont des **pronoms de conjugaison**.

Il y a trois personnes du singulier et trois personnes du pluriel.

je marche	→ c'est moi qui fais l'action	1re pers. du singulier
tu marches	→ c'est toi qui fais l'action	2e pers. du singulier
il/elle/on marche	→ c'est lui (elle) qui fait l'action	3e pers. du singulier
nous marchons	→ c'est nous qui faisons l'action	1re pers. du pluriel
vous marchez	→ c'est vous qui faites l'action	2e pers. du pluriel
ils/elles marchent	→ ce sont eux (elles) qui font l'action	3e pers. du pluriel

⚠ Remarques

1 Dans la langue courante, il est devenu fréquent d'employer le pronom *on* à la place du pronom *nous*.

Nous marchons vite.
On marche vite.

2 Le *vous* de politesse s'emploie quand on ne veut pas tutoyer son unique interlocuteur : la terminaison du verbe est celle de la 2e personne du pluriel. Mais on ne s'adresse qu'à une seule personne.

Entraînement

1 Copiez ces phrases, soulignez les verbes conjugués à un temps simple et encadrez ceux conjugués à un temps composé.

Vous avez garni le réfrigérateur. – Les animaux ne sont pas admis dans ce restaurant. – Tiendras-tu tes promesses ? – Vous multipliez les essais. – J'avais souscrit un abonnement annuel. – Nous remplirons le questionnaire. – La côte bretonne sera polluée sur plusieurs kilomètres. – Les lézards paressaient au soleil. – Nous avons oublié les noms de tous les empereurs romains. – Ce tireur étonna ses amis par son adresse. – Tu seras certainement arrivé avant moi. – Je meublerai ma chambre.

2 Indiquez les personnes auxquelles les verbes sont conjugués.

Ex. : Elles **cherchaient** un renseignement. → 3e personne du pluriel

À cause du soleil, je ferme les yeux. – Ces maisons sont en vente à des prix dérisoires. – Tu retires de l'argent au distributeur. – Le TGV roule à plus de trois cents kilomètres à l'heure. – Vous pédaliez de bon cœur. – Des incidents ont perturbé la retransmission de ce match. – Nous composerons le numéro de téléphone indiqué sur la notice. – Pour des raisons de sécurité, on doit toujours respecter les limitations de vitesse.

3 Indiquez le temps (passé – présent – futur) des verbes.

Ex. : Tu **sortiras** tout à l'heure. → futur

Les pompiers ont éteint l'incendie. – J'avais mordu à pleines dents dans ma pomme. – Vous écoutez un nouveau CD. – Ce mage prédira l'avenir de la jeune fille. – Les autruches pondent des œufs énormes. – Le tapis en mousse amortira la chute du perchiste. – Ces comédiens enchantèrent les spectateurs. – Nous avons envoyé un signal de détresse. – Le médecin vaccine les jeunes enfants.

4 Complétez ces phrases avec les expressions ci-dessous et indiquez s'il s'agit du passé, du présent ou du futur ; il y a parfois plusieurs possibilités.

Samedi prochain – En ce moment – L'été dernier – Autrefois – Hier – Demain – Actuellement – Aujourd'hui – À l'avenir – Au temps des pharaons

..., des avions transporteront plus de mille personnes. – ..., des esclaves bâtissaient de gigantesques pyramides. – ..., les boutiques du centre commercial proposent des promotions exceptionnelles. – ..., nous partirons en week-end à Biarritz. – ..., il pleut mais ... il fera beau, c'est du moins ce qu'annonce la météo. – ..., on s'éclairait avec des chandelles. – ..., la famille Durand a passé ses vacances dans le Périgord. – ..., j'essaie de brancher mon lecteur de DVD. – ..., tu as loué une voiture pour te rendre à Angers.

5 Complétez ces phrases avec un pronom de conjugaison ; il y a parfois plusieurs possibilités.

... regagnai ma place. – Si ... voulions aller en Algérie, ... choisirions un moyen de transport rapide : l'avion. – ... jettes toujours tes emballages vides dans le conteneur approprié. – ... ne manquera pas de nous prévenir de son départ. – ... assiste au défilé du 14 Juillet. – Après cette course, ... me suis sentie fatiguée. – ... souhaiteriez retourner sur les lieux de votre enfance. – Ce matin, ... gèle à pierre fendre. – ... s'éloignaient du bord de la falaise.

Solutions P. 84

3 LE PRÉSENT DE L'INDICATIF : *avoir – être – 1er groupe*

Le présent de l'indicatif indique généralement le moment actuel, mais il a aussi d'autres valeurs.

Les valeurs du présent de l'indicatif

- Le présent indique une action qui se déroule au moment où l'on parle.
  Tu **regardes** la télévision.
- Il peut exprimer une habitude, une action ou un fait souvent répété.
  Ce magasin **ouvre** tous les jours à 9 heures.
- Il peut présenter une vérité générale, un fait permanent.
  Qui ne **risque** rien n'**a** rien.
- Il exprime des actions passées que l'on place dans le présent pour les rendre plus vivantes (présent de narration).
  En 1492, Christophe Colomb **découvre** l'Amérique.
- Il peut avoir une valeur de passé récent ou de futur très proche.
  Je **viens** juste de lui téléphoner. Demain, j'**arrive** vers 15 heures.

Tableaux de conjugaison

auxiliaires		1er groupe
avoir	**être**	**parler**
j' **ai**	je **suis**	je parl**e**
tu **as**	tu **es**	tu parl**es**
il/elle **a**	il/elle **est**	il/elle parl**e**
nous **avons**	nous **sommes**	nous parl**ons**
vous **avez**	vous **êtes**	vous parl**ez**
ils/elles **ont**	ils/elles **sont**	ils/elles parl**ent**

⚠ Remarques

1 Certaines formes des auxiliaires sont homophones (elles ont la même prononciation).

Tu [ɛ] frileux.	2e pers. sing.	→ **es** *(être)*
Il [ɛ] frileux.	3e pers. sing.	→ **est** *(être)*
J'[ɛ] froid.	1re pers. sing.	→ **ai** *(avoir)*
Tu [a] froid.	2e pers. sing.	→ **as** *(avoir)*
Elle [a] froid.	3e pers. sing.	→ **a** *(avoir)*

2 Pour les verbes du 1er groupe, quatre terminaisons sont muettes :

je parl**e** – tu parl**es** – il parl**e** – elles parl**ent**

Il faut donc bien chercher la personne à laquelle le verbe est conjugué pour placer la terminaison correcte.

3 Le pronom personnel précédant le verbe n'est pas obligatoirement le sujet du verbe : ce peut être un pronom personnel complément.

Tu *me* donn**es** un as. → Tu donn**es** un as.

4 Les verbes du 3e groupe comme *ouvrir, couvrir, découvrir, recouvrir, entrouvrir, offrir, souffrir, cueillir, recueillir, saillir, défaillir, assaillir, tressaillir* se conjuguent comme les verbes du 1er groupe au présent de l'indicatif.

j'ouvr**e** – tu découvr**es** – il souffr**e** – nous cueill**ons** – vous défaill**ez** – elles tressaill**ent**

Entraînement

1 **Conjuguez les verbes de ces expressions au présent de l'indicatif.**

rencontrer des difficultés — **écouter** de la musique — **garder** son calme
examiner les documents — **signaler** sa présence — **savourer** un dessert

2 **Écrivez les verbes en gras au présent de l'indicatif.**

Nous **regarder** le feuilleton du vendredi soir. – La porte **pivoter** sans bruit. – Tu **résister** à la tentation. – Certains **risquer** leur vie dans des ascensions périlleuses. – Vous **indiquer** le trajet aux touristes égarés. – Les anciens du quartier **organiser** un tournoi de pétanque. – Je vous **remercier** de votre aide. – Ce livre te **captiver**. – Tu **donner** ta réponse et tu la **justifier**. – Nous **déposer** nos bagages sur le tapis roulant. – Les feux tricolores ne **fonctionner** plus depuis une heure. – Ce bricoleur de génie **perfectionner** son invention. – Je **trier** de vieilles photographies. – Vous ne **avoir** pas à vous plaindre ; vous **être** bien servis.

3 **Écrivez les verbes en gras au présent de l'indicatif avec les sujets proposés.**

Être sur le parking et **chercher** une place
Tu … — **Nous …** — **M. Laurent …** — **Les automobilistes …**
Avoir le hoquet et **avaler** un verre d'eau
J'… — **Farid …** — **Vous …** — **Ces enfants …**

4 **Complétez ces phrases avec des sujets (noms ou pronoms) de votre choix en respectant les accords.**

... posez de bonnes questions. – ... relie ces deux villes. – ... note ses élèves avec bienveillance. – ... ponctue correctement mon texte. – ... enfilent leur maillot avant de pénétrer sur le terrain. – ... sont actuellement sans ressources. – ... paralyse la circulation sur le boulevard périphérique. – ... fouillons dans notre placard. – ... fredonnes ton air préféré. – ... arrêtent les chauffards. – ... flaire la piste du gibier. – ... montez au quatrième étage. – ... revendiquent de meilleures conditions de travail.

5 **Écrivez les verbes en gras au présent de l'indicatif.**

Désormais, les ordinateurs **être** d'un usage courant. – Ce dessinateur **avoir** de l'or dans les doigts. – Nous **chercher** la rue Pasteur. – Tu **tourner** les talons dès la fin de la discussion. – Vous me **couper** une tranche de gigot. – Je **laver** mes vêtements. – Ces jeunes garçons **fréquenter** la salle de musculation. – Ces baigneurs ne **échapper** pas à la vigilance du maître nageur. – Avant d'acheter, le client **comparer** les prix des différentes marchandises. – Nous **rentrer** d'une longue promenade.

6 **Complétez ces phrases avec des verbes du 1er groupe de votre choix, conjugués au présent de l'indicatif.**

Tu ... tes tartines. – Le médecin ... les enfants contre la poliomyélite. – Vous ... les personnes âgées. – Ces médicaments ... la douleur. – Le skieur ... entre les piquets. – À l'issue de la partie, nous ... vingt-deux points. – Par tes propos blessants, tu ... tes amis. – Je ... d'une importante réduction sur l'achat de ce baladeur. – Surprise par une question difficile, la candidate ... une vague réponse. – Un bon cavalier ne ... jamais sa monture.

Solutions P. 85

4 LE PRÉSENT DE L'INDICATIF : 2ᵉ et 3ᵉ groupes

Au présent de l'indicatif, les terminaisons des verbes des 2ᵉ et 3ᵉ groupes sont identiques.

Tableaux de conjugaison

2ᵉ groupe	3ᵉ groupe	
réussir	**courir**	**rompre**
je réussis	je cours	je romps
tu réussis	tu cours	tu romps
il/elle réussit	il/elle court	il/elle rompt
nous réussissons	nous courons	nous rompons
vous réussissez	vous courez	vous rompez
ils/elles réussissent	ils/elles courent	ils/elles rompent

Remarques

1 Certains verbes du 3ᵉ groupe (et leurs dérivés) perdent la dernière lettre de leur radical aux personnes du singulier.

vivre	je vis	tu vis	on vit
mettre	je mets	tu mets	il met
battre	je bats	tu bats	elle bat
dormir	je dors	tu dors	il dort
sentir	je sens	tu sens	on sent
partir	je pars	tu pars	elle part
sortir	je sors	tu sors	il sort
mentir	je mens	tu mens	elle ment
paraître	je parais	tu parais	il paraît*

* Pour les verbes terminés par ***-aître*** à l'infinitif – ainsi que *plaire* –, on conserve l'accent circonflexe quand le ***i*** du radical est suivi d'un ***t***.

2 Il existe plusieurs formes homophones. Pour éviter les erreurs, il faut chercher le verbe, le groupe et la personne avant de placer la terminaison.

réussir → je réussis – tu réussis – il réussit
courir → je cours – tu cours – elle court – ils courent

3 Pour les verbes terminés par ***-dre***, il n'y a pas de terminaison à la 3ᵉ personne du singulier.

j'attends – il attend

4 Il ne faut pas confondre les verbes du 1ᵉʳ groupe homophones de verbes du 3ᵉ groupe à certaines personnes. Pour éviter les fautes d'orthographe, il faut chercher l'infinitif qui indique le groupe auquel appartient chaque verbe.

Vous [fɛt] un tour en ville.
3ᵉ groupe → faites *(faire)*
Tu [fɛt] ton anniversaire.
1ᵉʳ groupe → fêtes *(fêter)*

5 Pour les personnes du pluriel des verbes du 2ᵉ groupe, on intercale l'élément ***-ss-*** entre le radical et la terminaison. Cet élément permet de distinguer les verbes en ***-ir*** du 2ᵉ groupe de ceux également en ***-ir*** du 3ᵉ groupe.

6 Les formes conjuguées du verbe *croître* conservent l'accent circonflexe quand elles peuvent être confondues avec les formes conjuguées du verbe *croire*.

croître → Je croîs. L'arbre croît.
croire → Je crois. Il me croit.

7 Le verbe *vêtir* (et ses dérivés) conserve l'accent circonflexe à toutes les personnes.

revêtir → je revêts – tu revêts – elle revêt – nous revêtons – vous revêtez – ils revêtent

Entraînement

1 **Conjuguez les verbes de ces expressions au présent de l'indicatif.**

bondir de joie — **accomplir** un exploit — **sortir** une carte bancaire
farcir une volaille — **exclure** un tricheur — **démentir** une information

2 **Écrivez les verbes en gras au présent de l'indicatif avec les sujets proposés.**

Courir ventre à terre, puis **reprendre** des forces
Je … **Tu …** **Caramel …** **Nous …** **Vous …** **Les lévriers …**

3 **Écrivez les verbes en gras au présent de l'indicatif.**

Les vendeurs nous **garantir** la qualité de ces appareils. – Une panne d'électricité **interrompre** la séance. – Comme tu **prendre** ton parapluie, j'en **déduire** que le ciel **s'assombrir**. – Pourquoi **vivre**-vous au jour le jour ? – Nous **admettre** un nouveau joueur dans notre équipe. – Ces hommes généreux **combattre** sans relâche les injustices. – Tu **sentir** la bonne odeur du chocolat chaud. – Ces deux pays **conclure** un traité de paix. – Le cosmonaute **revêtir** un scaphandre spécial. – Je **confondre** ces deux itinéraires. – Au bruit de sa gamelle, le chiot **accourir**. – Tu **subir** tous les cahots de la route. – Le soleil **luire**.

4 **Écrivez les verbes en gras au présent de l'indicatif.**

Au soleil, la neige **fondre** rapidement. – Ces personnes ne **faire** pas leur âge. – Le taxi **serrer** de trop près la voiture qui le précède. – Cette organisation **servir** la cause des populations déplacées. – L'escrimeur **parer** tous les assauts de son adversaire. – Cet avion **partir** pour une destination lointaine. – Tu **dormir** comme un loir, même s'il y a du bruit. – Pour les restaurer, on **dorer** les cadres des tableaux. – À la fin de son discours, l'orateur **s'écrier** : Vive la République ! – J'**écrire** une longue lettre à mes amis de Toulon.

5 **Complétez ces phrases avec les verbes de la liste suivante conjugués au présent de l'indicatif.**

renaître – paraître – connaître – naître – apparaître – disparaître – méconnaître
Je ne ... pas d'endroit plus reposant que ce hameau. – À la vue des chasseurs, le chevreuil ... dans un fourré. – Il ... évident que ce texte n'a pas été écrit au XIIe siècle. – Tu ne ... pas les dangers que représente une telle expédition. – Le rideau se lève et le chanteur ... enfin devant son public. – Toutes les secondes, il ... un enfant en Chine. – Au printemps, la végétation ... .

6 **Écrivez la terminaison des verbes et justifiez-la en donnant l'infinitif entre parenthèses.**

M. Royer pari... sur les courses de chevaux. – Tu fleuri... ton balcon. – La température vari... de plusieurs degrés au cours de la journée. – Je tri... des documents importants. – Le boulanger pétri... la pâte à pleines mains. – Le maçon crépi... la façade de l'immeuble. – Quel animal glapi... ? le renard, bien sûr. – L'acrobate accompli... un rétablissement inattendu. – Tu épi... mes réactions. – Je rempli... mon verre. – Florian adouci... l'acidité de cette compote avec un peu de sucre. – Tu associ... ce poème à des souvenirs d'enfance.

Solutions P. 85

5 LE PRÉSENT DE L'INDICATIF : verbes irréguliers

Au présent de l'indicatif, certains verbes du 3e groupe ont des formes irrégulières qu'il faut retenir.

Quelques verbes irréguliers

aller	je vais	elle va	nous allons	ils vont
faire	tu fais	nous faisons	vous faites	elles font
venir	je viens	elle vient	nous venons	ils viennent
pouvoir	je peux	il peut	nous pouvons	elles peuvent
valoir	tu vaux	elle vaut	vous valez	ils valent
dire	je dis	elle dit	vous dites	elles disent
devoir	tu dois	il doit	nous devons	ils doivent
voir	il voit	nous voyons	vous voyez	elles voient
lire	je lis	elle lit	nous lisons	ils lisent
mourir	tu meurs	il meurt	vous mourez	elles meurent
asseoir*	j'assois	elle assoit	nous assoyons	ils assoient
	j'assieds	elle assied	nous asseyons	ils asseyent
acquérir	j'acquiers	il acquiert	vous acquérez	ils acquièrent
écrire	tu écris	elle écrit	nous écrivons	elles écrivent
vaincre	tu vaincs	elle vainc	vous vainquez	ils vainquent
fuire	je fuis	nous fuyons	vous fuyez	elles fuient
peindre	je peins	il peint	nous peignons	ils peignent
conduire	tu conduis	elle conduit	vous conduisez	elles conduisent
résoudre	je résous	nous résolvons	vous résolvez	ils résolvent
coudre	tu couds	il coud	nous cousons	elles cousent

* Les deux conjugaisons sont acceptées, même si la première est d'un niveau moins soutenu.

Remarques

1 Les verbes dont l'infinitif se termine par ***-indre***, comme *peindre, joindre, craindre*, perdent le ***d*** du radical aux personnes du singulier. Aux personnes du pluriel, le radical est modifié.

2 Le radical des verbes dont l'infinitif se termine par ***-uire***, comme *conduire*, est modifié aux personnes du pluriel : ajout du ***s***.

3 Les verbes *résoudre* et *dissoudre* perdent le ***d*** aux trois personnes du singulier. Leur radical est modifié aux trois personnes du pluriel.

4 Les verbes *coudre, découdre, moudre* conservent le ***d*** aux trois personnes du singulier.

5 Le verbe *falloir* ne s'utilise qu'à la 3e personne du singulier.
Il **faut** préserver l'environnement.

Entraînement

1 **Complétez ces phrases avec des sujets (groupes nominaux ou pronoms personnels) qui conviennent.**

... ne **concevons** pas un long voyage en voiture sans une pause. – ... **rejoignent** le peloton. – ... **résout** tous les problèmes qui lui sont posés. – ... **recouds** l'ourlet de ma robe. – ... **entrevoyons** peut-être une issue au conflit. – ... **souscris** une assurance pour ta nouvelle moto. – **Croyez**-... à l'existence du monstre du loch Ness ? – ... **faut** renouveler votre carte d'identité. – ... **prédisent** parfois l'avenir. – ... **moud** les grains de café. – ... **restreignons** notre consommation de chocolat. – De par ma maladresse, ... ne **vaux** pas grand-chose au basket. – ... **vont** décoller dans quelques minutes.

2 **Conjuguez les verbes de ces expressions au présent de l'indicatif.**

relire des notes — **obtenir** un bon résultat — **boire** un verre de lait
éteindre les lumières — **écrire** avec un stylo plume — **s'inscrire** au concours

3 **Écrivez les verbes en gras au présent de l'indicatif.**

Vous **fuir** les personnes trop bavardes. – Pour progresser dans ce souterrain, Joris **vaincre** sa peur. – Nous nous **asseoir** à la terrasse d'un restaurant. – Les marins **maudire** les vents contraires. – En t'entraînant, tu **acquérir** une forme extraordinaire. – Les génies ne **mourir** jamais ; ils **survivre** dans la mémoire des hommes. – Ces meubles anciens **valoir** probablement une petite fortune. – Je ne **devoir** pas m'inquiéter. – Vous vous **satisfaire** d'une place dans la tribune latérale. – La température **se maintenir** au-dessus de zéro. – En vue de la représentation, nous **apprendre** nos rôles par cœur. – Avant de poser l'affiche, j'**enduire** le mur de colle. – Quelques brins de cerfeuil **suffire** pour donner du goût à la salade.

4 **Complétez ces phrases avec les verbes de la liste suivante conjugués au présent de l'indicatif.**

revenir – se souvenir – advenir – parvenir – devenir – intervenir – survenir – prévenir

Nous ... à dominer notre colère. – Lors de la mise à feu de la fusée, un incident ... . – Après réflexion, je ... sur ma première décision. – Tu ne ... plus du mot de passe de ton ordinateur : c'est ennuyeux. – Ces jeunes musiciens ... des virtuoses ! – Qu'...-il des maquettes de bateaux ? – Tu ... tes parents de ton retard. – Vous ... peu au cours de la discussion.

5 **Écrivez les verbes en gras au présent de l'indicatif, puis recopiez ce texte en utilisant les sujets proposés.**

Quand je **conduire** mon véhicule et que je **voir** la barrière se lever, je **savoir** que je **pouvoir** pénétrer dans le parking. Je **aller** immédiatement au quatrième niveau car je **craindre** que les niveaux inférieurs ne soient complets. Je **faire** d'abord un tour pour repérer une place libre et lorsque j'en **apercevoir** une, je me **dire** que j'**avoir** beaucoup de chance.

tu ... — **la conductrice/elle ...** — **nous ...** — **vous ...**

Solutions P. 86

6 L'IMPARFAIT DE L'INDICATIF : 1er, 2e et 3e groupes

L'imparfait de l'indicatif est un temps du passé.

Les valeurs de l'imparfait de l'indicatif

- L'imparfait marque un fait situé dans le passé.
  Avant de découvrir cette région, je n'**aimais** pas la campagne.
- Il indique une action qui a duré, qui n'est peut-être pas achevée, qui n'est pas délimitée dans le temps.
  La mer **se déchaînait** et le bateau **tanguait** dangereusement.
- C'est aussi le temps de la description (paysages, scènes) et de l'expression de faits habituels dans le passé.
  Le dimanche, nous **mangions** chez nos parents.

Tableaux de conjugaison

1er groupe	2e groupe	3e groupe	
parler	agir	vendre	revenir
je parlais	j'agissais	je vendais	je revenais
tu parlais	tu agissais	tu vendais	tu revenais
il/elle parlait	il/elle agissait	il/elle vendait	il/elle revenait
nous parlions	nous agissions	nous vendions	nous revenions
vous parliez	vous agissiez	vous vendiez	vous reveniez
ils/elles parlaient	ils/elles agissaient	ils/elles vendaient	ils/elles revenaient

⚠ Remarques

1 À l'imparfait, tous les verbes prennent les mêmes terminaisons.

2 Pour les verbes du 2e groupe, on intercale l'élément ***-ss-*** entre le radical et la terminaison.

3 Pour tous les verbes, quatre terminaisons sont homophones.

je recul**ais** – tu recul**ais** – il recul**ait** – elles recul**aient**

Il faut donc bien chercher la personne à laquelle le verbe est conjugué pour placer la terminaison correcte.

4 Pour les verbes du 1er groupe en ***-gner, -iller, -ier, -yer***, les terminaisons des 1re et 2e personnes du pluriel ont une prononciation quasiment identique au présent et à l'imparfait. Il ne faut donc pas oublier d'ajouter un ***i*** à l'imparfait.

nous gagnons – nous gagn**ions**
vous travaillez – vous travaill**iez**
nous skions – nous ski**ions**
vous balayez – vous balay**iez**

Pour bien faire la distinction, on remplace par une forme du singulier.

Aujourd'hui, nous skions.
Aujourd'hui, elle skie. → présent
Hier, nous ski**ions**.
Hier, elle ski**ait**. → imparfait

5 Certains verbes du 3e groupe *(rire, cueillir, bouillir, fuir, voir, asseoir, croire, craindre, peindre...)* se conjuguent avec cette même particularité.

nous ri**ions** – vous cueill**iez** – nous bouill**ions** – vous fuy**iez** – nous voy**ions** – vous assoy**iez** – vous assey**iez** – nous croy**ions** – vous craign**iez** – nous peign**ions**

Entraînement

1 **Conjuguez les verbes de ces expressions à l'imparfait de l'indicatif.**

remplir les arrosoirs
consulter Internet
admettre une erreur
détenir un carnet de chèques
courir en tous sens
présenter des certificats

2 **Écrivez les verbes en gras à l'imparfait de l'indicatif.**

L'éleveur ne **nourrir** ses volailles qu'avec des grains de maïs. – Tu **éblouir** tes amis par tes connaissances musicales. – J'**enfouir** les bulbes de tulipes. – Avant chaque course, vous vous **concentrer** longuement. – Cette personne **intervenir** sans cesse, même si le présentateur ne lui **donner** pas la parole. – Quand tu **vivre** en banlieue, tu **mettre** une heure pour te rendre sur ton lieu de travail. – J'**éviter** d'emprunter ce sentier boueux. – Après les pluies, les rivières **envahir** les champs. – Chaque fois qu'il **jouer** au loto, M. Blanc **perdre**. – Les Égyptiens **bâtir** de gigantesques mausolées.

3 **Les verbes en gras sont conjugués au présent de l'indicatif ; écrivez-les à l'imparfait de l'indicatif.**

Nous **convions** nos amis à partager notre repas. – Dans ce pré, les chevaux **galopent** en toute liberté. – Chaque séance **débute** par la projection d'un documentaire. – D'où **proviennent** ces coquillages ? Nous l'**ignorons**. – J'**obéis** à tous les ordres que vous **voulez** bien me donner. – Tu **gravis** avec peine les six étages de cet immeuble. – Les assiégés **défendent** âprement leur position. – Ce panneau nous **avertit** d'un danger ; nous **modérons** notre vitesse. – Vous **vous réjouissez** à l'idée d'assister à ce concert. – Tu ne **t'éternises** jamais dans les vestiaires ; tu **te rhabilles** en deux minutes. – Des travaux **perturbent** la circulation. – Je **progresse** chaque jour dans la connaissance de ce logiciel.

4 **Écrivez les verbes en gras à l'imparfait de l'indicatif.**

Au Moyen Âge, on **servir** les boissons dans des timbales. – Fatigués, vous **ralentir** la progression de votre cordée. – Sans mon portable, je ne **parvenir** pas à joindre mon amie Ghislaine. – Sous le poids des responsabilités, votre détermination **fléchir**. – Toutes ces provisions **alourdir** ton sac à dos. – Les banquiers florentins **s'enrichir** aux dépens des rois de France. – Après chaque réparation, le mécanicien **contrôler** le fonctionnement des freins. – Tu **étendre** le linge au soleil. – Le donneur **répartir** les cartes entre les joueurs. – Sans aucun poisson dans notre panier, nous **repartir** souvent bredouilles.

5 **Écrivez les verbes en gras à l'imparfait ou au présent de l'indicatif, selon le sens de la phrase.**

Autrefois, nous **payer** nos achats avec des francs, et non des euros. – Quand il n'y a rien à faire, vous **s'ennuyer**. – Lorsque vous étiez à l'école maternelle, vous **tutoyer** votre maîtresse. – Nous sommes perdus, alors nous **se renseigner** sur le bon itinéraire. – L'été dernier, nous **se baigner** dans le lac de Nantua. – Quand elles étaient mûres, nous **cueillir** les cerises. – Comme il n'y a plus de chaises, vous **s'asseoir** à même le sol. – Quand arrivait Noël, nous **apprécier** nos cadeaux.

Solutions P. 87

7 L'IMPARFAIT DE L'INDICATIF : *avoir – être – verbes irréguliers*

À l'imparfait de l'indicatif, quelques verbes modifient leur radical (on dit que ces verbes sont irréguliers), mais la forme de ce radical est la même pour toutes les personnes.

être – avoir

avoir	j'**av**ais	il/elle **av**ait	nous **av**ions	ils/elles **av**aient
être	j'**ét**ais	il/elle **ét**ait	nous **ét**ions	ils/elles **ét**aient

Quelques verbes irréguliers

faire	je **fais**ais	il **fais**ait	nous **fais**ions	ils **fais**aient
aller	tu **all**ais	elle **all**ait	vous **all**iez	elles **all**aient
dire	je **dis**ais	il **dis**ait	nous **dis**ions	ils **dis**aient
prédire	tu **prédis**ais	elle **prédis**ait	vous **prédis**iez	elles **prédis**aient
maudire	je **maudiss**ais	il **maudiss**ait	nous **maudiss**ions	ils **maudiss**aient
lire	tu **lis**ais	elle **lis**ait	vous **lis**iez	elles **lis**aient
écrire	j'**écriv**ais	il **écriv**ait	nous **écriv**ions	ils **écriv**aient
conduire	tu **conduis**ais	elle **conduis**ait	vous **conduis**iez	elles **conduis**aient
boire	je **buv**ais	il **buv**ait	nous **buv**ions	ils **buv**aient
vaincre	tu **vainqu**ais	elle **vainqu**ait	vous **vainqu**iez	elles **vainqu**aient
prendre	je **pren**ais	il **pren**ait	nous **pren**ions	ils **pren**aient
éteindre	tu **éteign**ais	elle **éteign**ait	vous **éteign**iez	elles **éteign**aient
coudre	je **cous**ais	il **cous**ait	nous **cous**ions	ils **cous**aient
résoudre	tu **résolv**ais	elle **résolv**ait	vous **résolv**iez	elles **résolv**aient
paraître	je **paraiss**ais	il **paraiss**ait	nous **paraiss**ions	ils **paraiss**aient
taire	tu **tais**ais	elle **tais**ait	vous **tais**iez	elles **tais**aient
plaire	je **plais**ais	il **plais**ait	nous **plais**ions	ils **plais**aient
haïr	tu **haïss**ais	elle **haïss**ait	vous **haïss**iez	elles **haïss**aient

Remarques

1 Les terminaisons sont les mêmes pour tous les verbes : ***-ais, -ais, -ait, -ions, -iez, -aient***.

2 Le radical sur lequel on forme l'imparfait de l'indicatif est le même que celui de la 1re personne du pluriel du présent de l'indicatif pour tous les verbes (sauf *être*).

présent → nous **fais**ons
imparfait → je **fais**ais

présent → nous **conduis**ons
imparfait → tu **conduis**ais

présent → nous **buv**ons
imparfait → ils **buv**aient

présent → nous **résolv**ons
imparfait → vous **résolv**iez

3 Le verbe *falloir* ne se conjugue qu'à la 3e personne du singulier.

Il fallait procéder à des modifications.

Entraînement

1 Conjuguez ces verbes aux temps de l'indicatif et aux personnes demandés.

	présent	imparfait		
plaire	nous ...	je ...	elle ...	vous ...
conduire	nous ...	tu ...	nous ...	elles ...
écrire	nous ...	on ...	vous ...	ils ...
coudre	nous ...	je ...	nous ...	vous ...
lire	nous ...	il ...	vous ...	elles ...
disparaître	nous ...	tu ...	il ...	nous ...
séduire	nous ...	elle ...	nous ...	ils ...

2 Conjuguez les verbes de ces expressions à l'imparfait de l'indicatif. Pour les troisièmes personnes, vous choisirez des noms sujets.

avoir un chien — **vaincre** une peur — **convaincre** l'auditoire
haïr la violence — **être** sur le trottoir — **aller** de l'avant

3 Écrivez les verbes en gras à l'imparfait de l'indicatif.

Autrefois, on **résoudre** les problèmes sans l'aide d'une calculatrice. – Tu **décrire** avec précision les détails de l'incident. – Avant 1948, seuls les gens riches **élire** les députés. – Avec ces médicaments, nous **proscrire** toute consommation d'alcool. – L'analyse des prélèvements **contredire** l'hypothèse initiale. – Les précepteurs **instruire** les enfants des familles nobles. – Vous **redire** toujours la même histoire, telle que vous l'**avoir** entendue. – Au Moyen Âge, les paysans **maudire** le passage des soldats. – Dès son enfance, on **prédire** un brillant avenir à Mozart. – Les médecins de Molière lui **prescrire** des saignées. – Aucune émotion ne **transparaître** sur le visage du juge.

4 Écrivez les verbes en gras à l'imparfait de l'indicatif.

Le chauffeur de l'autobus **fait** des détours pour éviter les encombrements. – Tous les matins, je **bois** un verre de jus de fruits ; cela me **fait** le plus grand bien. – Vous vous **inscrivez** à tous les concours de mots croisés. – Peu sûre de moi, je **relis** plusieurs fois mes lettres avant de les glisser dans leur enveloppe. – Les films violents vous **déplaisent** au plus haut point. – Étonnés, nous nous **taisons** devant tant d'audace. – La couche de glace **paraît** épaisse, mais elle **est** fragile. – Dans cette usine, on **produit** des portes et des fenêtres en aluminium. – Les parasites **nuisent** à la bonne réception des conversations. – Il **faut** beaucoup de temps pour aller de Lille à Paris.

5 Écrivez les verbes en gras à l'imparfait de l'indicatif.

Autrefois, les sorcières **comparaître** devant le tribunal de l'Inquisition. – Des blocs de béton **interdire** l'accès de ce sentier forestier. – Ce charlatan **dire** souvent le contraire de ce qu'il **affirmer** auparavant. – Vous ne vous **satisfaire** pas de frugaux petits déjeuners. – Pourquoi **construire**-tu des maquettes de bateaux avec autant de minutie ? – Je **méconnaître** les noms de tous les dieux de la mythologie grecque. – Nous **souscrire** une nouvelle assurance lors de chaque changement de moto. – La venue de l'oncle Étienne **introduire** toujours un peu de gaîté dans la maison. – Avec ta nouvelle coiffure, tu **paraître** dix ans de moins. – Lors de chaque changement de décor, les acteurs **réapparaître** avec des costumes différents.

Solutions P. 87

8 LE FUTUR SIMPLE : *avoir* – *être* – 1er et 2e groupes

Le futur simple s'emploie généralement pour exprimer une action à venir, mais il a aussi d'autres valeurs.

Les valeurs du futur simple

• Le futur simple indique une action qui se fera, avec plus ou moins de certitude, dans l'avenir par rapport au moment où l'on parle.
Pour votre anniversaire, vous **invitерez** tous vos amis.

• Il exprime l'ordre à la place de l'impératif.
Vous **nettoierez** votre bureau avant de partir.

• Il peut aussi prendre la valeur du présent pour atténuer le ton de certains propos ou marquer une nuance de politesse, essentiellement aux 1res personnes du singulier et du pluriel.
Je te **demanderai** de rouler moins vite. Nous **solliciterons** un bref entretien.

• Lorsqu'on utilise le présent de narration dans un récit, tous les faits postérieurs au moment où se situe l'action racontée seront au futur simple.
Jeanne d'Arc **affirme** (présent de narration) qu'elle **délivrera** (futur simple) Orléans.

Tableaux de conjugaison

auxiliaires		1er groupe	2e groupe
être	**avoir**	**rester**	**finir**
je serai	j'aurai	je resterai	je finirai
tu seras	tu auras	tu resteras	tu finiras
il/elle sera	il/elle aura	il/elle restera	il/elle finira
nous serons	nous aurons	nous resterons	nous finirons
vous serez	vous aurez	vous resterez	vous finirez
ils/elles seront	ils/elles auront	ils/elles resteront	ils/elles finiront

⚠ Remarques

1 Au futur simple, les terminaisons sont les mêmes pour tous les verbes.

2 Le futur des verbes des 1er et 2e groupes (hormis quelques verbes, leçon 9) se forme à partir de l'infinitif complet auquel on ajoute les terminaisons : ***-ai, -as, -a, -ons, -ez, -ont***.

3 Certaines terminaisons sont homophones ; pour ne pas les confondre, il faut bien identifier la personne à laquelle le verbe est conjugué.

Tu rester[a].	2e pers. sing.	→ as
Elle rester[a].	3e pers. sing.	→ a
Nous finir[ɔ̃].	1re pers. plur.	→ ons
Elles finir[ɔ̃].	3e pers. plur.	→ ont

4 Quand on écrit un verbe du 1er groupe au futur simple, il faut bien penser à l'infinitif pour éviter d'oublier le ***e*** muet.
jouer → je jouerai – nous jouerons
skier → je skierai – nous skierons
créer → je créerai – nous créerons

5 Le verbe *cueillir* (et ses dérivés), du 3e groupe, se conjugue comme un verbe du 1er groupe.
je cueillerai – nous cueillerons

Entraînement

1 Conjuguez les verbes de ces expressions au futur simple.

rebrousser chemin — **franchir** les obstacles — **trier** des fiches
respecter le règlement — **avoir** un baladeur MP3 — **être** au rendez-vous

2 Écrivez les verbes en gras au futur simple.

Ce sculpteur **créer** des réalisations insolites, mais originales. – Personne ne veut faire la vaisselle, alors tu **se dévouer**. – Mon petit frère espère que le Père Noël **exaucer** tous ses désirs de cadeaux. – Selon les experts, le niveau de l'eau **se situer** au-dessous de la cote d'alerte. – Pour la fête du quartier, nous **fleurir** nos balcons. – Le hors-la-loi ne **narguer** pas longtemps le shérif qui l'**arrêter** bientôt. – À votre place, j'**agir** calmement pour déplacer cette armoire. – Vous **garnir** le congélateur avec les truites pêchées ce matin. – Tu **s'entraîner** sérieusement et tu **établir** un nouveau record. – Cette chanson **se classer** parmi les premières du palmarès. – Peut-être **avoir**-nous le plaisir de vous rencontrer prochainement ? – Un séjour prolongé dans l'eau **assouplir** les brins d'osier.

3 Les verbes en gras sont au présent de l'indicatif ; écrivez-les au futur simple.

Les pourparlers **aboutissent** à la signature d'un accord. – Vous **acceptez** volontiers notre invitation à dîner. – Je **cherche** une place libre sur le parking. – Avec ce régime, nous **maigrissons** de quelques kilos. – Les merguez **grillent** sur le barbecue. – Avec ce costume ridicule, tu **es** la risée de tous les passants. – Le cratère **vomit** des coulées de lave incandescente. – Je **bénéficie** d'une importante réduction sur ce chemisier. – Vous **surlignez** les passages essentiels de cet article de presse. – Le joueur d'échecs **sacrifie** sa tour pour prendre l'avantage sur son adversaire. – Craignant une pénurie de sucre, certains **stockent** des dizaines de kilos dans leurs placards. – Malgré la difficulté, nous **triomphons** de tous les obstacles.

4 Écrivez les verbes en gras au futur simple.

Cet été, vous **louer** un chalet dans les Pyrénées. – Encore un petit effort et tu **accentuer** ton avance. – Tant que je ne l'**avoir** pas vu, je **continuer** à douter de l'existence de Batman. – L'assurance **allouer** une indemnité aux personnes sinistrées. – Nous **plier** les tentes au petit matin. – Les derniers ours blancs **se réfugier** sur la banquise. – Avant d'acheter ce terrain, vous **négocier** longuement le prix. – En cas d'absence, l'adjoint **suppléer** le maire pour célébrer le mariage. – J'espère que cette honnête proposition vous **agréer**. – Nous **unir** nos efforts pour nettoyer le garage. – Tu **recueillir** un oiseau tombé du nid.

5 Complétez les verbes de ces phrases ; vous les conjuguerez au futur simple.

Avant le concert, les musiciens acco... leurs instruments. – Je ne trah... pas ta confiance et je ne dévo.... pas le secret que tu m'as confié. – Le collectionneur exam... ce timbre rare avant d'en faire l'acquisition. – Nous ne crit... pas votre travail car il est parfait. – En raison du froid et de la neige, tu écou... ton séjour à Chamonix. – Le libraire répa... les nouveautés sur les rayons de sa boutique. – Vous amor... votre chute en pliant les genoux. – Les pétroliers péné... dans le port du Havre où ils vid... leurs cuves dans d'énormes réservoirs.

Solutions P. 88

9 LE FUTUR SIMPLE : 3e groupe – verbes irréguliers

Les terminaisons du futur simple des verbes du 3e groupe sont les mêmes que celles des verbes des 1er et 2e groupes.

Quelques verbes irréguliers

faire	je ferai	il fera	nous ferons	ils feront
aller	tu iras	elle ira	vous irez	elles iront
venir	je viendrai	il viendra	nous viendrons	ils viendront
tenir	tu tiendras	elle tiendra	vous tiendrez	elles tiendront
acquérir	j'acquerrai	il acquerra	nous acquerrons	ils acquerront
mourir	tu mourras	elle mourra	vous mourrez	elles mourront
courir	je courrai	il courra	nous courrons	ils courront
pouvoir	tu pourras	elle pourra	vous pourrez	elles pourront
devoir	je devrai	il devra	nous devrons	ils devront
vouloir	tu voudras	elle voudra	vous voudrez	elles voudront
voir	je verrai	il verra	nous verrons	ils verront
recevoir	tu recevras	elle recevra	vous recevrez	elles recevront
savoir	je saurai	il saura	nous saurons	ils sauront
valoir	tu vaudras	elle vaudra	vous vaudrez	elles vaudront
asseoir	j'assoirai tu assiéras	il assoira elle assiéra	nous assoirons vous assiérez	ils assoiront elles assiéront

⚠ Remarques

1 Au futur simple, les verbes du 3e groupe, dont l'infinitif se termine par *-e*, perdent cette lettre.

descendre → je descendr**ai**
combattre → tu combattr**as**
rire → nous rir**ons**

2 Avant d'écrire un verbe du 3e groupe au futur simple, il faut chercher son infinitif pour ne pas oublier une lettre muette ou en placer une superflue.

Le ministre **saluera** le président.
saluer ; 1er groupe → présence d'un ***e***
Le ministre **conclura** son discours.
conclure ; 3e groupe → pas de ***e***

3 Le futur proche s'exprime à l'aide du verbe *aller* au présent de l'indicatif suivi de l'infinitif.

Dans un instant, je **vais prendre** le TGV.

4 *Revoir* et *entrevoir* (ainsi qu'*envoyer*) se conjuguent comme *voir*.

Nous vous **reverrons** demain.
Tu **entreverras** une solution.

Mais *pourvoir* et *prévoir* se conjuguent sur un autre radical.

Nous **pourvoirons** à vos besoins.
Tu **prévoiras** une trousse de secours.

5 Au futur simple, les formes des verbes *être* et *savoir* ont des prononciations proches. Pour ne pas les confondre, il faut bien examiner le sens de la phrase ou changer de temps.

Je **serai** sous un abri. Je **saurai** où m'abriter.
Je **suis** sous un abri. Je **sais** où m'abriter.

Entraînement

1 Conjuguez les verbes de ces expressions au futur simple.

revenir dans une heure
envoyer un recommandé
revoir la maison familiale
prévoir une solution
faire des économies
aller jusqu'à la rivière

2 Écrivez les verbes en gras au futur simple.

Nous ne **savoir** jamais quelle est la fin de ce film. – Si je suis malade, j'**obtenir** une semaine de congé. – À l'appel de leur maître, les chiens **accourir**. – Tu **vouloir** probablement prendre un dessert. – Michel **tenir** sa promesse ; je **pouvoir** l'accompagner sur le terrain de golf. – Dès les premières notes, je **reconnaître** la musique du film *Le Docteur Jivago*. – Nous **être** à l'initiative de l'organisation de la kermesse. – Dans trente ans, ce véhicule de collection **valoir** une petite fortune. – La terre est sèche, on espère qu'il **pleuvoir**. – Vous **s'inscrire** au prochain tournoi de belote.

3 Les verbes en gras sont au présent de l'indicatif ; écrivez-les au futur simple.

Il **faut** changer les pneus dans cinq mille kilomètres. – Vous **répondez** à tous les appels téléphoniques. – L'espion **vend** des renseignements à une puissance ennemie. – Tu ne **perds** pas de temps en discussions inutiles. – Nous nous **satisfaisons** d'un simple plat de pâtes. – Je me **souviens** de la visite de ce merveilleux château. – Vous ne **croyez** pas un mot de cette histoire invraisemblable. – On **détruit** cette bicoque pour bâtir un centre commercial. – Les éleveurs **tondent** leurs moutons. – Trois points de colle **suffisent** pour fixer cette gravure sur le mur de ma chambre. – Les chercheurs d'or **extraient** quelques pépites du fleuve.

4 Réécrivez ces phrases en transformant le futur proche en futur simple.

Tu **ne vas pas confondre** ces deux numéros de téléphone. – Je **vais m'asseoir** au fond de la salle. – Ce jeune couple **va acquérir** un appartement dans le quartier de la Buire. – Il y a une fuite ; nous **allons prévenir** le plombier. – Mon cousin Farid **va s'inscrire** à la faculté de sciences. – Vous **allez prendre** une perceuse pour fixer les tringles des rideaux. – Dans la navette spatiale, les cosmonautes **vont vivre** une expérience exceptionnelle. – Cette imprimante **va reproduire** le courrier en plusieurs exemplaires. – Si tu viens trop tôt, tu **vas me surprendre** encore au lit.

5 Complétez les verbes au futur simple et justifiez la terminaison en donnant l'infinitif entre parenthèses.

À l'entraînement, les athlètes cou... à allure régulière. – Ces enfants jou... avec leurs legos. – Si vous empruntez ce souterrain, vous mou... de peur au premier pas. – Si vous ne suivez pas les instructions, vous échou... lors du montage de cette bibliothèque. – Le soldat recou... les boutons de son uniforme. – Philippe secou... les branches du noyer. – Personne ne vou... monter sur une embarcation aussi délabrée. – Avec un peu de chance, ce chanteur renou... avec le succès. – Tu résou... facilement cette énigme. – Tu ne pou... pas lire cette inscription. – Avant de partir, j'évalu... la distance à parcourir. – J'inclu... cette adresse dans mon répertoire électronique. – Au signal, nous évacu... les lieux sans délai. – Nous exclu... les aliments trop gras de notre alimentation. – Les archéologues évalu... l'âge de cet ossement.

Solutions P. 89

10 LE PASSÉ SIMPLE : *avoir – être – 1er groupe*

Le passé simple est un temps du passé, le plus souvent utilisé dans la langue écrite.

Les valeurs du passé simple

- Le passé simple exprime des faits passés, complètement achevés, qui ont eu lieu à un moment précis, sans idée d'habitude et sans lien avec le présent.
Le train **arriva** à l'heure.

- Il marque la succession des faits, c'est le temps du récit écrit par excellence.
Karine **surmonta** son trac, **écarta** le rideau et **entra** en scène.

- Il exprime une action brève dans le passé, soudaine, à la différence de l'imparfait, temps de la description, qui marque une action qui dure ou des faits habituels.
Géraldine **regardait** un film à la télévision lorsque le téléphone **sonna**.
→ action qui dure : imparfait → action brève : passé simple

⚠ Remarque

Aujourd'hui, le passé simple, qui est essentiellement un **temps du récit**, est surtout employé aux troisièmes personnes du singulier et du pluriel dont les formes sont plus aisées à mémoriser. Pour les deux premières personnes du pluriel, on lui préférera le passé composé.

Tableaux de conjugaison

auxiliaires		1er groupe
avoir	**être**	**sonner**
j'eus	je fus	je sonnai
tu eus	tu fus	tu sonnas
il/elle eut*	il/elle fut*	il/elle sonna
nous eûmes	nous fûmes	nous sonnâmes
vous eûtes	vous fûtes	vous sonnâtes
ils/elles eurent	ils/elles furent	ils/elles sonnèrent

* Ces formes ne prennent jamais d'accent circonflexe au passé simple.

⚠ Remarques

1 Au passé simple, les terminaisons sont les mêmes pour tous les verbes du 1er groupe : ***-ai, -as, -a, -âmes, -âtes, -èrent***.

2 Le verbe *aller*, même s'il appartient au 3e groupe, se conjugue au passé simple comme un verbe du 1er groupe.
j'**allai** – nous **allâmes** – ils **allèrent**

3 Au passé simple et à l'imparfait de l'indicatif, les terminaisons des verbes du 1er groupe, à la 1re personne du singulier, ont pratiquement la même prononciation. Pour entendre la différence, on remplace par la 2e personne du singulier.
Souvent, j'hésit**ais** à parler.
Souvent, tu hésit**ais** à parler. → imparfait
Soudain, j'hésit**ai** à parler.
Soudain, tu hésit**as** à parler. → passé simple

Entraînement

1 ▸ Conjuguez les verbes de ces expressions au passé simple. Pour les troisièmes personnes, vous choisirez des noms sujets.

n'**avoir** rien à dire — **être** une minute sans réaction — **composer** une chanson
s'en aller au plus vite — **viser** le centre de la cible — **apporter** une modification

2 ▸ Complétez les verbes avec les terminaisons du passé simple qui conviennent.

À la surprise générale, la partie se sold... par un match nul. – Vous renou... avec des amis perdus de vue. – Les admirateurs se ru... vers la sortie des vestiaires pour féliciter les joueurs. – Nous programm... notre ordinateur pour recevoir des messages. – Les gendarmes contrôl... les automobilistes. – Tu apprivois... un boa. – Les avions de chasse survol... la plaine en rase-mottes. – Je me barricad... derrière la porte d'entrée. – Le cuisinier assaisonn... la sauce béchamel. – Les manifestants défil... de la place de la Nation à la porte d'Italie. – Nous affront... la pluie et les rafales de vent.

3 ▸ Écrivez les verbes en gras au passé simple.

L'accusé **proclamer** son innocence devant le tribunal. – D'un bond, tu **sauter** sur le cheval d'arçon. – J'**achever** mon travail dans les délais. – Nous **dévorer** ces tranches de gigot de bon appétit. – Vous nous **proposer** de vous accompagner à la patinoire. – Les employés **désigner** leurs délégués pour siéger au comité d'entreprise. – Tu **agrafer** les feuillets deux par deux. – À l'issue de la partie, nous **totaliser** cinquante-deux points. – Surpris par une racine, vous **trébucher**. – Tu **consolider** le mur avec un étai. – Roméo **aimer** Juliette en dépit de l'hostilité de leurs parents. – Le prince charmant **réveiller** Blanche-Neige d'un baiser. – Tu **quitter** ton domicile à seize heures.

4 ▸ Les verbes en gras sont au présent de l'indicatif ; écrivez-les au passé simple.

Nous **déballons** nos vêtements en toute hâte. – Les grêlons **crépitent** sur le toit en tôle. – Le médecin **ausculte** longuement le malade. – Tu **te comportes** en citoyen responsable en secourant les blessés. – J'**emporte** seulement le strict nécessaire pour traverser le désert marocain. – Vous **demeurez** sans voix. – Les hirondelles **volent** au ras de l'eau. – Tu **restes** coincée dans l'ascenseur et tu **as** la peur de ta vie. – Le portier **contrôle** les entrées de tous les visiteurs. – Ces joueurs n'**abusent** pas de leur force, ils **laissent** leurs adversaires marquer quelques points. – Les mécaniciens **s'activent** pour réparer la voiture.

5 ▸ Écrivez les verbes en gras au passé simple ou à l'imparfait de l'indicatif, selon le sens de la phrase.

Le conducteur de la diligence **mener** bon train lorsque, au détour d'un chemin, un essieu **se briser**. – L'obscurité **être** toujours aussi épaisse, mais j'**arriver** néanmoins à trouver la sortie. – Les spectateurs **assister** à la première représentation et ils ne **être** pas déçus. – Nous **dévaler** la piste rouge lorsque l'un d'entre nous **chuter** lourdement. – Je **taquiner** mon petit chat, mais il n'**apprécier** que modérément ce jeu et il me **griffer**. – Vous **pédaler** tranquillement lorsque Rachel vous **dépasser** en trombe. – Les obstacles **s'accumuler** sur le parcours, mais tu les **contourner** en quelques enjambées. – Je **regarder** une émission intéressante lorsque mon ami Samuel **se présenter** à la porte de l'appartement.

Solutions P. 89

11 LE PASSÉ SIMPLE : 2e et 3e groupes en *-i-*

Au passé simple, les verbes du 2e groupe et certains verbes du 3e groupe ont les mêmes terminaisons : ***-is, -is, -it, -îmes, -îtes, -irent***.

Tableaux de conjugaison

2e groupe	3e groupe		
rougir	**sourire**	**sortir**	**entendre**
je rougis	je souris	je sortis	j'entendis
tu rougis	tu souris	tu sortis	tu entendis
il/elle rougit	il/elle sourit	il/elle sortit	il/elle entendit
nous rougîmes	nous sourîmes	nous sortîmes	nous entendîmes
vous rougîtes	vous sourîtes	vous sortîtes	vous entendîtes
ils/elles rougirent	ils/elles sourirent	ils/elles sortirent	ils/elles entendirent

Remarques

1 Au passé simple, pour les personnes du singulier, les terminaisons des verbes du 2e groupe sont les mêmes que celles du présent de l'indicatif. Pour distinguer ces deux temps, il faut chercher les indicateurs temporels ou observer les formes des autres verbes de la phrase.

passé simple :
L'avion **arrivait** de Mexico et à l'approche de Roissy, il **ralentit** et **atterrit**.

présent de l'indicatif :
L'avion **arrive** de Mexico et à l'approche de Roissy, il **ralentit** et **atterrit**.

2 À la 3e personne du singulier, il n'y a jamais d'accent sur la voyelle qui précède le ***-t***.

il rougit – on sourit – il sortit – on entendit

3 Tous les verbes du 3e groupe n'ont pas une terminaison en ***-i*** au passé simple (voir leçon 12).

4 Les deux premières personnes du pluriel, aux formes désuètes, ne sont plus employées aujourd'hui.

Quelques verbes irréguliers

faire	je fis	il fit	nous fîmes	ils firent
prendre	tu pris	elle prit	vous prîtes	elles prirent
voir	je vis	il vit	nous vîmes	ils virent
mettre	tu mis	elle mit	vous mîtes	elles mirent
dire	je dis	il dit	nous dîmes	ils dirent
conduire	tu conduisis	elle conduisit	vous conduisîtes	elles conduisirent
asseoir	j'assis	il assit	nous assîmes	ils assirent
écrire	tu écrivis	elle écrivit	vous écrivîtes	elles écrivirent
peindre	je peignis	il peignit	nous peignîmes	ils peignirent
naître	tu naquis	elle naquit	vous naquîtes	elles naquirent
vaincre	je vainquis	il vainquit	nous vainquîmes	ils vainquirent
acquérir	tu acquis	elle acquit	vous acquîtes	elles acquirent

Entraînement

1 Écrivez, aux quatre temps simples de l'indicatif (présent, futur simple, imparfait et passé simple), les verbes de ces expressions aux trois personnes du singulier.

rétablir la vérité — **admettre** une opinion — **servir** les invités
surgir brusquement — **détruire** les frelons — **brandir** un fanion

2 Réécrivez ces phrases avec les sujets proposés, mais en respectant les temps.

Alors que **nous** garnissions le réfrigérateur, **nous** vîmes qu'il manquait des yaourts.
je … **tu …** **M. Bernard …** **mes parents …**
Vous fouillez dans cette vieille malle lorsque **vous** découvrîtes un mystérieux carnet.
Je … **Tu …** **Cécile …** **Les enfants …**

3 Écrivez les verbes en gras au passé simple.

Pour réparer le rayonnage, j'**enduire** les deux morceaux avec une colle spéciale, mais elle **durcir** plus vite que je l'avais prévu. – Grâce à des heures d'entraînement, ce violoniste **acquérir** une maîtrise exceptionnelle de son instrument. – Afin d'endiguer la famine, Parmentier **introduire** la culture de la pomme de terre sous le règne de Louis XVI. – Tu **naître** exactement un an et un jour après ta sœur. – Lorsque nous **perdre** notre jeune chaton, nous **ressentir** une immense tristesse. – Le comédien **vaincre** son trac en buvant un grand verre d'eau. – Je **consentir** à vous laisser la parole et vous ne me **contredire** pas. – Pendant des années, la Lorraine **produire** un acier d'excellente qualité. – La publication de son premier roman **suffire** à J.-M.G. Le Clézio pour devenir célèbre.

4 Les verbes en gras sont au futur simple ; écrivez-les au passé simple.

Je **ferai** une copie de ce logiciel afin de le sauvegarder. – Lorsque tu **apprendras** la bonne nouvelle, tu **t'assoiras** pour reprendre tes esprits. – La récolte de colza **pâtira** d'un printemps trop sec. – Après une brève accalmie, les prix du pétrole **repartiront** à la hausse. – Je ne **mettrai** que quelques minutes pour changer la roue arrière de ma voiture. – Face à la menace d'inondation, les riverains **entreprendront** le renforcement de la digue. – Devant les pitreries du clown, le public **rira** aux éclats. – Cet éboulement imprévisible nous **contraindra** à un long détour. – Avant de sortir, j'**éteindrai** toutes les lumières. – Pour calmer mon anxiété, je **prendrai** un léger calmant.

5 Écrivez les verbes en gras au passé simple ou à l'imparfait de l'indicatif, selon le sens de la phrase.

Le metteur en scène **répartir** les rôles entre les acteurs lorsqu'il **entendre** un bruit de verre brisé venant des coulisses. – Les chevaliers **franchir** le pont-levis quand la lourde herse **s'abattre** devant eux. – En 1981, les députés français **abolir** la peine de mort. – Tu **gravir** la barre des Écrins en compagnie d'un guide, mais à cent mètres du sommet tu **faiblir** subitement et tu n'**atteindre** jamais la crête rocheuse. – Je **craindre** l'arrivée d'une forte averse, alors je **recouvrir** le tas de bois. – Les joueurs nancéens ne **réagir** que mollement aux attaques de leurs adversaires, aussi l'entraîneur leur **transmettre**-il des consignes strictes pour la seconde mi-temps. – Les témoins **dire** exactement ce qu'ils **avoir** vu aux policiers.

solutions P. 90

12 LE PASSÉ SIMPLE : 3e groupe en *-u-* et en *-in-*

Au passé simple, les verbes du 3e groupe se terminent par ***-s, -s, -t, -mes, -tes, -rent***. Ces terminaisons peuvent être précédées de ***-u-*** ou ***-in-***.

Tableaux de conjugaison

courir	vouloir	venir	tenir
je courus	je voulus	je vins	je tins
tu courus	tu voulus	tu vins	tu tins
il/elle courut	il/elle voulut	il/elle vint	il/elle tint
nous courûmes	nous voulûmes	nous vînmes	nous tînmes
vous courûtes	vous voulûtes	vous vîntes	vous tîntes
ils/elles coururent	ils/elles voulurent	ils/elles vinrent	ils/elles tinrent

Remarques

1 Pour trouver la terminaison des verbes du 3e groupe, on ne peut pas se référer à l'infinitif ni à d'autres formes conjuguées.

mourir → il meurt (présent)
il mourut (passé simple)
venir → il vient (présent)
il vint (passé simple)

Il faut retenir par cœur les formes du passé simple pour ces verbes.

2 Les verbes des mêmes familles que *venir* et *tenir* prennent les mêmes terminaisons.

venir : advenir – survenir – revenir – devenir – prévenir – intervenir – provenir – convenir – se souvenir – redevenir – contrevenir

tenir : appartenir – obtenir – détenir – entretenir – retenir – contenir – soutenir – maintenir – s'abstenir

Quelques verbes irréguliers

connaître	je connus	il connut	nous connûmes	ils connurent
savoir	tu sus	elle sut	vous sûtes	elles surent
valoir	je valus	il valut	nous valûmes	ils valurent
pouvoir	tu pus	elle put	vous pûtes	elles purent
devoir	je dus	il dut	nous dûmes	ils durent
vivre	tu vécus	elle vécut	vous vécûtes	elles vécurent
boire	je bus	il but	nous bûmes	ils burent
croire*	tu crus	elle crut	vous crûtes	elles crurent
croître*	je crûs	il crût	nous crûmes	ils crûrent
plaire	tu plus	elle plut	vous plûtes	elles plurent
taire	je tus	il tut	nous tûmes	ils turent
résoudre	tu résolus	elle résolut	vous résolûtes	elles résolurent
pourvoir	je pourvus	il pourvut	nous pourvûmes	ils pourvurent

* Le verbe *croître (grandir)* prend un accent circonflexe à toutes les personnes pour ne pas être confondu avec le verbe *croire* qui ne le prend qu'aux deux premières personnes du pluriel.

Entraînement

1 Conjuguez les verbes de ces expressions au passé simple.

boire de l'eau de source
ne **se souvenir** de rien
se résoudre à déménager
détenir un objet rare
obtenir un rendez-vous
ne pas **vouloir** renoncer

2 Écrivez les verbes en gras au passé simple.

Pour être en forme, tu **s'astreindre** à un entraînement intensif. – Il **falloir** décharger la cargaison au plus vite. – Du Guesclin **mourir** devant Châteauneuf-de-Randon. – Tu **s'abstenir** de prendre position dans cette querelle stérile. – N'ayant rien à ajouter à vos propos, je **se taire**. – Les différents rebondissements **entretenir** le suspense jusqu'à la dernière seconde. – L'émission était ennuyeuse et Ingrid **retenir** difficilement un bâillement. – La mi-temps **survenir** alors que le score était nul. – Malgré l'usage du désherbant, les mauvaises herbes **réapparaître**. – Tu **exclure** tout achat dans ce magasin, les prix y sont bien trop élevés.

3 Les verbes en gras sont au présent de l'indicatif ; écrivez-les au passé simple.

Les vulcanologues **préviennent** la population de l'imminence d'une éruption. – Arrêté pour excès de vitesse, le chauffard **comparaît** devant le tribunal. – Les sauveteurs **secourent** les victimes du tremblement de terre. – Je **dois** changer le câble de l'accélérateur. – Tu **relis** le compte rendu de la finale de la Coupe de France. – Des barrières **contiennent** les curieux loin du lieu de l'accident. – Ce disque **promeut** le chanteur de rap au sommet du hit-parade. – Les meilleures places **échoient** à ceux qui **ont** le courage de faire la queue. – La sagesse **prévaut** et les protagonistes de cette querelle **finissent** par s'entendre. – Nous **venons** à votre rencontre.

4 Écrivez les verbes en gras au passé simple.

On ne **savoir** jamais ce qu'il **advenir** de l'épave du *Géant des Mers*. – Pour répondre à des commandes urgentes, cette usine **accroître** sa production. – Au carnaval de Rio, je **vivre** des jours exceptionnels. – Tu ne **croire** pas un mot de cette histoire et tu **avoir** raison, ce n'était qu'une invention. – Charles Lindbergh **connaître** la gloire en traversant le premier l'Atlantique en avion. – Avec cette lessive, les taches de graisse **disparaître** au premier lavage. – L'épreuve **être** rude, mais tu **survivre** grâce à ton courage. – Le dernier film de ce réalisateur lui **valoir** une récompense au festival de Cannes. – Je **soutenir** ton regard sans baisser les yeux. – Avec l'apparition du moteur à explosion, les machines à vapeur **devenir** des objets de musée.

5 Écrivez les verbes en gras au présent, au futur simple, puis au passé simple de l'indicatif.

Les pilotes **reconnaître** le tracé du circuit et celui-ci leur **plaire** immédiatement. – À la première sonnerie, j'**accourir** et je **saisir** le téléphone. – Tu **parcourir** les petites annonces à la recherche d'un emploi. – Le Nigeria **maintenir** sa production de pétrole à son plus haut niveau. – J'**intervenir** à temps et je **pouvoir** éviter une coupure totale d'électricité. – Les nuages **revenir** par l'ouest et il **pleuvoir** à verse. – Le brocanteur et le collectionneur **convenir** d'un prix pour cette pendule. – Le présentateur **conclure** le journal télévisé en donnant les résultats définitifs des élections.

Solutions P. 91

13 LES TEMPS SIMPLES : verbes en *-yer*, en *-eler* et *-eter*

Les verbes du 1er groupe en *-yer*, en *-eler* et *-eter* présentent des spécificités.

Verbes en *-yer*

payer		nettoyer	
présent	futur simple	présent	futur simple
je paie	je paierai	tu nettoies	tu nettoieras
nous payons	nous paierons	vous nettoyez	vous nettoierez
ils/elles paient	ils/elles paieront	ils/elles nettoient	ils/elles nettoieront

Remarques

1 Pour les verbes en ***-ayer, -oyer, -uyer***, le ***y*** se transforme en ***i*** devant les terminaisons commençant par un ***e*** muet au présent et au futur simple de l'indicatif.

2 Pour les verbes en ***-ayer***, le maintien du ***y*** devant le ***e*** muet est toléré. Mais, pour mieux retenir l'ensemble des conjugaisons des verbes en ***-yer***, il est préférable de transformer le ***y*** en ***i*** pour tous les verbes, quelle que soit la voyelle qui précède le ***y*** à l'infinitif.

3 Les verbes *envoyer* et *renvoyer* ont une conjugaison particulière au futur simple :

j'enverrai – ils renverront

Verbes en *-eler* et *-eter*

appeler		jeter	
présent	futur simple	présent	futur simple
j'appelle	j'appellerai	tu jettes	tu jetteras
nous appelons	nous appellerons	vous jetez	vous jetterez
ils/elles appellent	ils/elles appelleront	ils/elles jettent	ils/elles jetteront

Remarques

1 La plupart des verbes en ***-eler*** et ***-eter*** doublent le ***l*** ou le ***t*** devant les terminaisons commençant par un ***e*** muet.

2 Seuls quelques verbes en ***-eler*** (*peler – geler* et ses composés – *écarteler – marteler – modeler – démanteler*) et en ***-eter*** (*acheter – crocheter – haleter – fureter*) ne doublent pas le ***l*** ou le ***t*** devant les terminaisons commençant par un ***e*** muet. Ils s'écrivent avec un **accent grave** sur le ***e*** qui précède le ***l*** ou le ***t***.

je pèle – nous pelons
tu achèteras – vous achèterez

3 À l'imparfait et au passé simple de l'indicatif, les terminaisons, pour l'ensemble des personnes, ne commencent jamais par un ***e*** muet ; on conserve donc le ***y*** des verbes en ***yer***, on ne double pas la consonne des verbes en ***-eler*** et en ***-eter*** et on ne place pas d'accent grave.

4 Les verbes comme *interpeller* et *regretter* qui ont deux ***l*** ou deux ***t*** à l'infinitif les conservent à toutes les personnes.

j'interpelle – nous interpellons
tu regrettes – vous regrettez

Entraînement

1 **Conjuguez les verbes de ces expressions au présent, puis au futur simple de l'indicatif.**

épeler chaque mot
essuyer une tempête
déceler une erreur
atteler les chevaux
nettoyer le pare-brise
acheter des tickets

2 **Écrivez les verbes en gras au présent de l'indicatif.**

Sous le choc, tu **chanceler** et tu **essayer** de reprendre tes esprits. – Le sous-sol de ce pays africain **receler** des minerais rares. – En général, les grands-parents **choyer** leurs petits-enfants. – Je **regretter** que tu ne puisses pas m'accompagner. – Profitant de vents favorables, les planeurs **tournoyer** au-dessus de l'aérodrome. – L'apprenti **modeler** ses gestes sur ceux du compagnon ébéniste. – Seul le diamant **rayer** le verre. – Le chef de rayon **étiqueter** les vêtements soldés. – Pourquoi **bégayer**-tu ?

3 **Écrivez les verbes en gras au futur simple.**

Le sol ne **dégeler** qu'en fin d'après-midi. – Vous **payer** tous vos achats avec votre carte bancaire. – Comme tu attends une réponse de l'agence de voyages, tu **décacheter** hâtivement ton courrier. – Nous **employer** les grands moyens pour déménager le piano. – Je ne **jeter** pas cet emballage, il peut resservir. – Tous les lecteurs **renouveler**-ils leur abonnement ? – D'une voix puissante, l'orateur **marteler** ses propos. – Au camping, on **côtoyer** des gens venus de toute l'Europe. – Si ce maillot ne te convient pas, tu le **renvoyer**. – Devant ce film, je ne **s'ennuyer** certainement pas.

4 **Les verbes en gras sont à l'imparfait de l'indicatif ; écrivez-les au présent de l'indicatif.**

Je **balayais** le sol du garage. – Tu **furetais** partout à la recherche de tes clés. – Nous **empaquetions** les cadeaux de Noël avec des rubans dorés. – La frêle embarcation **louvoyait** entre les récifs à la recherche d'un abri. – Tu **amoncelais** des dizaines de documents sans aucune valeur. – La vaisselle d'argent **flamboyait** à la lueur des bougies. – Vous **vous apitoyiez** sur le sort des poulets élevés en batterie. – Mme Sarda **congelait** des barquettes de sauce tomate. – Le vendeur **interpellait** les rares passants.

5 **Les verbes en gras sont au passé simple ; écrivez-les au futur simple.**

Je **m'octroyai** une petite halte sous un auvent. – Tu **appuyas** sur le bouton et la porte **s'ouvrit** sans un bruit. – Nous **projetâmes** un voyage au cœur de la Sibérie. – Sur le chantier de l'autoroute, de puissants engins **nivelèrent** la chaussée. – Vous **appelâtes** vos amis australiens en tenant compte du décalage horaire. – En empruntant ce sentier, tu **te fourvoyas** dans les taillis où tu **te frayas** difficilement un passage.

6 **Complétez les verbes en les conjuguant au futur simple et justifiez la terminaison en donnant l'infinitif entre parenthèses.**

Le chien aboi... à l'approche des inconnus. – Luc boi... un thé à la menthe. – Personne ne croi... de telles sornettes. – Le concasseur broi... les galets. – Le sherpa ploi... sous la charge, mais il ne flaibli... pas. – Trop timide, tu te noi... dans un verre d'eau. – Comme il pleut, vous prévoi... des vêtements imperméables. – De fervents supporters déploi... d'immenses banderoles pour encourager leur équipe.

Solutions P. 92

14 LES TEMPS SIMPLES : verbes en *-cer*, *-ger*, *-guer* et *-quer*

Les verbes du 1er groupe en *-cer*, *-ger*, *-guer* et *-quer* observent certaines règles qu'il faut connaître.

Verbes en *-cer*

présent	imparfait	passé simple
je m'enfonce	tu t'enfonçais	je m'enfonçai
nous nous enfonçons	vous vous enfonciez	nous nous enfonçâmes

Remarques

1 Pour conserver le son [s], les verbes en ***-cer*** prennent une **cédille** sous le ***c*** devant les voyelles ***o*** ou ***a***.

2 Au futur simple, l'infinitif des verbes en ***-cer*** se retrouve en entier à toutes les personnes ; le son [s] est ainsi toujours conservé.

tu t'**enfonce**ras – nous nous **enfonce**rons

3 Quelques verbes du 3e groupe (*apercevoir, percevoir, concevoir, décevoir, recevoir*) s'écrivent avec un ***ç*** devant les voyelles ***o*** et ***u*** au présent et au passé simple.

j'aperçois – il aperçoit
j'aperçus – ils aperçurent
tu conçus – vous conçûtes

Verbes en *-ger*

présent	imparfait	passé simple
je nage	tu nageais	je nageai
nous nageons	vous nagiez	nous nageâmes

Remarques

1 Les verbes en ***-ger*** prennent un ***e*** après le ***g*** devant les voyelles ***o*** ou ***a*** pour conserver le son [ʒ].

2 Au futur simple, l'infinitif des verbes en ***-ger*** se retrouve en entier à toutes les personnes ; le son [ʒ] est ainsi toujours conservé.

je **nage**rai – nous **nage**rons

Verbes en *-guer* et en *-quer*

présent	imparfait	passé simple
je me fatigue	je me fatiguais	je me fatiguai
nous nous fatiguons	nous nous fatiguions	nous nous fatiguâmes

Remarques

1 Pour tous les temps simples, et à toutes les personnes, les verbes en ***-guer*** conservent le ***u*** de leur radical, même s'il n'est pas indispensable pour maintenir le son [g].

2 Il en est de même pour les verbes en ***-quer*** qui conservent toujours le ***u*** du radical.

nous débarquons – elle débarquait – je débarquerai – vous débarquâtes

Entraînement

1 **Conjuguez les verbes de ces expressions aux quatre temps simples de l'indicatif.**

changer les piles
renoncer à ce déplacement
remplacer l'ampoule
marquer un essai
prodiguer des conseils
rédiger une réclamation

2 **Écrivez les verbes en gras au présent de l'indicatif.**

En ce lundi, nous **vaquer** à nos occupations habituelles. – Vous **devancer** notre intention en allumant les spots. – Nous **partager** avec beaucoup de personnes une passion pour la musique. – La piqûre est douloureuse ; nous **grimacer**. – La vue du requin blanc **glacer** le sang des plongeurs. – Nous **envisager** de nous installer à Bobigny. – Je **pratiquer** l'escrime à la salle de sport de mon quartier. – Nous **naviguer** à bord d'un catamaran. – Comme le TGV est complet, nous **voyager** assis sur des strapontins. – Tu m'**intriguer** en ne dévoilant pas tes intentions.

3 **Écrivez les verbes en gras à l'imparfait de l'indicatif.**

Le service d'ordre **endiguer** le flot des spectateurs. – Le pilote de l'*Airbus* **amorcer** un virage sur l'aile gauche. – Certains **taguer** les murs du boulevard périphérique. – De nombreuses associations **financer** des actions humanitaires. – Chaque matin, tu **déneiger** le trottoir devant chez toi. – Mal graissée, la poulie **grincer**. – Plusieurs candidats **briguer** la succession du Premier ministre. – Les habitants de l'île de Pâques **ériger** des statues monumentales. – Toutes les fois que le silence **se prolonger**, je **relancer** la conversation. – Tu **avancer** à petits pas, néanmoins la queue **s'allonger** de minute en minute. – Les pirates **attaquer** les galions chargés d'or loin des côtes.

4 **Écrivez les verbes en gras au passé simple.**

Tu **recharger** la batterie de ton ordinateur portable. – Le médicament **soulager** immédiatement le malade. – Je **recevoir** mon carnet de chèques par la poste. – Le professeur **prodiguer** des conseils aux jeunes concertistes. – Vous **dénoncer** l'absence de liaisons régulières entre ces deux villes. – Le commissaire **convoquer** les témoins pour les écouter une dernière fois. – La soudaine panne d'électricité nous **obliger** à progresser à tâtons. – Les éclairagistes **braquer** leurs projecteurs sur la scène. – Le sélectionneur **remarquer** un gardien de but de grande classe. – Lors de notre séjour en Bourgogne, nous **apercevoir** la roche de Solutré. – Je **manger** avidement mon sandwich. – Cet auteur de bandes dessinées **dédicacer** ses albums.

5 **Écrivez les verbes en gras au passé simple.**

Zofia **gravir** les marches. Sur son palier elle **se raviser**, **reprendre** l'escalier sans faire de bruit et **réveiller** la vieille Ford. La ville était presque déserte. Elle **descendre** California Street. Un feu la **forcer** à marquer l'arrêt devant l'entrée de l'immeuble où elle avait dîné. Le voiturier lui **faire** un petit signe amical de la main, elle **détourner** la tête et **regarder** Chinatown qui s'ouvrait à sa gauche. Quelques blocs plus bas, elle **ranger** sa voiture le long du trottoir, **traverser** le parvis à pied, **apposer** sa main sur la paroi est de la Tour pyramidale et **entrer** dans le hall. Elle **saluer** Pierre et **se diriger** vers l'ascenseur qui conduisait au dernier étage.

Marc Lévy, *Sept Jours pour une éternité...*, R. Laffont, 2003.

Solutions P. 92

15 LES TEMPS SIMPLES : verbes comme *semer* et *céder*

Dans certaines formes de leur conjugaison, les verbes comme *semer* et *céder* voient leur radical changer : du ***e*** en ***é*** et du ***é*** en ***è***.

Verbes comme *semer*

présent	futur simple	imparfait	passé simple
je sème	tu sèmeras	je semais	tu semas
nous semons	vous sèmerez	nous semions	vous semâtes

Remarques

1 Pour les verbes du 1er groupe qui ont un ***e*** muet dans l'avant-dernière syllabe de leur infinitif, on place un **accent grave** sur ce ***e*** devant une terminaison commençant par un ***e*** muet.

2 Pour l'imparfait et le passé simple de l'indicatif, il n'existe pas de terminaisons commençant par un ***e*** muet ; le radical n'est donc jamais modifié. En prononçant les formes verbales à haute voix, on entend la différence.

Verbes comme *céder*

présent	futur simple	imparfait	passé simple
je cède	tu cèderas	je cédais	tu cédas
nous cédons	vous cèderez	nous cédions	vous cédâtes

Remarques

1 Pour les verbes du 1er groupe qui ont un ***é*** dans l'avant-dernière syllabe de leur infinitif, l'accent aigu devient un **accent grave** devant un ***e*** muet.

2 Pour le futur simple, l'usage admet que l'on puisse conserver le ***é*** devant la terminaison muette. Cependant, pour ne pas créer de confusion, il est préférable d'appliquer la même règle qu'au présent de l'indicatif, d'autant que la prononciation actuelle appelle l'accent grave.

3 Pour l'imparfait et le passé simple de l'indicatif, il n'existe pas de terminaisons commençant par un ***e*** muet ; le radical n'est donc jamais modifié. En prononçant les formes verbales à haute voix, on entend la différence.

4 On applique la même règle de transformation du ***é*** en ***è*** devant un ***e*** muet pour les verbes du 1er groupe en ***-éguer*** ou en ***-égner***.

présent :
je délègue – nous déléguons
tu règnes – vous régnez

futur simple :
il délèguera – ils délègueront
je règnerai – nous règnerons

5 Les verbes en ***-éer*** conservent l'accent aigu dans toute leur conjugaison. Attention, il ne faut pas oublier le ***e*** muet au futur simple.

je crée – tu créais – elle créa – nous créerons

Entraînement

1 **Conjuguez les verbes de ces expressions au présent, puis au futur simple de l'indicatif.**

soupeser le pour et le contre
ne pas **s'inquiéter**
accéder au dernier étage
prélever un échantillon
se lever de bonne heure
se sécher au soleil

2 **Écrivez les verbes en gras au présent de l'indicatif.**

Tu **malmener** le boîtier de commande et l'appareil ne **fonctionner** plus. – Si le programme vous **agréer**, vous pourrez retenir des places pour le prochain concert. – Les chiens **se pourlécher** les babines. – Je ne **digérer** pas les piments verts. – Les cerises **macérer** dans l'eau-de-vie. – Les ordres **être** les ordres et nous **obtempérer** immédiatement. – Nous **enlever** les poils laissés par le chat sur le fauteuil. – Vous **se promener** sur les berges de la Seine. – L'odeur du cigare **imprégner** les vêtements des fumeurs. – L'arbitre ne **tolérer** pas le moindre geste dangereux et il **procéder** à l'expulsion des fautifs. – Tu **interpréter** les faits à ta convenance et tu **persévérer** dans l'erreur. – Cet acteur **crever** l'écran.

3 **Écrivez chaque phrase avec les sujets proposés. Vous conjuguerez les verbes aux quatre temps simples de l'indicatif.**

Se démener comme un beau diable et **achever** le travail dans les temps
Je … **Tu …** **Thierry …** **Nous …** **Vous …** **Les employés …**
Modérer son allure et ne pas **accélérer** en agglomération
Je … **Tu …** **M. Mazon …** **Nous …** **Vous …** **Les routiers …**
Soulever le pied de la table et **insérer** un morceau de bois pour la caler
Je … **Tu …** **Marianne …** **Nous …** **Vous …** **Les déménageurs …**

4 **Écrivez les verbes en gras au futur simple de l'indicatif.**

Vous **pénétrer** dans la salle du palais de Justice. – Nous **créer** un site Internet pour raconter nos aventures. – Cette femme **léguer** toute sa fortune à des associations d'enfants handicapés. – Les ravisseurs **libérer** leur prisonnier contre une rançon. – J'**opérer** un demi-tour et je **relever** la visière de mon casque. – Tu **gérer** cette affaire avec compétence. – Cet achat inconsidéré **grever** votre budget. – Les jurés **différer** leur décision jusqu'à demain. – La montgolfière **s'élever** dans le ciel clair. – Le prix de cette moto n'**excéder** pas huit mille euros. – J'**intercéder** en votre faveur.

5 **Les verbes en gras sont à l'imparfait de l'indicatif ; écrivez-les au présent de l'indicatif.**

Lors de la répartition des bénéfices, le gérant ne **lésait** aucun des actionnaires. – Les anarchistes **maugréaient** contre le monde entier. – Les échappés **coopéraient** à merveille et ils **précédaient** le peloton de six minutes. – Après ton opération, tu ne **pesais** plus que soixante kilos. – Nous **possédions** une édition originale des aventures de Tony Corso. – Tu **aérais** les locaux dans lesquels tu **espérais** séjourner. – Cette usine **générait** des tonnes de produits polluants. – Les nourrices ne **sevraient** les enfants qu'à l'âge de deux ans. – J'**énumérais** les noms figurant dans mon répertoire. – Le linge **séchait** sur la pelouse.

Solutions P. 94

16 LE PASSÉ COMPOSÉ DE L'INDICATIF

Le passé composé est un temps du passé, souvent utilisé aussi bien à l'écrit qu'à l'oral.

Les valeurs du passé composé

• Il exprime des faits achevés à un moment donné du passé, en relation avec le présent ou dont les conséquences sont encore sensibles dans le présent.
Tu reviens de l'hôpital, tu **as rendu** visite à ta sœur.

• Aujourd'hui, il est souvent employé à la place du passé simple. Il indique alors un événement dans le passé sans relation avec le présent.
Il **s'est levé** et il **a quitté** la table.

Tableaux de conjugaison

auxiliaire *avoir*	auxiliaire *être*	
rêver	**venir**	**se lever**
j'ai rêvé	je suis venu(e)	je me suis levé(e)
tu as rêvé	tu es venu(e)	tu t'es levé(e)
il/elle a rêvé	il/elle est venu(e)	il/elle s'est levé(e)
nous avons rêvé	nous sommes venu(e)s	nous nous sommes levé(e)s
vous avez rêvé	vous êtes venu(e)s	vous vous êtes levé(e)s
ils/elles ont rêvé	ils/elles sont venu(e)s	ils/elles se sont levé(e)s

⚠ Remarques

1 Pour former le passé composé, on place l'auxiliaire conjugué au présent de l'indicatif devant le participe passé. Beaucoup de verbes, en particulier les verbes transitifs, se conjuguent avec l'auxiliaire *avoir*. Quelques verbes intransitifs *(aller, partir, arriver, entrer, rester, venir...)*, ainsi que les verbes pronominaux, se conjuguent avec l'auxiliaire *être*.

2 Tous les participes passés des verbes du 1er groupe se terminent par ***-é***.
affirmer : affirmé — *rester* : resté

Tous les participes passés des verbes du 2e groupe se terminent par ***-i***.
remplir : rempli — *maigrir* : maigri

Les participes passés des verbes du 3e groupe se terminent généralement par ***-i*** ou ***-u***.
sourire : souri — *vendre* : vendu

Mais il existe des formes particulières.
naître : né, née — *devoir* : dû, due
plaire : plu — *pouvoir* : pu
savoir : su, sue — *voir* : vu, vue
vivre : vécu, vécue — *vaincre* : vaincu, vaincue

Certains participes passés se terminent par une lettre muette, ***-t*** ou ***-s***. Le féminin du participe passé permet souvent de trouver la lettre muette.
asseoir : assis, assise — *prendre* : pris, prise
mourir : mort, morte — *faire* : fait, faite
ouvrir : ouvert, ouverte — *dire* : dit, dite

Pour l'accord des participes passés, voir leçons 17 et 18.

3 Les verbes *avoir* et *être* se conjuguent tous les deux avec l'auxiliaire *avoir*.
J'**ai eu** du courage. J'**ai été** courageux(se).

4 Aux 1re et 2e personnes, seule la personne qui écrit sait quel accord il faut faire.
soit le masculin : Je suis parti. Nous sommes partis.
soit le féminin : Tu es partie. Vous êtes parties.

Entraînement

1 ▸ Conjuguez les verbes de ces expressions au passé composé. Pour les troisièmes personnes, vous choisirez des noms sujets.

aller au restaurant — **venir** acheter des chaussures — **rebrousser** chemin
signer un courrier — **se heurter** à un refus — **se doucher** à l'eau froide

2 ▸ Écrivez les verbes en gras au passé composé.

Tu **revenir** plusieurs fois à la charge pour faire valoir tes droits. Vous **tomber** par hasard sur un article relatant le naufrage du *Titanic*. Pendant la Révolution, beaucoup de personnes **mourir** guillotinées. Nous **rentrer** en taxi. J'**surmonter** ma peur et j'**saisir** la couleuvre à pleine main. Le journaliste **interroger** de nombreux témoins, puis il **rédiger** son article. Tu **cligner** des yeux sous les rayons du soleil. Vous **découvrir** l'origine de la panne et vous **rétablir** le courant. Les hirondelles **se nicher** sous le toit de la grange. Tu n'**avoir** pas à te plaindre des soins dispensés dans cette clinique. J'**être** surpris par votre réaction et j'**bredouiller** une vague réponse. Le surfeur **s'élancer** à la recherche de la meilleure vague. Beaucoup de joueurs **s'inscrire** au tournoi de pétanque. Nous **retirer** une lettre recommandée.

3 ▸ Les verbes en gras sont au passé simple ; écrivez-les au passé composé.

Christophe Colomb **partit** vers l'ouest pour atteindre les Indes, mais il **arriva** en Amérique. – Le pharmacien **prévint** le patient ; ce médicament pouvait avoir des effets secondaires. – Par tes pitreries, tu **divertis** tes amis. – À la vue des dégâts, tu **téléphonas** à ton assureur. – La station spatiale **émit** un faible signal et **disparut** derrière une masse nuageuse. – Les portes **coulissèrent** dans un bruit d'enfer. – On dit que l'ennui **naquit** un jour de l'uniformité. – Je **refusai** de porter ces vêtements bien trop voyants. – Nous **restâmes** devant le portail, mais il ne **s'ouvrit** pas. – Vous **vous installâtes** sur le canapé et **vous prîtes** un magazine.

4 ▸ Écrivez les verbes en gras au passé composé avec les sujets proposés.

Ce matin, je **reçois** le catalogue tant attendu. Je le **feuillette** longuement, puis j'**examine** et **compare** les qualités des différents articles. Finalement, après bien des hésitations, je **me décide** pour un pull en cachemire et un pantalon en acrylique. Je **rédige** alors le bon de commande que je **place** dans une enveloppe.
Hier, il … – Hier, tu … – Hier, Karène … – Hier, nous … – Hier, vous … – Hier, mes parents …

5 ▸ Écrivez les verbes en gras au passé simple ou au participe passé.

Tu as **connaître** un colosse qui soulevait des troncs d'arbres. – L'agriculteur a **concevoir** un dispositif ingénieux pour irriguer ses champs. – Je **devoir** remplacer les ampoules des phares de ma voiture. – Tu **connaître** les joies de la paternité avec la naissance de ton premier enfant. – J'ai **exclure** la charcuterie de mon alimentation. – À la suite des chutes de neige, il a **falloir** dégager les routes. – Au petit matin, il **pleuvoir** pendant quelques minutes. – Il a **suffire** d'un bouquet de fleurs pour égayer l'appartement. – J'ai **vouloir** mettre un peu d'ordre dans ma collection de fossiles. – Tu as **savoir** trouver les paroles qui ont **plaire** à tes auditeurs.

Solutions P. 95

17 L'ACCORD DU PARTICIPE PASSÉ EMPLOYÉ AVEC *AVOIR*

Le participe passé employé avec l'auxiliaire *avoir* ne s'accorde jamais avec le sujet du verbe.

Le moniteur a conseillé les stagiaires. La monitrice a conseillé les stagiaires.
Les moniteurs ont conseillé les stagiaires. Les monitrices ont conseillé les stagiaires.

L'accord du participe passé avec *avoir*

• Le participe passé employé avec l'auxiliaire *avoir* s'accorde en genre et en nombre avec le complément d'objet direct (COD) du verbe, seulement si celui-ci est placé avant le participe passé.

• Pour trouver le COD, on pose la question « quoi ? » ou « qui ? » après le verbe et l'on cherche le nom que remplace le **pronom personnel** ou **relatif**.

J'ai déball**é** mes provisions.
J'ai déballé quoi ? **mes provisions**
COD placé après le verbe, **pas d'accord**

Mes provisions, je les ai déball**ées**.
J'ai déballé quoi ? **les** mis pour **mes provisions**
COD placé avant le verbe, **accord**

Je place au réfrigérateur les provisions que j'ai déball**ées**.
J'ai déballé quoi ? **que** mis pour **mes provisions**
COD placé avant le verbe, **accord**

Remarques

1 Il ne faut pas confondre le complément d'objet indirect (COI), qui peut être placé avant le participe passé, avec le COD.

Les candidats étaient impatients ; l'examinateur leur a distribué les questions.
L'examinateur a distribué à qui → à **leur** (mis pour les candidats) → COI.
Comme le COD (**les questions**) est placé après le participe passé, il n'y a pas d'accord.

2 Si, dans une question, le COD est placé avant le participe passé, celui-ci s'accorde.

Quelles personnes avez-vous reconnues ?
COD → quelles personnes
Combien d'euros avez-vous dépensés ?
COD → combien d'euros

Les participes passés invariables avec *avoir*

• Le participe passé *fait* suivi d'un infinitif est toujours invariable.
Nous fréquentons la salle que la mairie a **fait** aménager.
Dans un souci de cohérence, il est préférable – même si l'accord est possible dans quelques cas – d'appliquer la même règle pour le participe passé *laissé* suivi d'un infinitif.
Mes adversaires, je les ai **laissé** gagner.

• Le participe passé précédé de ***en*** est invariable.
Des tableaux, Picasso en a **peint** plusieurs milliers.

• Lorsque le COD est le pronom neutre ***l'*** (représentant une idée ou une proposition), le participe passé reste invariable.
Cette ascension me parut plus difficile que je ne l'avais **imaginé**.

Entraînement

1 Accordez, si nécessaire, les participes passés des verbes en gras.

Combien de tours le pistard a-t-il déjà **accomplir** ? – Les terrassiers ont **creuser** une tranchée pour y placer les tuyaux. – Vos disques, où les avez-vous **ranger** ? – Le malade est satisfait, les traitements l'ont **guérir**. – La petite chatte que j'ai **laisser** sortir par inadvertance a **disparaître** ; je ne l'ai jamais **retrouver**. – Ta chance, tu ne l'as pas **saisir** quand il le fallait ; maintenant tu le regrettes. – Quelle boisson le consommateur a-t-il **commander** ? – Les carreaux que M. Laurent a **coller** dans sa salle de bain ont **transformer** la pièce.

2 Écrivez les verbes en gras au passé composé.

Ces objets, l'antiquaire les **examiner**, puis il les **expertiser**. – La loi que les députés **voter** constitue un réel progrès social. – L'épreuve de code du permis de conduire, Jessy l'**réviser** à l'aide d'un logiciel. – Pour imiter les hommes politiques, ce comique **contrefaire** sa voix. – Les adresses que j'**confondre** étaient celles de deux de mes amis. – La partie **prendre** fin dans la confusion ; l'arbitre **devoir** expulser deux joueurs. – Fait exceptionnel, ces koalas **pouvoir** se reproduire en captivité.

3 Réécrivez chaque phrase en remplaçant les mots en gras par ceux proposés et faites les transformations nécessaires.

L'appartement que vous avez occupé a été reloué après votre départ.
Les locaux … **Les salles …** **La maison …** **Le pavillon …**

Le vêtement que la vendeuse m'a proposé était trop grand pour moi.
Les chaussures … **Le blouson …** **Les gants …** **La robe …**

Le passage que tu as emprunté a été rendu à la circulation récemment.
Les voies … **L'avenue …** **L'autoroute …** **Les boulevards …**

4 Écrivez les verbes en gras au passé composé.

Cette viande est moins tendre que je ne l'**prévoir**. – En vacances sur la côte basque, Charlène y **faire** de la planche à voile et du surf. – Ces monuments, nous les **visiter** à de nombreuses reprises. – La moto dont tu **changer** la selle et que tu **repeindre** est désormais comme neuve ! – Prudents, les campeurs **planter** leur tente loin du torrent. – Les tours de magie que le prestidigitateur **réaliser enthousiasmer** les jeunes spectateurs. – Les ampoules qu'il **falloir** remplacer ne **durer** pas longtemps. – M. Charles **songer** avec nostalgie aux séjours qu'il **effectuer** en Australie. – La joie m'**nouer** la gorge.

5 Écrivez les mots en gras au pluriel et faites les transformations nécessaires.

Le **tissu** que le marchand forain a proposé à la vente a été fabriqué en Chine parce que l'**usine** française a fermé ses portes depuis longtemps. – La **consigne**, le chef d'équipe l'a répétée plusieurs fois aux personnes placées sous ses ordres. – Un **timbre** aussi ancien, le collectionneur n'en a jamais possédé. – Ce **fromage**, je l'ai dégusté avec un **pain** aux noix que le boulanger a fait cuire au feu de bois. – La **vitrine** que le commerçant a décorée avec beaucoup de goût a attiré les badauds. – L'**ourson** que sa mère a nourri a désormais atteint une taille adulte. – Le **capital** que vous avez investi dans cette **entreprise** vous a rapporté une somme importante.

Solutions P. 96

18 L'ACCORD DU PARTICIPE PASSÉ EMPLOYÉ AVEC *ÊTRE*

Le participe passé employé avec l'auxiliaire *être* s'accorde en genre et en nombre avec le sujet du verbe.

Le local est resté sans surveillance.
Les locaux sont resté**s** sans surveillance.

L'entrée est resté**e** sans surveillance.
Les entrées sont resté**es** sans surveillance.

L'accord du participe passé avec *être*

- Lorsque le verbe a plus d'un sujet, l'accord se fait au masculin pluriel si au moins un des sujets est masculin.

Le local et l'entrée sont resté**s** sans surveillance.
L'entrée et la sortie sont resté**es** sans surveillance.

- À la voix passive (voir leçon 25), les verbes sont conjugués avec l'auxiliaire *être* (qui peut être conjugué à un temps composé) et le participe passé s'accorde en genre et en nombre avec le sujet.

Les recherches sont abandonn**ées** par les policiers.
Les recherches ont été abandonn**ées** par les policiers.
Les recherches avaient été abandonn**ées** par les policiers.

Remarques

1 Quelques verbes, selon le sens (intransitif ou transitif), peuvent être conjugués avec *être* ou *avoir*.

Ils sont descendu**s**.
Ils ont descendu les marches.
Elle est sorti**e**.
Elle a sorti son mouchoir.

2 Lorsque la 2e personne du pluriel correspond à un *vous* de politesse, le participe passé ne s'accorde qu'en genre.

Madame, vous êtes arrivé**e** à destination.
Monsieur, vous êtes arrivé à destination.

Les participes passés des verbes pronominaux

- Le participe passé des verbes uniquement pronominaux s'accorde avec le sujet.

Les voyageurs se sont réfugié**s** sous l'abribus.
Melissa s'est absenté**e** un instant.

Les verbes *se réfugier* et *s'absenter* n'existent qu'à la forme pronominale.

- Les participes passés des verbes occasionnellement pronominaux qui n'ont jamais de COD demeurent invariables.

Les essais de mise en service se sont succédé, sans résultat.
Ces deux personnes se sont plu immédiatement.

Remarque

Le participe passé des verbes occasionnellement pronominaux s'accorde avec le COD (qui peut être un pronom personnel) quand celui-ci est placé avant le participe passé.

Laurette s'est préparé**e** pour sortir.
COD : **s'** (Laurette a préparé elle-même)

Laurette s'est préparé des sandwichs.
COD : **des sandwichs** → pas d'accord

Voici les sandwichs que Laurette s'est préparé**s**.
COD : **que (des sandwichs)** → accord

Entraînement

1 **Conjuguez les verbes de ces expressions au passé composé. Pour les deux premières personnes, vous choisirez le genre et pour les troisièmes personnes, vous choisirez des noms sujets.**

survenir à l'improviste	**rentrer** à l'aube	**intervenir** promptement
tomber des nues	**aller** au musée du Louvre	**partir** en congé

2 **Accordez, si nécessaire, les participes passés des verbes en gras.**

Ces jumeaux sont **naître** avant terme et ils ont été **placer** en couveuse. – Ces anciens esclaves ont été **affranchir** pour bons et loyaux services. – Ces malfaiteurs ont été **trahir** par leurs empreintes et ils ont été **arrêter** dans la soirée. – D'Artagnan ne s'est jamais **départir** d'une loyale attitude envers le roi. – La forêt amazonienne est **détruire** par des aventuriers sans scrupules. – D'importantes quantités de pétrole sont **transporter** sur toutes les mers du monde. – Nous sommes **descendre** à l'hôtel de la Croix Blanche. – Vous m'avez **convaincre** de votre bonne foi. – Qu'est-il **advenir** des navigateurs partis battre le record de la traversée du Pacifique ?

3 **Écrivez les verbes en gras au passé composé.**

Les acteurs **entrer** en scène sous les applaudissements du public. – Le centre commercial était fermé, alors je **repartir**. – Les poids lourds **arriver** au marché de Rungis. – Après une longue course, vous **se reposer**. – Vous **rester** bouche bée devant l'audace des cascadeurs. – La doyenne de la cité **mourir** à l'âge de cent dix ans. – Cette chanteuse **devenir** célèbre dès sa première tournée. – Tu **sortir** de la gare et tu **se diriger** vers la station de taxis. – L'intérêt des journalistes pour cette affaire **retomber** en quelques jours. – Nous **parvenir** à fixer les attaches de la mezzanine.

4 **Observez le modèle et mettez ces phrases à la voix passive. Attention à l'accord des participes passés.**

Ex. : Le vent secoue les antennes. → Les antennes sont secouées par le vent.

La mésange couve les œufs. – Les heureux parieurs touchent le tiercé. – Une machine perfectionnée rabote les planches. – La fermière prépare les fromages de chèvre. – L'avant-centre marque les deux premiers buts de son équipe. – Le directeur de l'usine engage deux jeunes apprentis. – Les palefreniers soignent les chevaux. – Un marinier expérimenté pilote la péniche. – Deux cadenas ferment la porte du hangar. – Les pêcheurs de Saint-Jean-de-Luz déchargent des tonnes d'anchois.

5 **Écrivez les verbes en gras au passé composé.**

La lionne **s'échapper** de sa cage et elle **se cacher** on ne sait où. – Nous **s'apercevoir** que la serrure était rouillée. – Tu **se tromper** en composant ton code d'accès à Internet. – Je **se souvenir** de ton numéro de portable. – Roxane **se regarder** dans un miroir et elle **se plaire**. – Lorsqu'ils **se rencontrer**, ces deux anciens camarades de lycée **se sourire**. – Les ouvriers de la chaîne de montage **s'accorder** une pause d'un quart d'heure. – Avant d'explorer le gouffre, les spéléologues **se munir** de torches électriques. – Trop anxieuse, cette personne **se gâcher** l'existence. – La maison que mes cousins **s'aménager** possède un chauffage solaire. – En tombant lourdement sur le sol, la lampe de chevet **se briser** en plusieurs morceaux.

Solutions P. 97

19 LE PLUS-QUE-PARFAIT DE L'INDICATIF

Le plus-que-parfait est un temps composé du passé.

Les valeurs du plus-que-parfait

• Le plus-que-parfait de l'indicatif exprime des faits accomplis dont la durée est indéterminée, et qui se situent avant une autre action passée exprimée le plus souvent à l'imparfait, au passé composé ou au passé simple.
Béatrice lisait les lettres qu'elle **avait reçues**.
Béatrice a lu les lettres qu'elle **avait reçues**.
Béatrice lut les lettres qu'elle **avait reçues**.
C'est après avoir reçu les lettres que Béatrice a pu les lire.

• Le plus-que-parfait peut aussi exprimer, dans le passé, des faits répétés ou habituels.
Pendant des mois, Mathilde **avait cherché** du travail : en vain.

• Il s'emploie également pour exprimer un fait passé par rapport au moment présent.
Je suis en panne et ça, je ne l'**avais** pas **prévu**.

• Il peut aussi être employé seul ; il présente un fait totalement accompli au moment où l'on parle.
Tu **avais** longuement **réfléchi** avant de t'exprimer.
J'**étais restée** pour vous aider.

• Dans les propositions de supposition, il exprime un fait qui ne s'est pas réalisé dans le passé.
Si j'**avais été** plus attentif, j'aurais retenu le nom de cet acteur.

Tableaux de conjugaison

auxiliaire *avoir*	auxiliaire *être*	
résister	**intervenir**	**s'arrêter**
j'avais résisté	j'étais intervenu(e)	je m'étais arrêté(e)
tu avais résisté	tu étais intervenu(e)	tu t'étais arrêté(e)
il/elle avait résisté	il/elle était intervenu(e)	il/elle s'était arrêté(e)
nous avions résisté	nous étions intervenu(e)s	nous nous étions arrêté(e)s
vous aviez résisté	vous étiez intervenu(e)s	vous vous étiez arrêté(e)s
ils/elles avaient résisté	ils/elles étaient intervenu(e)s	ils/elles s'étaient arrêté(e)s

⚠ Remarques

1 Pour former le plus-que-parfait d'un verbe, on place un des deux auxiliaires, conjugué à l'imparfait de l'indicatif, devant le participe passé.

2 Aux temps composés, l'adverbe, ainsi que la seconde partie de la négation, se placent entre l'auxiliaire et le participe passé.

L'émission s'était **brusquement** interrompue.
L émission **ne** s'était **jamais** interrompue.

Entraînement

1 **Écrivez les verbes en gras au plus-que-parfait de l'indicatif.**

Nous **commander** une voiture rouge et le concessionnaire nous en **livrer** une blanche ! – Les secrets que je vous **confier**, pourquoi les avez-vous divulgués à d'autres personnes ? – Pour le carnaval, Juliette **se costumer** en princesse et toutes ses amies l'**féliciter**. – M. Marcel **consulter** des centaines d'ouvrages avant de mettre un point final à sa thèse. – L'espion **coder** son message et ses adversaires ne purent le déchiffrer. – La tour de contrôle **modifier** le plan de vol et le pilote n'en **avoir** connaissance qu'au dernier moment.

2 **Réécrivez chaque phrase en remplaçant les mots en gras par les sujets proposés et faites les transformations qui conviennent.**

Le photographe avait pris des risques lorsqu'**il** s'était aventuré en zone de combat.
Vous … **Les reporters …** **Tu …** **La journaliste …**
J'étais restée paralysée et **je** n'avais pu faire aucun mouvement.
Tu … **Les explorateurs …** **Alexandra …** **Nous …**
Tu avais observé les indices et **tu** avais résolu aisément cette énigme.
Vous … **Les enquêteurs …** **Sherlock Holmes …** **La police …**

3 **Écrivez les verbes en gras au plus-que-parfait de l'indicatif.**

Afin de présenter des résultats lisibles, nous **arrondir** tous les quotients. – Pour améliorer son jeu, le pianiste **passer** des heures devant son clavier. – Le gardien de l'immeuble **se plaindre** du bruit car des motards **envahir** le parking. – Vous **revenir** parce que la situation **prendre** une tournure inquiétante. – Ce cheval **sauter** les trois premières haies lorsqu'il chuta sur la quatrième. – Au soir d'une journée de ski, nous **se réchauffer** devant un feu de cheminée. – Nous **tomber** sur plus forts que nous et nous **perdre** la partie. – Ces cerises, nous les **cueillir** parce qu'elles étaient mûres.

4 **Écrivez les verbes en gras au plus-que-parfait de l'indicatif. Vous placerez convenablement les adverbes.**

Après bien des efforts, tu **vaincre** enfin ton appréhension. – Le chanteur signait des autographes aux admirateurs qui l'**attendre**. – À six ans, Mozart **composer** déjà sa première symphonie. – Lorsque le feu **passer** au vert, l'autobus **démarrer**. – Avant de monter à l'assaut, Jeanne d'Arc **brandir** fièrement son étendard. – Pour une fois, le train ne **arriver** pas à l'heure. – À huit heures, cette pompe **remplir** environ la moitié du bassin. – J'**répondre** plutôt au hasard et je l'**regretter** aussitôt. – Tu **feindre** l'indifférence, mais je savais que tu éprouvais beaucoup de peine.

5 **Écrivez les verbes soulignés à l'imparfait de l'indicatif et ceux en gras au plus-que-parfait de l'indicatif.**

Comme le printemps <u>est</u> de retour, les jardiniers **ont sorti** leur matériel et ils **ont commencé** à bêcher. – Les fauves <u>dévorent</u> les gazelles qu'ils **ont poursuivies** à travers la savane. – J'<u>imprime</u> les documents que j'**ai complétés** hier soir. – Vous **avez laissé** votre voiture chez le garagiste parce qu'elle <u>refuse</u> de démarrer. – La pintade que le cuisinier **a préparée** <u>fait</u> l'unanimité : elle <u>est</u> savoureuse. – Nous **sommes parvenues** à destination et nous <u>récupérons</u> nos valises à l'aéroport.

Solutions P. 97

20 LE PASSÉ ANTÉRIEUR ET LE FUTUR ANTÉRIEUR

Le passé antérieur

• Le passé antérieur exprime des faits accomplis, généralement brefs, dont la durée est déterminée, et qui se situent avant une autre action passée exprimée au passé simple. On dit que c'est le **passé du passé**. Il se rencontre généralement dans les propositions subordonnées après une conjonction de temps *(quand, lorsque, aussitôt que, dès que, après que...)*.
Après qu'il **eut atteint** le col, Philippe **se reposa**.
Quand les coureurs **furent arrivés** au sommet du col, ils **se désaltérèrent**.

• Il s'emploie parfois dans une proposition indépendante pour exprimer une action brève dans le passé. Il est alors accompagné d'un adverbe de temps *(bientôt, vite, enfin, en un instant...)*.
Les jeunes gens **eurent** bientôt **aménagé** leur nouvel appartement.
Le boxeur **se fut** rapidement **relevé**.

Au passé antérieur, l'auxiliaire (*être* ou *avoir*) est conjugué au passé simple.

auxiliaire *avoir*	auxiliaire *être*	
refuser	rester	se servir
j'eus refusé	je fus resté(e)	je me fus servi(e)
tu eus refusé	tu fus resté(e)	tu te fus servi(e)
il/elle eut refusé	il/elle fut resté(e)	il/elle se fut servi(e)
nous eûmes refusé	nous fûmes resté(e)s	nous nous fûmes servi(e)s
vous eûtes refusé	vous fûtes resté(e)s	vous vous fûtes servi(e)s
ils/elles eurent refusé	ils/elles furent resté(e)s	ils/elles se furent servi(e)s

Le futur antérieur

Le futur antérieur exprime une action qui sera achevée à un moment donné du futur. On dit que c'est le **passé du futur**. On peut le trouver dans des propositions subordonnées ou des propositions indépendantes.
Nous relirons ce que nous **aurons écrit**. L'autobus **sera parti** dans dix minutes.

Au futur antérieur, l'auxiliaire (*avoir* ou *être*) est conjugué au futur simple de l'indicatif.

auxiliaire *avoir*	auxiliaire *être*	
refuser	rester	se servir
j'aurai refusé	je serai resté(e)	je me serai servi(e)
tu auras refusé	tu seras resté(e)	tu te seras servi(e)
il/elle aura refusé	il/elle sera resté(e)	il/elle se sera servi(e)
nous aurons refusé	nous serons resté(e)s	nous nous serons servi(e)s
vous aurez refusé	vous serez resté(e)s	vous vous serez servi(e)s
ils/elles auront refusé	ils/elles seront resté(e)s	ils/elles se seront servi(e)s

Entraînement

1 **Écrivez les verbes en gras au passé antérieur.**

Quand les convives **achever** l'entrée, on leur servit le poulet aux morilles. – Lorsque tu **revenir** sur tes pas, tu constatas que le vent avait effacé tes traces. – Aussitôt que j'**parler**, le silence se fit dans l'assistance et cela me parut étrange. – Quelques instants après que le professeur **entrer**, les étudiants se penchèrent sur leur travail. – Après que les marchands forains **s'installer** sur la place, la vente des vêtements put commencer. – Lorsque j'**visiter** cette maison, je me décidai immédiatement et je la louai. – Après que le président **dissoudre** l'Assemblée nationale, les électeurs se rendirent aux urnes. – Lorsque vous **admettre** votre erreur, vous refîtes tous les calculs.

2 **Écrivez les verbes en gras au futur antérieur.**

Tout à l'heure, j'**finir** mon travail et je me reposerai. – Quand nous **lire** la notice, nous monterons les étagères et nous rangerons les livres. – Aussitôt que les conditions météorologiques **s'améliorer**, les marins prendront la mer. – Quand tu **gonfler** les pneus de ton VTT, tu partiras en randonnée. – Lorsqu'ils **revêtir** leur scaphandre, les cosmonautes sortiront dans l'espace. – Dès que le promoteur **conclure** l'achat des terrains, il prendra contact avec l'architecte.

3 **Écrivez les verbes soulignés au passé simple et les verbes en gras au passé antérieur.**

Après qu'ils **palabrer** pendant des heures, ces deux maquignons se mettre enfin d'accord sur un prix. – Dès que les défenseurs **capituler**, les assaillants pénétrer dans la ville. – Quand le gardien **programmer** l'alarme, il regagner le local de surveillance. – Aussitôt que tu **ferrer** la truite, tu voir qu'elle était de belle taille. – Tu poser le papier peint après que tu **encoller** les murs de la salle à manger. – Lorsque les cantonniers **assécher** le canal, ils découvrir des carcasses de voitures abandonnées.

4 **Écrivez les verbes soulignés au futur simple et les verbes en gras au futur antérieur.**

Nul doute que la décision qu'**prendre** le jury être bien acceptée. – Quand le bruit **cesser**, nous nous endormir. – Dès que la température de l'eau **s'élever** de quelques degrés, les vacanciers profiter des joies de la baignade. – Quand les électriciens **réparer** les lignes, on pouvoir de nouveau s'éclairer. – Lorsque les passagers **s'asseoir**, le chauffeur fermer la porte et démarrer. – Lorsque j'**ôter** cette écharde, je souffrir moins. – Quand tu **recharger** la batterie, ton téléphone fonctionner à nouveau.

5 **Écrivez les verbes en gras au passé antérieur ou au futur antérieur, selon le sens.**

Quand j'**retenir** mon billet par Internet, je pourrai me rendre à la gare. – Lorsque tu **maîtriser** les gestes élémentaires du potier, tu réalisas quelques belles pièces. – Dès que l'ingénieur **perfectionner** son prototype, il essaya de le vendre à une grande entreprise. – Lorsque le soleil **réchauffer** la terre, les plantes vivaces refleuriront. – Sitôt que les mannequins **se maquiller**, ils enfilèrent de somptueuses toilettes. – Quand je **se hisser** sur le toit du hangar, je pus remplacer les tuiles cassées. – Aussitôt que la nuit **tomber** sur le parc de la Vanoise, les chamois apparaîtront.

Solutions P. 97

21 LE PRÉSENT DU CONDITIONNEL

Le présent du conditionnel exprime généralement des faits dont la réalisation est soumise à une condition.

Les valeurs du présent du conditionnel

• Le présent du conditionnel a valeur de **mode** lorsque l'action est :
– la conséquence possible d'un fait supposé, d'une condition ;
S'il pleuvait plus souvent, la pelouse **reverdirait**.
– une éventualité ;
Quelques plaisanteries **détendraient** peut-être l'atmosphère.
– un souhait ;
J'**aimerais** voyager à travers le monde.
– un fait dont on n'est pas certain, une supposition.
Par hasard, **ressemblerait**-il à son cousin ?

• Le présent du conditionnel, pour certains emplois, est considéré comme un temps de l'indicatif. C'est un **futur hypothétique du passé**.
Je pensais (ai pensé) que tu **attendrais** le prochain métro.
Dans ce cas, le présent du conditionnel s'impose parce que le verbe de la principale est au passé.
Si le verbe de la principale est au présent de l'indicatif, le verbe de la subordonnée est au futur simple.
Je pense que tu **attendras** le prochain métro.

Tableaux de conjugaison

camper	faiblir	dormir	vivre
je camperais	je faiblirais	je dormirais	je vivrais
tu camperais	tu faiblirais	tu dormirais	tu vivrais
il/elle camperait	il/elle faiblirait	il/elle dormirait	il/elle vivrait
nous camperions	nous faiblirions	nous dormirions	nous vivrions
vous camperiez	vous faibliriez	vous dormiriez	vous vivriez
ils/elles camperaient	ils/elles faibliraient	ils/elles dormiraient	ils/elles vivraient

Remarques

1 Au présent du conditionnel, tous les verbes ont les mêmes terminaisons, celles de l'imparfait de l'indicatif.
Le radical est le même que celui qui permet de former le futur simple.

2 Pour les verbes des 1er et 2e groupes, on retrouve l'infinitif en entier.

3 Pour les verbes du 1er groupe en ***-ouer, -uer, -ier, -éer***, il ne faut pas oublier de placer le ***e***.
je jouerais – tu tuerais – elle épierait – il créerait

4 Les verbes du 3e groupe, dont l'infinitif se termine par ***-e***, perdent cette lettre.

5 Pour certains verbes du 3e groupe, le radical a une forme particulière (voir leçon 22).

6 Il faut retenir les formes de *être* et *avoir*.
être : je serais – nous serions
avoir : j'aurais – nous aurions

Entraînement

1 **Conjuguez les verbes de ces expressions au présent du conditionnel.**

aimer changer de métier
savourer volontiers un dessert
feindre l'indifférence
changer peut-être de vêtements
choisir un numéro au hasard
souhaiter un peu de fraîcheur

2 **Écrivez les verbes en gras au présent du conditionnel.**

Avoir-vous la gentillesse de m'aider un instant ? – En cas de fort coup de vent, les marins **affaler** la grande voile. – Je crus que tu **obéir** aux ordres du moniteur, mais il n'en a rien été. – Même si nous avions des bottes, nous ne **traverser** pas sans nous mouiller. – En empruntant cette déviation, il était à peu près certain que tu **rejoindre** la route nationale. – Même si je connaissais la fin de l'histoire, je n'en **dire** rien à personne. – Le routier décida qu'il **s'arrêter** sur la prochaine aire de l'autoroute. – Ces locaux **mériter** d'être aménagés pour faciliter l'accès des handicapés. – Si tu tournais doucement la clé au lieu de t'énerver, tu **ouvrir** facilement le portail.

3 **Réécrivez chaque phrase en remplaçant les mots en gras par les sujets proposés, mais en conservant les temps.**

Si **tu** consultais Internet, **tu** y trouverais l'adresse de nombreux hôtels.
Si nous … **Si Mme Joubert …** **Si je …** **Si vous …**
Si **j'**avais un moment de libre, **je** rangerais mes placards.
Si Adrien … **Si vous …** **Si tu …** **Si nous …**
Si **vous** emportiez une boussole, **vous** ne vous égareriez pas.
Si les randonneurs … **Si tu …** **Si Sarah …** **Si j'…**

4 **Écrivez les verbes en gras au présent du conditionnel.**

S'il y avait un défaut, le vendeur **accepter** immédiatement un échange. – Nous **passer** l'aspirateur s'il y avait de la poussière sous les meubles. – Pourquoi ne **lire**-vous pas ce roman policier ? – L'ingénieur pensait que les piles du pont **supporter** des charges importantes sans se déformer. – Si je voulais changer les rideaux, je **prendre** toutes les mesures nécessaires. – Le règlement précisait que chaque concurrent ne **disposer** que de trois essais ; s'il les ratait tous les trois, il **être** éliminé. – Même en utilisant une loupe, tu ne **déchiffrer** pas cette écriture bien trop fine. – Le déménageur estima qu'un petit camion **suffire** pour transporter ces meubles.

5 **Écrivez les verbes soulignés à l'imparfait et les verbes en gras au présent du conditionnel.**

Si tu utiliser cette tondeuse, tu **porter** des lunettes de protection. – Si l'historien consulter ces documents inédits, il **rédiger** la biographie originale de Jules Ferry. – Si j'être face à un fauve dangereux, je ne **bouger** pas en attendant le garde-chasse. – Le comédien **briser** sa carrière, s'il refuser ce rôle. – Si un malfaiteur se glisser dans le centre commercial, l'alarme **retentir**. – Nous **supporter** la température polaire, si nous porter des chaussettes de laine. – L'arbitre **interrompre** la partie, si le brouillard s'épaissir. – Si vous vouloir conserver ces légumes, vous les **placer** au réfrigérateur.

Solutions P. 99

22 LE PRÉSENT DU CONDITIONNEL : verbes irréguliers

Pour un certain nombre de verbes, on retrouve, au présent du conditionnel, les mêmes irrégularités de formes du radical qu'au futur simple. Les terminaisons sont toujours celles de l'imparfait de l'indicatif.

Formes particulières du 1er groupe

nettoyer	je nettoierais	il nettoierait	nous nettoierions	ils nettoieraient
envoyer	tu enverrais	elle enverrait	vous enverriez	elles enverraient
appeler	j'appellerais	il appellerait	nous appellerions	ils appelleraient
modeler	tu modèlerais	elle modèlerait	vous modèleriez	elles modèleraient
jeter	je jetterais	il jetterait	nous jetterions	ils jetteraient
acheter	tu achèterais	elle achèterait	vous achèteriez	elles achèteraient
achever	j'achèverais	il achèverait	nous achèverions	ils achèveraient
libérer*	tu libèrerais	elle libèrerait	vous libèreriez	elles libèreraient

* Si l'usage admet que l'on puisse conserver le ***é*** devant la terminaison muette, il est préférable d'appliquer la même règle qu'au présent de l'indicatif, d'autant que la prononciation actuelle appelle l'accent grave.

Quelques verbes irréguliers du 3e groupe

aller	j'irais	il irait	nous irions	ils iraient
faire	tu ferais	elle ferait	vous feriez	elles feraient
tenir (venir)	je tiendrais	il tiendrait	nous tiendrions	ils tiendraient
courir	tu courrais	elle courrait	vous courriez	elles courraient
pouvoir	je pourrais	il pourrait	nous pourrions	ils pourraient
voir	tu verrais	elle verrait	vous verriez	elles verraient
vouloir	je voudrais	il voudrait	nous voudrions	ils voudraient
valoir	tu vaudrais	elle vaudrait	vous vaudriez	elles vaudraient
asseoir	j'assiérais tu assoirais	il assiérait elle assoirait	nous assiérions vous assoiriez	ils assiéraient elles assoiraient
savoir	je saurais	il saurait	nous saurions	ils sauraient

⚠ Remarques

1 Pour les verbes qui doublent le ***r*** au présent du conditionnel *(accourir, parcourir, concourir, secourir, mourir, acquérir, requérir, conquérir...)*, il ne faut pas confondre les formes de l'imparfait de l'indicatif et celles du présent du conditionnel.

Avant, il **courait** vite.
S'il s'entraînait, il **courrait** vite.

2 Les verbes *cueillir, accueillir, se recueillir* se conjuguent comme des verbes du 1er groupe.

tu cueillerais – il accueillerait – elles se recueilleraient

3 Le verbe *falloir* ne s'emploie qu'à la 3e personne du singulier.

Il **faudrait** baisser le son.

Entraînement

1 **Conjuguez les verbes de ces expressions au présent du conditionnel.**

devoir se reposer | **aller** de succès en succès | **relever** tous les défis
espérer un bon résultat | **essayer** plusieurs solutions | **savoir** conduire

2 **Écrivez les verbes en gras au présent du conditionnel.**

Si mes amis tardaient à répondre, ils me **décevoir** beaucoup. – Comment **obtenir**-vous un visa pour vous rendre en Mongolie ? – Le pilote se demandait si le beau temps **se maintenir** pendant tout le vol. – **Savoir**-tu me donner l'adresse d'un bon garagiste ? – Affamés, nous **se satisfaire** d'un sandwich au jambon. – Si les charpentiers disposaient d'une grue, ils **procéder** à l'installation des poutres. – Si tu filtrais l'eau de cette source, tu **pouvoir** la boire sans crainte. – Si la jument était plus docile, le palefrenier l'**atteler**. – J'étais sûr que ce marcheur **parcourir** les cent kilomètres sans faiblir. – Si on ne les vaccinait pas, ces animaux **mourir** dans les mois à venir.

3 **Réécrivez chaque phrase en remplaçant les mots en gras par les sujets proposés, mais en conservant les temps.**

Si **tu** trouvais un oiseau blessé, **tu** le recueillerais.
Si je … | **Si Armelle …** | **Si nous …** | **Si vous …**
Si **vous** fréquentiez la salle de gymnastique, **vous** entretiendriez votre forme.
Si tu … | **Si ces athlètes …** | **Si Dolorès …** | **Si je …**

4 **Écrivez les verbes en gras au présent du conditionnel.**

Pourquoi **jeter**-vous cet appareil qui peut être réparé à moindre frais ? – Si ce blouson était à ma taille, je l'**acheter** immédiatement. – Si nous le commandions par correspondance, nous **recevoir** ce mixeur dans les dix jours. – Les habitants du lotissement **voir**-ils d'un bon œil l'installation d'une usine métallurgique près de chez eux ? – Si tu voulais enfoncer un clou, tu **employer** un marteau et non un tournevis ! – En cas de besoin, le conducteur **régler** ses phares à la bonne hauteur. – Qu'**advenir**-il si la planète se réchauffait de plusieurs degrés ? – Si M. Combe roulait trop vite, il **encourir** une forte amende et un retrait de permis de conduire. – Avant de lancer le moteur, il **falloir** mettre de l'essence dans le réservoir !

5 **Transformez ces phrases selon l'exemple proposé.**

Ex. : Quand ces jeunes mariés auront de l'argent, ils acquerront un appartement.
→ Si ces jeunes mariés avaient de l'argent, ils **acquerraient** un appartement.

Quand nous détiendrons un laissez-passer, nous nous assiérons dans la tribune officielle. – Quand mon abonnement s'achèvera, je le renouvellerai. – Quand les douaniers bénéficieront de renseignements, ils démantèleront le réseau de trafiquants. – Quand viendra la période des soldes, Mme Rémy accourra au centre commercial. – Quand tu auras à repeindre les volets de ta villa, tu le feras. – Quand on annoncera une période de sécheresse, les paysans maliens amoncelleront des vivres dans leurs silos. – Quand ces maires se rencontreront, ils jumelleront leurs deux villes. – Quand on l'appellera, le SAMU secourra les blessés. – Quand je n'aurai plus rien à lire, je m'ennuierai. – Quand la pêche sera bonne, l'équipage congèlera le poisson à bord.

Solutions P. 99

23 FUTUR SIMPLE OU PRÉSENT DU CONDITIONNEL ?

À l'oral ou à l'écrit, il n'est pas rare d'hésiter entre le futur simple et le présent du conditionnel. Il faut donc savoir distinguer ces deux temps.

Confusion due à la prononciation

Les terminaisons de la première personne du singulier du futur simple et du présent du conditionnel ont **la même prononciation**.
Le 23 mars, je souhaiter[ɛ] l'anniversaire de mon ami Hervé.
Le 23 mars, je souhaiter[ɛ] que l'anniversaire d'Hervé soit une grande fête.

Comment éviter toute confusion ?

• Pour distinguer ces deux terminaisons, on peut examiner le sens de la phrase.
Le 23 mars, je souhaiter[ɛ] l'anniversaire de mon ami Hervé.
C'est une quasi-certitude → futur simple → terminaison : ***-ai***.
Le 23 mars, je souhaiter[ɛ] que l'anniversaire d'Hervé soit une grande fête.
C'est une possibilité, un désir → présent du conditionnel → terminaison : ***-ais***.
• On peut aussi remplacer la 1re personne du singulier par une autre personne ; on entend alors la différence.
– futur simple :
Le 23 mars, je souhaiter[ɛ] l'anniversaire de mon ami Hervé.
Le 23 mars, nous souhaiter**ons** l'anniversaire de notre ami Hervé.
– présent du conditionnel :
Le 23 mars, je souhaiter[ɛ] que l'anniversaire d'Hervé soit une grande fête.
Le 23 mars, nous souhaiter**ions** que l'anniversaire d'Hervé soit une grande fête.

Concordance des temps

• Si le verbe de la proposition subordonnée, introduite par ***si***, est au présent de l'indicatif, le verbe de la proposition principale est au futur simple.
Si Hervé m'appelle, je lui souhaiter**ai** son anniversaire.
Si Hervé nous appelle, nous lui souhaiter**ons** son anniversaire.
• Si le verbe de la proposition subordonnée, introduite par ***si***, est à l'imparfait de l'indicatif, le verbe de la proposition principale est au présent du conditionnel.
Si Hervé m'appelait, je lui souhaiter**ais** son anniversaire.
Si Hervé nous appelait, nous lui souhaiter**ions** son anniversaire.

⚠ Remarque

Le verbe de la subordonnée introduite par la conjonction ***si*** ne s'écrit jamais au présent du conditionnel.

« Si j'achèterais un téléphone portable... » est un barbarisme.

La proposition correcte est :
Si j'achetais un téléphone portable, j'**adopterais** une sonnerie originale.

ou bien :
Si j'achète un téléphone portable, j'**adopterai** une sonnerie originale.

Entraînement

1 **Écrivez les verbes en gras au futur simple ou au présent du conditionnel.**

Si vous mélangez ces vêtements dans votre machine, ils **déteindre**. – Si vous conduisiez en Grande-Bretagne, vous **circuler** sur la voie de gauche. – Si la peinture s'écaille, je la **poncer**. – Si tu remuais la pâte, des grumeaux ne se **former** pas. – Si le niveau des eaux monte, les agriculteurs **essayer** de renforcer les digues. – Si cette personne présente sa candidature, je la **soutenir**. – Si j'étais essoufflée, je **prendre** le temps de respirer. – Si l'occasion se présentait, je **saisir** ma chance. – Si cet appartement me plaisait, je le **louer**. – S'il fait froid, j'**allumer** un feu de cheminée.

2 **Écrivez les verbes en gras à la 1re personne du singulier en respectant les temps et en effectuant les transformations nécessaires.**

Elles **aimeraient** voyager dans l'espace. – Nous **reprendrons** le chemin du retour à vingt heures. – En cas d'avis de tempête, le navigateur **changerait** de cap. – Vous ne **récolterez** que ce que vous **avez** semé. – Nous **respecterions** les consignes si elles étaient plus claires. – Ils **prouveront** sans difficulté leur bonne foi. – En entrant au supermarché, tu **constateras** qu'il y a beaucoup de monde. – Ce n'est pas toi qui **risquerais** ta vie en sautant dans le vide. – Dans quelques minutes, l'avion **s'envolera** pour le Maroc. – Vous **surprendriez** vos voisins en repeignant votre chalet en orange.

3 **Écrivez les verbes en gras au futur simple ou au présent du conditionnel.**

Si je verrouillais les portes, je ne **craindre** pas une intrusion inopinée. – Si je trouve un studio et des musiciens, j'**enregistrer** un disque. – Si je lisais plus souvent, je **connaître** mieux ce sujet. – Si je bois un café bien serré, je ne m'**endormir** pas. – Si je voyageais fréquemment, je **prendre** une carte demi-tarif. – Si les poules avaient des dents, elles **être** peut-être carnivores. – Si le chasseur à réaction perd de l'altitude, le pilote **s'éjecter**. – Si mon ami Michel se rend au golf, je l'**accompagner**.

4 **Transformez ces phrases selon l'exemple proposé.**

Ex. : Quand j'enfilerai ma combinaison, je n'aurai pas froid.
→ Si j'enfilais ma combinaison, je n'**aurais** pas froid.

Quand je m'élancerai, j'abaisserai la visière de mon casque. – Quand la pharmacie embauchera un préparateur, je me présenterai. – Quand tu ralentiras, tu pourras admirer le paysage. – Quand les cerises seront mûres, je les cueillerai. – Quand il se trouvera face à l'ennemi, ce soldat ne faillira pas et il accomplira son devoir. – Quand vous avalerez ce médicament, vous ne souffrirez plus. – Quand les airbags fonctionneront correctement, je me sentirai plus en sécurité.

5 **Écrivez les verbes en gras au futur simple ou au présent du conditionnel.**

Si vous vouliez déplacer ce conteneur, il **falloir** une grue. – Si je n'ai pas de monnaie, je **payer** avec un chèque. – Si je possédais une parabole, je **capter** des dizaines de chaînes. – Si le couloir n'est pas éclairé, je **se méfier** et je **s'avancer** à tâtons. – Si le jury suit l'avis du public, il **décerner** le premier prix à ce film. – Si ce judoka assurait mieux sa prise, il **projeter** son adversaire au sol. – Si je rencontre un obstacle, je le **contourner**. – Si je devais passer un entretien, je **soigner** mon élocution.

Solutions P. 100

24 LES TEMPS COMPOSÉS DU CONDITIONNEL

Les temps composés du conditionnel sont le passé 1re forme et le passé 2e forme.

Le passé 1re forme du conditionnel

Le passé du conditionnel indique qu'un fait situé dans le passé serait accompli dans un moment à venir.
Je savais que la séance **aurait pris** fin quand minuit sonnerait.
Le chef de gare déclara que le train ne **serait** pas **parti** à 16 heures.

Le passé 1re forme du conditionnel est composé de l'auxiliaire *être* ou *avoir* au présent du conditionnel et du participe passé du verbe conjugué.

apprécier	aller	partir
j'aurais apprécié	je serais allé(e)	je serais parti(e)
il/elle aurait apprécié	il/elle serait allé(e)	il/elle serait parti(e)
nous aurions apprécié	nous serions allé(e)s	nous serions parti(e)s
ils/elles auraient apprécié	ils/elles seraient allé(e)s	ils/elles seraient parti(e)s

⚠ Remarque

Si le verbe de la subordonnée, introduite par ***si***, est au plus-que-parfait de l'indicatif, le verbe de la principale est au conditionnel passé.

Si tu avais vu ce film, tu l'**aurais apprécié**.
Si j'en avais eu l'occasion, je **serais parti**.

Le passé 2e forme du conditionnel

On donne parfois au plus-que-parfait du subjonctif (voir leçon 31) le nom de passé 2e forme du conditionnel. Ce sont des temps recherchés, littéraires, qu'on ne rencontre qu'exceptionnellement à l'oral.

Le passé 2e forme du conditionnel est composé de l'auxiliaire *être* ou *avoir* à l'imparfait du subjonctif et du participe passé du verbe conjugué.

apprécier	aller	partir
j'eusse apprécié	je fusse allé(e)	je fusse parti(e)
il/elle eût apprécié	il/elle fût allé(e)	il/elle fût parti(e)
nous eussions apprécié	vous fussiez allé(e)s	nous fussions parti(e)s
ils/elles eussent apprécié	ils/elles fussent allé(e)s	ils/elles fussent parti(e)s

⚠ Remarque

Pour ne pas confondre la 3e personne du singulier du passé 2e forme du conditionnel avec la 3e personne du singulier du passé antérieur de l'indicatif, qui ne se différencient que par la présence d'un accent circonflexe au conditionnel, on remplace par le passé 1re forme du conditionnel.

Il sortit après qu'il **eut pris** son parapluie.
S'il avait prévu la pluie, il **eût pris** son parapluie.
(S'il avait prévu la pluie, il **aurait pris** son parapluie. → passé du conditionnel)

Entraînement

1 Écrivez les verbes en gras au passé 1re forme du conditionnel.

Si tu avais changé la cartouche, tu **pouvoir** imprimer toutes les pages. – S'il avait fait beau, nous **aller** ramasser des coquillages. – Si les trois coups avaient été frappés, l'actrice **quitter** sa loge et **entrer** en scène. – Si je t'avais écouté, j'**commander** une pizza. – Si les poulets n'avaient pas été enfermés, ils ne **contracter** pas une maladie. – Si tu avais bien suivi les instructions, le montage de la bibliothèque ne **poser** pas de problème. – Si Paul avait possédé un graveur, il **sauvegarder** ses données sur un CD. – J'**parier** que ce judoka parviendrait à remporter son combat. – Si le passage de relais avait été mieux assuré, les athlètes français **remporter** le 4 × 100 mètres.

2 Écrivez les verbes en gras au passé 2e forme du conditionnel.

Si l'autobus n'avait pas eu de retard, Amélie **arriver** à l'heure. – Si une piste cyclable avait été aménagée, vous l'**emprunter**. – Tu **préférer** une place dans la tribune centrale, mais toutes étaient occupées. – M. Laurent **devoir** mieux refermer le réservoir d'essence de son véhicule. – Si les limitations de vitesse avait été respectées, il ne **avoir** pas tant d'accidents. – Je **se contenter** d'un plat de spaghettis, s'il avait été accompagné de sauce bolognaise. – Si les blés avaient mûri normalement, la moisson **débuter** à la mi-juillet. – S'il avait plu, la végétation en **profiter**.

3 Réécrivez chaque phrase en remplaçant les mots en gras par les sujets proposés, mais en conservant les temps.

Si **nous** avions consulté les panneaux, **nous** ne nous serions pas égarés.
Si les conducteurs … **Si je …** **Si tu …** **Si le promeneur …**
Vous auriez souhaité une réduction sur le prix de ce téléviseur.
Tu … **Les clients …** **J'…** **Nous …**

4 Écrivez les verbes soulignés au plus-que-parfait de l'indicatif et les verbes en gras au passé 1re forme du conditionnel.

Si j'en <u>avoir</u> l'occasion, j'**effectuer** quelques tours au volant d'un kart. – Si tu <u>réfléchir</u> un peu, tu ne **répondre** pas à la légère. – S'il ne <u>faire</u> pas une faute, ce cheval **devancer** ses concurrents. – Si mes parents <u>rester</u> en Afrique, je **naître** à l'étranger. – Nous **reporter** notre départ, si les circonstances l'<u>exiger</u>. – Si le plombier <u>intervenir</u> plus tôt, la fuite d'eau n'**avoir** pas de conséquences. – Si le modèle ne <u>bouger</u> pas, le peintre **saisir** son expression avec finesse. – Si les riverains <u>débroussailler</u> leur terrain, le feu ne **se propager** pas. – Si Barbara ne <u>teindre</u> pas ses cheveux, nous l'**reconnaître**. – Si les barrières <u>être</u> mieux fixées, le bétail ne **s'échapper** pas.

5 Écrivez les verbes en gras au passé 2e forme du conditionnel ou au passé antérieur de l'indicatif.

Si les gravillons avaient été balayés, le pare-brise de la voiture ne **être** pas endommagé. – Si ces arbres avaient été taillés puis traités, ils ne **mourir** pas. – Lorsque M. Lebrun **installer** des panneaux solaires, il réalisa des économies de chauffage. – Si elles avaient été mieux entretenues, les digues ne **céder** pas. – Si Louis XIV n'avait pas aboli l'édit de Nantes, beaucoup de protestants ne **partir** pas à l'étranger. – Quand les négociateurs **se mettre** d'accord, ils signèrent le protocole salarial.

Solutions P. 101

25 LA VOIX PASSIVE – LES VERBES TRANSITIFS / INTRANSITIFS

Une phrase qui passe de la voix active à la voix passive exprime toujours la même idée avec une construction différente. Cette transformation n'est possible qu'avec des verbes qui peuvent être suivis d'un COD (verbes transitifs).

Voix active – Voix passive

- Un verbe est à la voix active lorsque le sujet fait l'action.
  Ce réalisateur **tourne** un nouveau film.
- Un verbe est à la voix passive lorsque le sujet subit l'action.
  Un nouveau film **est tourné** par ce réalisateur.

C'est le temps de l'auxiliaire *être* (simple ou composé) qui donne le temps de la forme verbale passive.

Un nouveau film **est** tourné par ce réalisateur.	**est** → présent de l'indicatif
Un nouveau film **sera** tourné par ce réalisateur.	**sera** → futur simple
Un nouveau film **a été** tourné par ce réalisateur.	**a été** → passé composé
Il faut que ce film **soit** tourné par ce réalisateur.	**soit** → présent du subjonctif

Remarques

1 La voix passive se construit exclusivement avec l'auxiliaire *être*. Le participe passé s'accorde donc avec le sujet du verbe.
Un film est tourné par ce réalisateur.
Une série est tournée par ce réalisateur.

2 Attention aux temps composés des verbes qui se conjuguent avec l'auxiliaire *être*.
Ce réalisateur est resté sur le plateau.
→ voix active – verbe au passé composé

3 De la voix active à la voix passive, le COD devient le sujet du verbe et le sujet devient le **complément d'agent**. Celui-ci est le plus souvent introduit par la préposition *par*.
Ce film est coupé **par** des messages publicitaires.

Parfois, il est simplement sous-entendu.
voix active : On a tourné un film.
voix passive : Un film a été tourné.
(sous-entendu « **par on** »)

Verbes transitifs – Verbes intransitifs

- Les verbes qui sont suivis d'un complément d'objet direct peuvent, le plus souvent, être mis à la forme passive. Ce sont des **verbes transitifs** directs.
- Les **verbes intransitifs** ne sont jamais accompagnés d'un COD, ils ne peuvent donc pas être à la voix passive ; mais, selon le sens, un verbe peut être transitif ou intransitif.

Le satellite **tourne** autour de la Terre.	→ verbe intransitif
Ce jeune réalisateur **tourne** un nouveau film.	→ verbe transitif

Remarque

Il ne faut pas confondre le verbe à la voix passive avec le verbe *être* suivi d'un participe passé marquant l'état ; le participe passé est alors attribut.

La lumière **est éteinte par Samuel**.
→ voix passive

La lumière **est éteinte**.
→ verbe *être* + attribut.

Entraînement

1 ▶ Conjuguez les verbes de ces expressions au présent de l'indicatif. Pour les troisièmes personnes, vous choisirez des noms sujets.

être saisi par la panique
être guidé par le système GPS
être défavorisé par le sort
être apprécié par tous
être exclu par l'arbitre
être ausculté par un médecin
être contrôlé par les douaniers
être préoccupé par la situation

2 ▶ Écrivez ces phrases à la voix active en respectant les temps.

La route est coupée par une avalanche. – Les sentinelles sont désignées par le sergent. – J'ai été griffée par mon chat. – Vous avez été surprises par ce bruit. – Le poteau électrique a été renversé par un chauffard. – Un apprenti est embauché par un patron. – Le record du monde du 5 000 mètres est égalé par un coureur kenyan. – La mission spéciale fut exécutée par un agent secret. – Le pape est élu par les cardinaux réunis en conclave. – Le transport des marchandises est assuré par deux convois.

3 ▶ Écrivez ces phrases à la voix passive en respectant les temps.

M. Blanc a installé une parabole sur son balcon. – Une vipère avait mordu le ramasseur de champignons. – Le brigadier de gendarmerie dresse un procès-verbal – Un violent cyclone a détruit la récolte d'ananas. – Trois turbines produisent l'électricité nécessaire à l'alimentation de cette région. – Les habitants de ce village alsacien fleuriront les balcons dès le printemps venu. – Une équipe d'employés municipaux nettoie les abords du parking. – Le système radar a détecté une épave près du récif corallien. – Les députés français ont aboli la peine de mort en 1981. – Une cordée japonaise a gravi la face nord de l'Eiger. – Les Apaches domestiquaient les chevaux sauvages. – Une pointe d'ail relève le gigot.

4 ▶ Indiquez, entre parenthèses, la voix de chacune de ces phrases.

Les voyageurs sont arrivés par le train de 10 heures 30. – Tu t'es promené par monts et par vaux. – Le motard a été renversé par imprudence. – Ce précieux manuscrit avait été écrit par un moine copiste du XIIIe siècle. – Le chef de rayon est reçu par le directeur du supermarché. – L'inculpé fut acquitté par le jury de la cour d'assises. – Cette personne se sera égarée par erreur dans les rues de la vieille ville. – Cet audacieux courtisan fut reçu par le roi Louis XV en personne. – Le navire se dirige vers le port par un fort vent d'ouest. – La nouvelle d'un coup d'État en Afrique était formellement démentie par le ministère des Affaires étrangères.

5 ▶ Écrivez ces phrases à la voix passive.

On fermait les fenêtres. – On améliorera les performances. – On a châtié les coupables. – On photocopie un document. – On multipliait les expériences. – On piétina la pelouse. – On fabrique des vêtements dans cette usine. – On acclamera les joueurs à la sortie du terrain. – Dimanche prochain, on organise une manifestation. – On a scruté le ciel à la recherche d'étoiles nouvelles. – On compléta le questionnaire. – On prévoit des perturbations dans les transports.

Solutions P. 101

26 LE PRÉSENT DU SUBJONCTIF

Le subjonctif s'emploie généralement dans les propositions subordonnées.

Les valeurs du subjonctif

Le subjonctif exprime généralement un désir, un souhait, un ordre, un doute, un regret, un conseil, une supposition... Les verbes au subjonctif sont, assez souvent, inclus dans une proposition subordonnée introduite par la conjonction *que*.

Je souhaite **que** tu **réussisses**.
La fragilité de ce moteur exige **que** le réglage **soit** parfait.
Nous doutons **qu'**il **retrouve** son chemin.

Remarques

1 Le subjonctif peut être employé dans une proposition indépendante ou dans une proposition relative.

Qu'il **soit** prêt à l'heure !
Il n'y a que toi qui **réussisses** ce tour de magie.

2 Les conjonctions *que* et *quoi* peuvent se trouver en tête de phrase dans des exclamations marquant l'ordre, l'étonnement, l'indignation. Le verbe est alors au subjonctif.

Que personne ne **sorte** !
Que tu te **perdes** ! Ce n'est pas possible.
Quoi que vous **mangiez**, vous ne serez pas rassasiés.

Tableaux de conjugaison

avoir	être	jouer	obéir	rire
que j'aie	que je sois	que je joue	que j'obéisse	que je rie
que tu aies	que tu sois	que tu joues	que tu obéisses	que tu ries
qu'il/elle ait	qu'il/elle soit	qu'il/elle joue	qu'il/elle obéisse	qu'il/elle rie
que nous ayons	que nous soyons	que nous jouions	que nous obéissions	que nous riions
que vous ayez	que vous soyez	que vous jouiez	que vous obéissiez	que vous riiez
qu'ils/elles aient	qu'ils/elles soient	qu'ils/elles jouent	qu'ils/elles obéissent	qu'ils/elles rient

Remarques

1 Au présent du subjonctif, tous les verbes (sauf *être* et *avoir*) prennent les mêmes terminaisons : ***-e, -es, -e, -ions, -iez, -ent***.

2 Pour les verbes du 2e groupe, l'élément ***-ss-*** est toujours intercalé entre le radical et la terminaison.

Il faut que je finisse.
Il faut que nous réfléchissions.

3 Pour certains verbes du 1er groupe, on retrouve les mêmes modifications du radical devant un **e** muet.

appeler : Il faut que j'appelle.
feuilleter : Il faut qu'elles feuillettent.
acheter : Il faut que tu achètes.
geler : Il faut qu'il gèle.
payer : Il faut que tu paies.
se lever : Il faut qu'il se lève.
accélérer : Il faut qu'ils accélèrent.

Entraînement

1 **Conjuguez les verbes de ces expressions au présent du subjonctif en commençant votre phrase par « Il faut que... ».**

arriver avant dix heures — **ranger** des affaires — **s'arrêter** au stop
saisir l'occasion — **étendre** le linge — **se protéger** les yeux

2 **Écrivez les verbes en gras au présent du subjonctif.**

Il arrive que l'on **cueillir** des violettes dès le mois de février. – Il faut que j'**appuyer** sur la touche ✦ pour obtenir le service des réclamations. – Il me tarde que l'avion **atterrir** car j'ai mal au cœur. – Ses parents sont d'avis que Victoria **poursuivre** son apprentissage de fleuriste. – Quelle que **être** l'amplitude de la marée, les chalutiers sortiront en mer. – Il convient que Joris **peler** sa pomme avant de la manger. – Rien ne s'oppose à ce que vous **utiliser** une tronçonneuse ; il suffira de prendre des précautions. – Nos amis nous écrivent pour que nous **partager** la location d'un chalet lors des vacances d'hiver. – Il est rare que le portier **sourire** et pourtant, il devrait !

3 **Remplacez le verbe de la principale par le verbe entre parenthèses et effectuez les changements que cela entraîne dans la subordonnée.**

Le professeur **pense** (**vouloir**) que je poursuivrai l'apprentissage du violon. – Les techniciens **assurent** (**douter**) que la fusée partira normalement. – Le coureur **précise** (**exiger**) que ses pneus seront gonflés au maximum. – Il **est** (**ne pas être**) certain que le cavalier accomplira un exploit en franchissant ce mur. – Nous n'**ignorons pas** (**refuser**) que les mauvaises herbes envahiront la pelouse. – Il **est clair** (**être indispensable**) que ce jeune chien obéira à son maître. – Le mareyeur **apprend** (**souhaiter**) que les huîtres seront vendues dès leur arrivée au marché de Rungis. – M. Lecomte **constate** (**s'attendre à ce**) qu'il produira une récolte abondante.

4 **Écrivez les verbes en gras au présent du subjonctif.**

Il est naturel que tu **réagir** de cette manière. – Ce siège est vraiment confortable à condition que nous y **placer** un coussin. – Bien que Romane **suspendre** ses vêtements au-dessus du radiateur, ils ne seront pas secs avant ce soir. – Il me tarde que nous **accueillir** nos amis venus de Bulgarie. – Je crains que le daltonien **confondre** ces deux couleurs. – L'agriculteur accepte que vous **camper** dans son pré. – Il est surprenant que cette cuisinière **garnir** l'oie d'une farce au porto. – Je souhaite que tu **transmettre** mes amitiés à toute ta famille. – Il va pleuvoir, il faut que je **se munir** d'un parapluie. – Il est important que l'arbitre **rappeler** les règles aux deux équipes. – L'entraîneur ne tient pas à ce que cet athlète **courir** le 5 000 mètres plat.

5 **Réécrivez chaque phrase en remplaçant les mots en gras par les sujets proposés, mais en conservant les temps et en faisant les transformations nécessaires.**

Il est urgent que **les jardiniers** tondent les pelouses.
... je ... — **... tu ...** — **... nous ...** — **... M. Vallet ...**
Il n'est pas concevable que **les clients** attendent aussi longtemps devant les caisses.
... Joris ... — **... nous ...** — **.... j' ....** — **... tu ...**
Il est nécessaire que **tu** te nourrisses de légumes et de fruits.
... nous ... — **... les enfants ...** — **... vous ...** — **... Samy ...**

Solutions P. 102

27 LE PRÉSENT DU SUBJONCTIF : verbes irréguliers

Au présent du subjonctif, le radical d'un certain nombre de verbes du 3e groupe est modifié, mais les terminaisons sont toujours les mêmes : *-e, -es, -e, -ions, -iez, -ent*.

Quelques verbes irréguliers

faire	que je fasse	qu'il fasse	que nous fassions	qu'ils fassent
aller	que tu ailles	qu'elle aille	que vous alliez	qu'elles aillent
venir	que je vienne	qu'il vienne	que nous venions	qu'ils viennent
tenir	que tu tiennes	qu'elle tienne	que vous teniez	qu'elles tiennent
dire	que je dise	qu'il dise	que nous disions	qu'ils disent
écrire	que tu écrives	qu'elle écrive	que vous écriviez	qu'elles écrivent
lire	que je lise	qu'il lise	que nous lisions	qu'ils lisent
mourir	que tu meures	qu'elle meure	que vous mouriez	qu'elles meurent
haïr	que je haïsse	qu'il haïsse	que nous haïssions	qu'ils haïssent
devoir	que tu doives	qu'elle doive	que vous deviez	qu'elles doivent
savoir	que je sache	qu'il sache	que nous sachions	qu'ils sachent
voir	que tu voies	qu'elle voie	que vous voyiez	qu'elles voient
asseoir	que j'assoie que tu asseyes	qu'il assoie qu'elle asseye	que nous assoyions que vous asseyiez	qu'ils assoient qu'elles asseyent
vouloir	que je veuille	qu'il veuille	que nous voulions	qu'ils veuillent
recevoir	que tu reçoives	qu'elle reçoive	que vous receviez	qu'elles reçoivent
valoir	que je vaille	qu'il vaille	que nous valions	qu'ils vaillent
prendre	que tu prennes	qu'elle prenne	que vous preniez	qu'elles prennent
conduire	que je conduise	qu'il conduise	que nous conduisions	qu'ils conduisent
vaincre	que tu vainques	qu'elle vainque	que vous vainquiez	qu'elles vainquent
craindre	que je craigne	qu'il craigne	que nous craignions	qu'ils craignent
plaire	que tu plaises	qu'elle plaise	que vous plaisiez	qu'elles plaisent
se taire	que je me taise	qu'il se taise	que nous nous taisions	qu'ils se taisent
paraître	que tu paraisses	qu'elle paraisse	que vous paraissiez	qu'elles paraissent

⚠ Remarque

Le verbe *falloir* ne s'emploie qu'à la 3e personne du singulier.

Il se peut qu'il **faille** démonter la roue.

Entraînement

1 Conjuguez les verbes en gras au présent du subjonctif. Pour les troisièmes personnes, vous choisirez des noms sujets.

Il n'est pas question que ... **s'asseoir** sur une chaise bancale.
Il est normal que ... **haïr** le racisme et la xénophobie.
Il est temps que ... **dire** la vérité sur ces événements.
Il faut que ... **conduire** beaucoup moins vite.
Il est dommage que ... **ne pas s'inscrire** à ce concours de mots croisés.

2 Écrivez les verbes en gras au présent du subjonctif.

Il faut que je **vaincre** mon trac. – Il n'est pas exclu que le crocodile **feindre** de dormir pour mieux tromper sa proie. – Yacine consent à ce que tu **relire** la lettre qu'il vient d'écrire. – Lors de ce colloque, il est de règle que chacun **intervenir** pendant deux minutes. – Voici un serre-tête afin que tu **pouvoir** te coiffer correctement. – Les défenseurs de la nature refusent que certaines espèces **disparaître**. – Quoi que Rayan **faire**, il sera critiqué pour son attitude inamicale. – Si Katy parle trop, je crains qu'elle **se contredire**. – Il s'en faut de beaucoup que ce meuble en sapin **valoir** une fortune. – M. Marchand attend que le mécanicien lui **décrire** l'origine de la panne. – Il se peut que cette exposition ne **plaire** pas aux visiteurs qui n'apprécient pas l'art moderne.

3 Écrivez les verbes en gras au présent du subjonctif.

Il est rare qu'un arbre fruitier, bien greffé, **mourir**. – Je m'étonne que tu ne **savoir** pas faire fonctionner cette machine à laver. – Il est vital que le caravanier **boire** une gorgée d'eau avant de continuer. – Où que j'**aller**, j'emporte toujours un vêtement de rechange. – Il est dommage que ce spectacle ne **tenir** pas toutes ses promesses. – Le maire est d'accord pour que M. Porta **construire** un pavillon dans ce lotissement. – La distance empêche que Valérie **rejoindre** le groupe qui la précède. – En cette circonstance, il n'est pas certain que la même cause **produire** le même effet.

4 Réécrivez chaque phrase en remplaçant les mots en gras par les sujets proposés, mais en conservant les temps.

Il importe que **vous** ne déceviez pas ceux qui ont confiance en vous.
... tu ... **... les médecins ...** **... nous ...** **... je ...**
On souhaite que **les juges** reviennent sur leur décision.
... l'arbitre ... **... tu ...** **... je ...** **... vous ...**
Il est naturel que **vous** vouliez vous aérer un peu.
... les employés ... **... je ...** **... tu ...** **... le surveillant ...**

5 Écrivez les verbes en gras au présent du subjonctif.

Avant de plonger, il faut que Marjorie **taire** son appréhension. – Si l'ingénieur a une idée, qu'il la **soumettre** au bureau d'études. – Il n'est pas exclu que tu **devoir** consulter un spécialiste de l'audition. – Ce télescope permet que l'on **voir** quelques détails de la planète Mars. – Il est possible que l'enfant que porte Mme Flachet **naître** avant terme. – Il est fort utile que chaque pompier **recevoir** une formation pour soigner les asphyxiés. – On ne peut tolérer qu'un automobiliste **méconnaître** les règles du code de la route. – Il est possible que le branchement **nuire** à la qualité du son.

Solutions P. 103

28 PRÉSENT DE L'INDICATIF OU PRÉSENT DU SUBJONCTIF ?

À l'oral ou à l'écrit, il n'est pas rare d'hésiter entre le présent de l'indicatif et le présent du subjonctif. Il faut donc savoir distinguer ces deux temps.

Confusion due à la prononciation

• Pour certains verbes du 3ᵉ groupe, les formes des personnes du singulier du présent de l'indicatif et celles du présent du subjonctif sont homophones.
On sait que tu **cours** [kuʀ] les brocantes chaque dimanche.
On doute que tu **coures** [kuʀ] les brocantes chaque dimanche.

• Pour les verbes du 1ᵉʳ groupe, les terminaisons des trois personnes du singulier et de la 3ᵉ personne du pluriel sont les mêmes au présent de l'indicatif et au présent du subjonctif.
On sait que je **fréquente** les brocantes chaque dimanche.
On doute que je **fréquente** les brocantes chaque dimanche.

Comment éviter toute confusion ?

Pour ne pas confondre présent de l'indicatif et présent du subjonctif, il faut :
– remplacer par la 1ʳᵉ ou la 2ᵉ personne du pluriel ;
On sait que vous **courez** les brocantes chaque dimanche. → indicatif
On doute que vous **couriez** les brocantes chaque dimanche. → subjonctif
– employer un autre verbe du 3ᵉ groupe avec lequel on entend la différence.
On sait que je **fais** les brocantes chaque dimanche. → indicatif
On doute que je **fasse** les brocantes chaque dimanche. → subjonctif

Cas particuliers

• Pour les verbes du 1ᵉʳ groupe en ***-yer, -ier, -iller, -gner***, aux deux premières personnes du pluriel du présent du subjonctif, il ne faut pas oublier, même si on ne l'entend pas distinctement, le ***i*** de la terminaison.
Il faut que vous renvoy**i**ez le bon de commande rempli correctement.
Il faut que nous nous réfugi**i**ons sous un auvent.
Il faut que vous verrouill**i**ez toutes les portes.
Il faut que nous regagn**i**ons rapidement notre place.

• Il en est de même pour quelques verbes du 3ᵉ groupe.
Il est rare que nous voy**i**ons des vents aussi violents.
Il convient que vous sour**i**iez devant la caméra.

⚠ Remarques

1 *Après que* est suivi de l'indicatif (c'est une certitude).
Nous allumons le téléviseur après que nous **avons** mis nos écouteurs.

Avant que est suivi du subjonctif (il demeure un doute).
Nous allumons le téléviseur avant que nous **ayons** mis nos écouteurs.

2 Les verbes *être* et *avoir*, aux deux premières personnes du pluriel, ne prennent pas de ***i*** après le ***y***.
Il se peut que nous **ayons** du temps libre.
Il faut que vous **soyez** libres rapidement.

Entraînement

1 ▶ Conjuguez les verbes en gras au présent de l'indicatif, puis au présent du subjonctif.

Ex. : **courir** vite → Je **cours** vite… Il faut que je **coure** vite.

voir ce film	**rire** aux éclats	**fuir** devant le danger
croire ce récit	**conclure** cette affaire	**acquérir** de l'expérience

2 ▶ Écrivez les verbes en gras au présent de l'indicatif ou au présent du subjonctif.

Il est certain que ce savant **venir** de rendre un immense service à la science médicale. – Il est possible que ce médicament **venir** révolutionner le traitement de certaines maladies. – Je suis sûre que le train de Strasbourg n'**être** pas encore arrivé à la gare du Nord. – Je suis inquiète que Fanny ne **être** pas encore arrivée à notre rendez-vous. – Il est juste que le malfaiteur **encourir** une condamnation. – Auteur d'une agression caractérisée contre son voisin, ce pays **encourir** des représailles. – En attendant que l'alpiniste **entrevoir** une possibilité de bivouaquer, il vérifie l'état de son matériel. – Aussitôt que le capitaine du navire **entrevoir** une anse bien abritée, il s'y dirige.

3 ▶ Remplacez le verbe de la principale par le verbe entre parenthèses et effectuez les changements que cela entraîne dans la subordonnée.

J'**affirme** (**regretter**) que le bûcheron abat un chêne centenaire. – Nous **savons** (**ne pouvoir croire**) que Maryline meurt de peur à la simple vue d'un minuscule insecte. – Le journaliste **précise** (**douter**) que cette information est fiable. – Le libraire **constate** (**s'étonner**) que le client parcourt les rayons à la recherche d'un livre rare. – Il **est prouvé** (**être regrettable**) que cet atelier contrefait des articles de luxe. – Il **paraît** (**être de règle**) que le fabricant garantit cet appareil pendant cinq ans.

4 ▶ Écrivez les verbes en gras au présent de l'indicatif ou au présent du subjonctif.

Il faut que le cosmonaute **revêtir** une combinaison spéciale pour sortir dans l'espace. – Dans la mesure où le condamné **se pourvoir** en appel, la sentence est suspendue. – Il faut que le service de la voirie **pourvoir** au déneigement des trottoirs. – Nul ne souhaite que la lave **se répandre** sur les flancs habités de ce volcan. – Il est surprenant que l'on **extraire** du pétrole de cette région antarctique. – Tu n'oublies pas que ton train **repartir** à onze heures. – L'expert affirme que cette collection de cartes postales **valoir** une petite fortune. – Au premier coup de fusil, le lièvre **s'enfuir**. – Il n'est pas étonnant que la gazelle **s'enfuir** à la vue de la lionne.

5 ▶ Écrivez le verbe de la principale à la forme négative et celui de la subordonnée (en gras) au présent du subjonctif.

Il est certain que cette usine **peut** produire plus de deux cents véhicules en une journée. – Nous pensons que cette biche **franchit** aisément les torrents. – Il est évident que Pascal **reconnaît** ses erreurs. – La mère de cet enfant croit qu'il **faut** l'aider à s'habiller. – Les supporters de l'équipe de France sont convaincus qu'elle **atteindra** la finale de la Coupe du monde. – J'imagine que vous **contredirez** ceux qui affirment que la traversée de ce bras de mer à la nage est impossible.

Solutions P. 104

29 L'IMPARFAIT DU SUBJONCTIF

Comme le présent du subjonctif, l'imparfait du subjonctif exprime généralement un souhait, un ordre, un doute, un regret, un conseil, un désir, une supposition...

L'emploi de l'imparfait du subjonctif

- L'imparfait du subjonctif s'emploie lorsque le verbe de la principale est à un temps passé de l'indicatif ou au conditionnel.
  Il faut que ce garçon **s'endorme**. → présent du subjonctif
  Il fallait (Il faudrait) que ce garçon **s'endormit**. → imparfait du subjonctif
- L'imparfait du subjonctif est un temps qu'on ne rencontre que dans les textes littéraires, essentiellement à la 3e personne du singulier. Ce temps n'est plus employé à l'oral. À l'écrit, il est aujourd'hui admis que l'on puisse remplacer l'imparfait du subjonctif par le présent du subjonctif.

Tableaux de conjugaison

avoir	être	écouter	faiblir
que j'eusse	que je fusse	que j'écoutasse	que je faiblisse
que tu eusses	que tu fusses	que tu écoutasses	que tu faiblisses
qu'il/elle eût	qu'il/elle fût	qu'il/elle écoutât	qu'il/elle faiblît
que nous eussions	que nous fussions	que nous écoutassions	que nous faiblissions
que vous eussiez	que vous fussiez	que vous écoutassiez	que vous faiblissiez
qu'ils/elles eussent	qu'ils/elles fussent	qu'ils/elles écoutassent	qu'ils/elles faiblissent

faire	aller	venir	pouvoir
que je fisse	que j'allasse	que je vinsse	que je pusse
que tu fisses	que tu allasses	que tu vinsses	que tu pusses
qu'il/elle fît	qu'il/elle allât	qu'il/elle vînt	qu'il/elle pût
que nous fissions	que nous allassions	que nous vinssions	que nous pussions
que vous fissiez	que vous allassiez	que vous vinssiez	que vous pussiez
qu'ils/elles fissent	qu'ils/elles allassent	qu'ils/elles vinssent	qu'ils/elles pussent

⚠ Remarques

1 L'imparfait du subjonctif se forme avec la même voyelle dans la terminaison que celle du passé simple.

2 Pour les verbes du 2e groupe, les formes sont identiques à celles du présent du subjonctif, sauf pour la 3e personne du singulier.

3 À la 3e personne du singulier, il faut toujours placer un accent circonflexe sur la voyelle qui précède le *t*. C'est une forme différente des cinq autres personnes.

Entraînement

1 Écrivez les verbes en gras à l'imparfait du subjonctif.

Il faudrait que ce boxeur **éviter** mieux les coups de son adversaire. – Manuel attendait que tu **choisir** le film que vous deviez voir ensemble. – Au départ de la descente, les concurrents craignaient que la neige **geler**. – On n'imaginait pas que ce café **perdre** de sa saveur. – Il arrivait que les jonquilles **fleurir** avant le 15 avril. – Il faudrait que M. Varlet **rabattre** la banquette arrière pour placer tous ses bagages. – Les feux de signalisation exigeaient que la rame TGV **attendre**. – Mme Revol aimerait que cette voiture lui **laisser** la priorité, comme elle le doit. – Le médecin tenait à ce que le malade **observer** strictement le traitement prescrit. – Plus rien n'empêchait que le président du bureau de vote **proclamer** les résultats de l'élection.

2 Écrivez les verbes en gras à l'imparfait du subjonctif.

Il eût fallu que j'**écrire** les titres en lettres capitales. – La recette exigeait que les aubergines **être** coupées en fines lamelles. – Marion évitait que son petit chat **jouer** avec les rideaux du salon. – Une barrière électrifiée s'opposait à ce que le troupeau de moutons **quitter** l'enclos qui lui était réservé. – Le boulanger déplorait que sa pâte ne **lever** pas comme il se devait. – Mme Glas ne refusait jamais qu'on lui **faire** un compliment sur sa coiffure. – Le bon sens voudrait que tu **résister** à la tentation de manger ton troisième chou à la crème. – Avant chaque prise de vue, le metteur en scène acceptait que son acteur vedette **s'isoler** pour préparer son rôle.

3 Conjuguez les verbes de ces expressions au présent, puis à l'imparfait du subjonctif.

Ex : se reposer → Il faut que **je me repose**. Il fallait que **je me reposasse**. etc.

coordonner les actions	**répondre** au téléphone	**amortir** le choc
ne pas **trahir** le secret	**chiffrer** la dépense	**sortir** de la salle

4 Écrivez les verbes en gras à l'imparfait du subjonctif.

Il conviendrait que Théo **faire** tamponner son passeport. – Samuel était le seul qui **réussir** à chasser les papillons de la forêt. – Il serait fâcheux que le touriste **s'égarer** dans les ruelles de la vieille ville. – Avant qu'il **composer** son code confidentiel, il faudrait que Farid **introduire** sa carte bancaire dans le distributeur. – Ce mélomane aimerait que ses amis **partager** sa passion pour la musique baroque. – Il n'y avait que Maria qui **lire** aussi bien l'espagnol.

5 Écrivez les verbes en gras à l'imparfait de l'indicatif ou à l'imparfait du subjonctif.

Nous considérions que tu **suivre** les consignes. – Il serait bon que tu **renouveler** ton abonnement à ce magazine. – M. Landry échafaudait toujours mille projets qui **échouer** les uns après les autres. – Martial obtiendrait une place à supposer qu'il **patienter** quelques minutes. – Quand Louis **dénicher** une nouvelle pièce pour sa collection, il était aux anges. – Il était surprenant que M. Jardin **vendre** sa moto alors qu'elle était neuve. – Ce lutteur **impressionner** le public en montrant ses muscles. – Il paraissait préférable que M. Darget **utiliser** une perceuse électrique.

Solutions P. 105

30 PASSÉ SIMPLE OU IMPARFAIT DU SUBJONCTIF ?

À l'oral ou à l'écrit, il n'est pas rare d'hésiter entre le passé simple et l'imparfait du subjonctif. Il faut donc savoir distinguer ces deux temps.

Confusion due à la prononciation

Les terminaisons de la 3e personne du singulier du passé simple et de l'imparfait du subjonctif sont **homophones**.

• Pour les verbes du 1er groupe, à l'imparfait du subjonctif, on place un accent circonflexe sur le ***a*** qui précède le ***t***. Au passé simple, la terminaison est un simple ***a***.
Il était urgent que Luc **changeât** la batterie de la voiture.
Lorsqu'il vit qu'elle était usagée, Luc **changea** la batterie de la voiture.

• Pour les verbes des 2e et 3e groupes, seule la présence d'un accent circonflexe distingue l'imparfait du subjonctif du passé simple.

– 2e groupe :
Il était urgent que Luc **remplît** la batterie de la voiture.
Lorsqu'il vit qu'elle était usagée, Luc **remplit** la batterie de la voiture.

– 3e groupe :
Il était urgent que Luc **reprît** la batterie de la voiture.
Lorsqu'il vit qu'elle était usagée, Luc **reprit** la batterie de la voiture.

Comment éviter toute confusion ?

Pour ne pas confondre ces formes verbales, il faut :

– se rapporter au sens de l'action, ou bien essayer de changer de personne ;
Il était urgent que tu **changeasses** la batterie de la voiture.
Lorsque tu vis qu'elle était usagée, tu **changeas** la batterie de la voiture.

Il était urgent que tu **remplisses** la batterie de la voiture.
Lorsque tu vis qu'elle était usagée, tu **remplis** la batterie de la voiture.

Il était urgent que tu **reprisses** la batterie de la voiture.
Lorsque tu vis qu'elle était usagée, tu **repris** la batterie de la voiture.

– essayer de changer de temps en remplaçant l'imparfait du subjonctif par un autre temps du subjonctif, ou le passé simple par un autre temps de l'indicatif.
Il est urgent que Luc **change** la batterie de la voiture.
Lorsqu'il a vu qu'elle était usagée, Luc **a changé** la batterie de la voiture.

Il est urgent que Luc **remplisse** la batterie de la voiture.
Lorsqu'il a vu qu'elle était usagée, Luc **a rempli** la batterie de la voiture.

Il est urgent que Luc **reprenne** la batterie de la voiture.
Lorsqu'il a vu qu'elle était usagée, Luc **a repris** la batterie de la voiture.

Entraînement

1 ▶ **Conjuguez les verbes de ces expressions au passé simple, puis à l'imparfait du subjonctif.**

Ex. : *se rafraîchir* → **Je me rafraîchis.** Il fallait que **je me rafraîchisse.** etc.

traduire une lettre
remplir le réservoir
nettoyer les canalisations
emprunter le métro
réparer la toiture
affranchir le courrier
décorer le sapin de Noël
trier les ordures ménagères

2 ▶ **Écrivez les verbes en gras au passé simple ou à l'imparfait du subjonctif.**

Au centre de vacances de son enfance, Carla **découvrir** la vie collective ; elle **s'en souvenir** pendant longtemps. – La population craignait que l'épidémie **se propager** et qu'elle **faire** des milliers de victimes. – Quand il **voir** l'air menaçant du chien, le malfaiteur **prendre** la fuite. – Ce jeune musicien était fier qu'on le **traiter** comme un véritable virtuose. – Au moment le plus palpitant, les projecteurs **se braquer** sur le héros en mauvaise posture. – Alors que tout était calme, il **se produire** un événement exceptionnel : la foudre **tomber** sur le clocher. – Il n'était pas question que Patrick **s'engager** dans l'armée de l'air, car il était daltonien.

3 ▶ **Écrivez les verbes soulignés au passé simple et les verbes en gras aux temps qui conviennent.**

Il <u>faut</u> que M. Rodriguez **prévienne** les pompiers. – Dès qu'il <u>voit</u> un départ de feu, M. Rodriguez **prévient** les pompiers. – Quand il <u>aperçoit</u> le drapeau à damiers, le pilote **sait** que l'arrivée **est** proche. – La chaleur <u>exige</u> que cet explorateur **emporte** une importante provision d'eau. – Lorsqu'il <u>part</u> en expédition, cet aventurier **emporte** une couverture de survie. – Le plan d'occupation des sols ne <u>permet</u> pas que l'architecte **conçoive** un toit en terrasse.

4 ▶ **Écrivez les verbes en gras au passé simple ou à l'imparfait du subjonctif.**

Il marchait avec tant de précaution qu'on ne l'**entendre** pas entrer dans la salle. – Nous étions très étonnées que la neige **tomber** à si basse altitude. – Lors de son séjour en Mongolie, Mme Testa **découvrir** l'existence des yourtes. – La sentinelle gardait le dépôt de munitions sans que l'on **deviner** sa présence. – Comme la fête avait duré une partie de la nuit, Charles **dormir** jusqu'à midi. – Tu ignorais qu'un tel costume **pouvoir** être porté par un personnage aussi excentrique. – L'éclusier refusa que la péniche **quitter** le bassin avant la fermeture complète des vannes.

5 ▶ **Écrivez les verbes en gras au passé simple ou à l'imparfait du subjonctif.**

Les lampadaires s'allumèrent bien qu'il **faire** encore jour. – Ces personnes trop crédules **croire** leur horoscope qui leur prévoyait un avenir radieux. – Il était nécessaire que le viticulteur **savoir** définir la bonne période pour vendanger. – Les deux joueurs **ravir** les spectateurs par la qualité de leur tennis. – Le vendeur accepta que le client **bénéficier** d'une importante réduction, car le modèle était quelque peu endommagé. – Au plus fort de la tempête, le marin **devoir** affaler les voiles et attendre une accalmie. – Il faudrait que l'avocat **convaincre** le jury de l'innocence de son client.

Solutions P. 106

31 LES TEMPS COMPOSÉS DU SUBJONCTIF

Les temps composés du subjonctif sont le passé et le plus-que-parfait.

Le passé du subjonctif

On écrit le verbe de la subordonnée au passé du subjonctif si le verbe de la proposition principale est au présent ou au futur et si l'on veut exprimer un fait passé par rapport au fait de la principale ou par rapport à tel moment à venir.
Il n'est pas possible que le temps **ait changé** aussi rapidement.
Je regretterai vivement que mes amis **soient partis** sans me saluer.

bouger	réagir	naître
que j'aie bougé	que j'aie réagi	que je sois né(e)
qu'il/elle ait bougé	qu'il/elle ait réagi	qu'il/elle soit né(e)
que nous ayons bougé	que nous ayons réagi	que nous soyons né(e)s
qu'ils/elles aient bougé	qu'ils/elles aient réagi	qu'ils/elles soient né(e)s

Le plus-que-parfait du subjonctif

On écrit le verbe de la subordonnée au plus-que-parfait du subjonctif si le verbe de la proposition principale est au passé et si l'on veut exprimer un fait passé par rapport au fait de la principale.
Il n'était pas possible que le temps **eût changé** aussi rapidement.
J'ai vivement regretté que mes amis **fussent partis** sans me saluer.

Il est admis, aujourd'hui, d'utiliser le passé du subjonctif à la place du plus-que-parfait.

bouger	réagir	naître
que j'eusse bougé	que j'eusse réagi	que je fusse né(e)
qu'il/elle eût bougé	qu'il/elle eût réagi	qu'il/elle fût né(e)
que nous eussions bougé	que nous eussions réagi	que nous fussions né(e)s
qu'ils/elles eussent bougé	qu'ils/elles eussent réagi	qu'ils/elles fussent né(e)s

⚠ Remarques

1 Les formes du plus-que-parfait du subjonctif sont identiques à celles du passé 2e forme du conditionnel.

2 À la 3e personne du singulier, il ne faut pas confondre le plus-que-parfait du subjonctif avec le passé antérieur de l'indicatif.

Quand il **eut opéré** le malade, le chirurgien le conduisit en salle de réveil.

Mieux assisté, il se pouvait que le chirurgien **eût opéré** le malade plus tôt.

Pour faire la distinction, on peut changer de personne.

Quand ils **eurent opéré** le malade, les chirurgiens le conduisirent en salle de réveil.

Mieux assistés, il se pouvait que les chirurgiens **eussent opéré** le malade plus tôt.

Entraînement

1 Conjuguez les verbes en gras au passé du subjonctif.

Il faut que ... **flâner** pour arriver si tard.
Il faut que ... **arriver** avant le début de la représentation.
Il faut que ... **apprendre** à piloter avant de monter dans ce petit avion.
Il faut que ... **convertir** mes euros avant de partir au Japon.
Il faut que ... **rétablir** la situation pour espérer remporter le match.
Il faut que ... **brancher** le lecteur de DVD pour regarder ce film.

2 Écrivez les verbes en gras au plus-que-parfait du subjonctif.

Il fallait que j'**égarer** le plan pour me perdre. – Il aurait été souhaitable que le hérisson **échapper** aux roues de la voiture. – Mathias se réjouissait que ses parents **louer** un bungalow près de la Grande-Motte. – Nous étions surpris que le secrétariat ne **répondre** pas à notre demande de renseignement. – Il parut normal que l'expédition de ce colis pour la Pologne **coûter** plus de cent euros. – Le syndicat trouva étonnant que l'ouvrier **obtenir** l'augmentation qu'il méritait. – Ces câbles auraient dû être remplacés afin que le téléphérique **fonctionner** en toute sécurité.

3 Écrivez les verbes en gras au passé du subjonctif.

Tu veux que j'**repeindre** la porte du garage avant ce soir. – Pour démarrer, il faut que tu **desserrer** le frein à main. – Avant que nous **réaliser** ce qui se passait, la fusée avait déjà disparu. – Bien que l'incendie **se propager** rapidement, il n'y eut aucun blessé. – Nous étions heureux que vous **pouvoir** répondre à notre invitation. – J'ai eu peur qu'il **se tromper** dans les proportions de la recette. – Il vaudrait mieux que l'espion ne **percer** pas le secret de fabrication de cet appareil. – Attends que la colle **sécher** pour réutiliser ce vase. – Que je **aller** au bout de la jetée, cela ne fait aucun doute.

4 Écrivez les verbes en gras au plus-que-parfait du subjonctif.

Il était riche, non qu'il **travailler** âprement, mais il avait gagné au Loto. – Si éloigné qu'il **être**, ce village avait compté plusieurs milliers d'habitants au XIXe siècle. – Quoique le cavalier **tomber** lourdement, il se releva instantanément et se remit en selle. – Il aurait fallu que M. Bourgeois **maigrir** de plusieurs kilos pour porter ce costume serré à la taille. – Bien que tu lui **téléphoner** à plusieurs reprises, Loana ne répondit à aucun de tes appels. – Le commentateur de l'étape s'étonna que le champion ukrainien **escalader** le col en moins de trente minutes.

5 Écrivez les verbes en gras au plus-que-parfait du subjonctif ou au passé antérieur.

Quand les peintres **terminer** les travaux, ils nettoyèrent le chantier. – De crainte que ce jeune garçon **contracter** le tétanos, les médecins lui administrèrent une dose de sérum. – Lorsque vous **réfuter** tous nos arguments, vous présentâtes les vôtres. – Cette photocopieuse performante permit que le document **être** reproduit fidèlement. – Dès que le berger **rassembler** son troupeau, il donna à manger à ses chiens. – Lorsqu'un ballon, lancé par des enfants, **rebondir** sur son bras, Pamela sourit et le renvoya. – Quand les radars **localiser** l'épave, les plongeurs se mirent à l'eau. – Le couturier n'aurait pas admis que cette robe **présenter** un seul défaut.

Solutions P. 107

32 L'IMPÉRATIF

Le présent de l'impératif ne se conjugue qu'à trois personnes, la 2e personne du singulier et les deux premières personnes du pluriel, sans sujet exprimé.

Les valeurs de l'impératif

Le présent de l'impératif est employé pour exprimer des ordres, des conseils, des souhaits, des recommandations, des demandes, des interdictions.

Ne t'**énerve** pas.
Ralentissons à l'entrée du village.
Traduis ce texte.
Respirez profondément.

Remarque

Le passé de l'impératif est formé de l'auxiliaire (*avoir* ou *être*) au présent de l'impératif et du participe passé du verbe conjugué. C'est un temps très peu employé.

Soyez partis lorsque minuit sonnera.

Tableaux de conjugaison

1er groupe	2e groupe	3e groupe		
jongler	bondir	descendre	courir	s'inscrire
jongle	bondis	descends	cours	inscris-toi
jonglons	bondissons	descendons	courons	inscrivons-nous
jonglez	bondissez	descendez	courez	inscrivez-vous

Remarques

1. Pour les verbes du 2e groupe, on intercale l'élément ***-ss-*** entre le radical et les terminaisons pour les personnes du pluriel.
2. À la 2e personne du singulier, les verbes du 1er groupe (ainsi que *ouvrir, offrir, souffrir, cueillir, aller* et *savoir*) ne prennent pas de ***s***. Néanmoins, pour faciliter la prononciation, ces verbes (ainsi que *aller*) prennent un ***s*** quand le mot qui suit est *en* ou *y*.

Ces chocolats, offre**s**-en à tes amis.
N'hésite pas, va**s**-y franchement.

3. On place un trait d'union entre le verbe à l'impératif et le pronom personnel complément qui le suit.

Vos enfants, emmenez-les au cirque.
Laisse-nous terminer ce puzzle.

4. Les particularités rencontrées pour les verbes comme *nettoyer, appeler, acheter, céder* devant un ***e*** muet se retrouvent à la 2e personne du singulier du présent de l'impératif.

Nettoie-les. Appelle-moi.
Achète-la. Ne cède pas.

Formes particulières

avoir	être	aller	savoir	envoyer
aie	sois	va	sache	envoie
ayons	soyons	allons	sachons	envoyons
ayez	soyez	allez	sachez	envoyez

Entraînement

1 **Conjuguez les verbes de ces expressions au présent de l'impératif.**

éviter les obstacles
réclamer son dû
prédire l'avenir
ne pas **tricher** au jeu
ne pas **parler** trop fort
ne pas **claquer** la porte

2 **Écrivez les verbes en gras au présent de l'impératif.**

Choisir le modèle dont la couleur te plaît. – Même si tu en as envie, ne **se retourner** pas. – Pour votre sortie en mer, **prévoir** des cirés. – Ne **entreprendre** pas des travaux que vous n'êtes pas certains de terminer. – **Présenter** ton billet au contrôleur. – **Surmonter** notre appréhension et **sauter** dans le vide : l'élastique nous retiendra. – Lorsque vous parlerez devant un auditoire d'importance, **surveiller** votre langage. – **Savourer** ton dessert. – Ne **se ruiner** pas en achats coûteux, vous n'aurez plus rien pour payer votre loyer. – **Arroser** vos plantes à la tombée de la nuit. – Ne **s'abrutir** pas sur ce manuscrit indéchiffrable, tu perds ton temps. – **Unir** nos efforts pour hisser ces caisses dans le camion.

3 **Écrivez les verbes en gras à la 2e personne du singulier du présent de l'impératif. Dans chaque expression, l'un des verbes sera à la forme négative.**

Ex. : **être** franc, **dissimuler** la vérité → **Sois** franc, ne **dissimule** pas la vérité.

s'approcher, **avoir** peur
se laisser abattre, **réagir**
crier, **parler** posément
tergiverser, **aller** droit au but
rouler vite, **ralentir**
manger vite, **prendre** ton temps
écouter calmement, **se fâcher**
courir dans l'escalier, **marcher**
encoller le papier peint, **salir** le mur
relire les numéros, les **confondre**

4 **Écrivez les verbes en gras au présent de l'impératif.**

Servir le café à tes invités. – Si tu veux les garder, ne **trahir** pas tes amis. – **Avoir** le courage de reconnaître nos erreurs. – Avant d'éteindre ton ordinateur, ne **oublier** pas de sauvegarder tes documents. – Si tu ne t'entraînes pas, ne **prétendre** pas égaler les champions. – Cet incident est terminé, **minimiser**-en la portée. – **Purger** le carburateur du moteur de ton scooter et il démarrera au quart de tour. – **Ouvrir** vos paquets et vous aurez bien des surprises. – **Disparaître** de la vue de vos ennemis et tout ira bien. – **Revivre** vos dernières vacances en visionnant vos photographies. – Ne **croire** pas tout ce qu'on vous raconte. – **Appliquer** une couche de vernis sur votre ancienne commode et elle sera comme neuve.

5 **Remplacez le groupe nominal en gras par un des pronoms suivants : *en, le, la, les, y*.**

Ex. : Mange des légumes. → **Manges**-en.

Prends **les cartes**. – **Dans le jardin**, plante de la salade. – Saisis **ta chance**. – Profite **de ta liberté**. – Étale **la confiture** sur tes tartines. – **Dans cette clairière**, installe ta tente. – **Dans le tiroir**, cherche tes clés. – Avale **deux cachets**. – Coupe une tranche **de pâté**. – Timbre **ces enveloppes**. – Tends **le câble de l'accélérateur**. – Formule clairement **la réponse**. – Prélève **des échantillons**.

Solutions P. 108

33 PRÉSENT DE L'IMPÉRATIF OU PRÉSENT DE L'INDICATIF ?

À l'oral ou à l'écrit, il n'est pas rare d'hésiter entre le présent de l'impératif et le présent de l'indicatif. Il faut donc savoir distinguer ces deux temps.

Confusion due à la prononciation

• Pour les verbes du 1er groupe, il ne faut pas confondre la 2e personne du singulier du présent de l'impératif, qui n'a pas de sujet exprimé, avec la 2e personne du singulier du présent de l'indicatif.

Appel**le** ton ami au téléphone.	présent de l'impératif	→ **e**
Tu appel**les** ton ami au téléphone.	présent de l'indicatif	→ **es**

• Pour les verbes du 3e groupe comme *offrir, ouvrir, cueillir, accueillir, tressaillir, souffrir* ou *aller*, la 2e personne du singulier du présent de l'impératif, qui ne prend pas de ***s***, peut également être confondue avec une forme conjuguée du présent de l'indicatif.

Ouv**re** ton courrier !	présent de l'impératif	→ **e**
Tu ouv**res** ton courrier.	présent de l'indicatif	→ **es**
V**a** jusqu'aux grilles du stade.	présent de l'impératif	→ **a**
Tu v**as** jusqu'aux grilles du stade.	présent de l'indicatif	→ **as**

Cas particuliers des verbes pronominaux

• Pour les verbes pronominaux, la forme verbale du présent de l'impératif est suivie du pronom personnel réfléchi *toi*, qu'il ne faut pas confondre avec le pronom personnel de la forme interrogative *tu*.

Présent**e**-toi au plus vite au guichet de la poste !	présent de l'impératif	→ **e**
Pourquoi présent**es**-tu ton carnet au guichet ?	présent de l'indicatif	→ **es**

• Pour les deux personnes du pluriel du présent de l'impératif, il ne faut pas confondre les pronoms personnels réfléchis avec les pronoms personnels de la forme interrogative.

Contrôlons-**nous** pour être plus précis.	présent de l'impératif
Comment contrôlons-**nous** nos gestes ?	présent de l'indicatif
Contrôlez-**vous** pour être plus précis.	présent de l'impératif
Comment contrôlez-**vous** vos gestes ?	présent de l'indicatif

Comment éviter toute confusion ?

• Afin de bien distinguer présent de l'impératif et présent de l'indicatif, il faut être attentif(ve) à la recherche du pronom personnel.

• Pour bien différencier présent de l'impératif et présent de l'indicatif à la forme interrogative, on peut examiner la ponctuation. À la fin d'une phrase impérative, on trouve assez souvent un point d'exclamation ; à la fin d'une phrase interrogative, on trouve un point d'interrogation.

Entraînement

1 ▸ Écrivez les verbes en gras au présent de l'indicatif ou au présent de l'impératif.

Renforcer les charnières de ton armoire et les portes se fermeront facilement. – **Confirmer** ta réservation dans les plus brefs délais. – Pour sauvegarder tes documents, **enregistrer**-les sous Word puis **copier**-les sur ta clé USB. – Ne **fumer** pas dans les lieux publics, la loi l'**interdire** et cela **nuire** à ta santé. – **S'assurer** que la profondeur est suffisante avant de plonger dans ce torrent. – Tu **envisager** de changer de domicile ; **examiner** bien les avantages et les inconvénients de ta décision.

2 ▸ Conjuguez les verbes de ces expressions à la 2ᵉ personne du singulier du présent de l'impératif, puis du présent de l'indicatif, forme interrogative.

Ex : **fermer** le robinet	**Ferme** le robinet !	**Fermes**-tu le robinet ?
se plonger dans un livre	**nettoyer** le carrelage	**se lever** de bonne heure
lacer ses chaussures	**suggérer** une solution	**espérer** un miracle

3 ▸ Écrivez les verbes en gras au présent de l'indicatif ou au présent de l'impératif.

Ôter ta main du four, tu **risquer** de te brûler. – **Se retirer** sur la pointe des pieds, ton frère s'est endormi. – **Accéder** au dernier étage de la tour Montparnasse où tu **bénéficier** d'une vue magnifique. – **Être** réaliste, tu ne battras jamais le record du monde du saut en hauteur ; tu ne **être** pas assez grand. – Quand vous **doubler** des cyclistes, ne les **frôler** pas de trop près. – **Signer** l'accusé de réception et **renvoyer**-le à ton propriétaire. – Tu **partager** ton studio avec un ami, alors **régler** le loyer ce mois-ci ; il paiera le prochain. – **Aérer** ta chambre chaque matin, c'**être** plus sain.

4 ▸ Conjuguez les verbes de ces expressions au présent de l'indicatif, forme interrogative, puis au présent de l'impératif.

Ex. : **improviser** sa réponse

Comment **improvises-tu** ta réponse ?	**Improvise** ta réponse !
Comment **improvisons-nous** notre réponse ?	**Improvisons** notre réponse !
Comment **improvisez-vous** votre réponse ?	**Improvisez** votre réponse !

se reposer un peu → Quand ... ?
observer ici → Qu'... ?
rêver parfois → À quoi ... ?
se soigner → Comment ... ?
se distraire → Avec qui ... ?
s'occuper calmement → Comment ... ?
réciter à voix haute → Que ... ?
rester là → Pourquoi ... ?
se décider enfin → Pour lequel ... ?
se présenter → À qui ... ?

5 ▸ Écrivez les verbes en gras au présent de l'indicatif ou au présent de l'impératif. En fin de phrase, vous placerez un point d'exclamation ou un point d'interrogation.

Il y a un concert des Faucons noirs à la salle des fêtes, y **aller**-tu ... – **Aller** sans tarder chez le boulanger, et **se presser** car il va fermer ... – **Se satisfaire** de ce que vous **posséder** et ne **envier** pas les autres ... – Pourquoi **saigner**-tu du nez aussi souvent ... – **Éplucher**-vous les légumes avec un instrument spécial ... – **Se renseigner** sur l'état de la route ... – **Se modérer** sinon tu ne tiendras pas la distance ... – **Remarquer**-tu les détails de ce tableau ... – **Relever** la tête et **regarder** droit devant vous ...

Solutions P. 108

34 LES FORMES VERBALES EN *-ANT*

Il existe trois formes verbales en *-ant* : le participe présent, le gérondif et l'adjectif verbal.

Participe présent et gérondif

• Le **participe présent** est une forme verbale terminée par *-ant*, qui marque une action en cours de déroulement. Il peut avoir un complément d'objet ou un complément circonstanciel. Le participe présent est **invariable**.
Souriant aux spectateurs, les chanteurs entrent en scène.
Souriant sous les projecteurs, les chanteurs entrent en scène.

• Lorsque la forme verbale en *-ant* est précédée de la préposition *en*, c'est un **gérondif**.
Le gérondif précise les circonstances de l'action et fonctionne comme un adverbe. Il est **invariable**.
En souriant aux spectateurs, les chanteurs entrent en scène.

Participe présent et adjectif verbal

Le participe présent peut se transformer en adjectif lui aussi terminé par ***-ant***. Il s'agit de l'adjectif verbal. Cet adjectif s'accorde avec le nom (ou le pronom) auquel il se rapporte. Il peut être épithète ou attribut.
Les spectateurs ont face à eux des chanteurs **souriants**.

Remarques

1 Dans certains cas, il est difficile de distinguer le participe présent de l'adjectif verbal. Il faut alors remplacer le nom masculin par un nom féminin ; à l'oral, on entend la différence.
Souriant aux spectateurs, les chanteuses entrent en scène. → participe présent
Les spectateurs ont face à eux des chanteuses **souriantes**. → adjectif verbal

2 L'expression *soi-disant* est toujours invariable.

3 Certains adjectifs verbaux sont employés comme noms.
Seuls les **descendants** mâles régnaient.

4 Il ne faut pas confondre les participes présents et les adjectifs verbaux en ***-ant*** avec les adverbes terminés par ***-ant*** ou ***-ent***.
Auparavant, ces chanteuses étaient souvent éblouissantes.

Orthographe des participes présents et adjectifs verbaux

participes présents	adjectifs verbaux	participes présents	adjectifs verbaux
provoquant	provocant	excellant	excellent
convainquant	convaincant	négligeant	négligent
fatiguant	fatigant	adhérant	adhérent
naviguant	navigant	influant	influent
suffoquant	suffocant	précédant	précédent
vaquant	vacant	convergeant	convergent
intriguant	intrigant	différant	différent
communiquant	communicant	équivalant	équivalent

Entraînement

1 ▶ **Écrivez les noms en gras au pluriel et transformez si nécessaire.**

Quoi de plus délicieux qu'un **chocolat** fondant sous la langue ! – Le gentil **fantôme**, agitant ses chaînes, effraie l'**esprit** malfaisant. – Le **sauveteur** effectue une ultime **tentative** de treuillage en espérant qu'elle soit suffisante pour repêcher le **naufragé** dérivant sur l'océan. – Méditant, le **bonze** conserve une immobilité absolue. – Méritant, cet **élève** réussira sans peine son **examen**, aussi éprouvant soit-il. – Dans cette région, le **vent** dominant souffle souvent du nord.

2 ▶ **Remplacez les verbes en gras par le participe présent ou l'adjectif verbal que vous accorderez.**

Les diplomates obtiendront satisfaction en **assouplir** leur position. – Ces lessives **assouplir** donneront un linge agréable au toucher. – En **boucler** votre ceinture de sécurité, vous prenez vos précautions. – Le principe des vases **communiquer** préside au fonctionnement des écluses. – Ne **communiquer** que par une liaison satellite, le centre de contrôle ne peut joindre convenablement la station spatiale. – Les voyages en diligence étaient particulièrement **fatiguer**. – **Fatiguer** son cheval, le mousquetaire ne put rejoindre l'escorte de la reine. – Cette actrice porte une tenue **provoquer** pour l'ouverture du festival. – **Provoquer** du regard leurs adversaires, les All Blacks sont certains de leur force.

3 ▶ **Remplacez les expressions en gras par un participe présent ou un adjectif verbal que vous accorderez.**

Comme elle veut te faire plaisir, Claudine t'offre un splendide cadeau. – Ce camion possède des phares **qui éblouissent**. – Cette entreprise obtient des résultats **qui déçoivent** à l'exportation. – **Lorsqu'ils ont conçu** ce modèle d'hélicoptère, les ingénieurs n'imaginaient pas qu'il connaîtrait un tel succès. – Ne trempez pas la main dans cette eau **qui bout**. – M. Oresta étale une peinture **qui résiste** aux fortes chaleurs. – La soirée **consacrée à la danse** attire de nombreux jeunes.

4 ▶ **Remplacez les noms en gras par ceux entre parenthèses et faites les transformations nécessaires.**

Le verglas a rendu **le trottoir** (**la chaussée**) glissant. – En retirant **le couvercle** (**la casserole**) brûlant, le cuisinier le laisse tomber. – **L'aspect** (**La façade**) soi-disant étonnant de cet immeuble intrigue tous les habitants du quartier. – **Le réservoir** (**La citerne**) alimentant le village en eau potable est pratiquement à sec. – Pour sa première sortie en mer, Léon arbore **un maillot** (**une casquette**) fort voyant. – **Le camion** (**Les voitures**) stationnant en double file paralyse la circulation.

5 ▶ **Remplacez les mots ou expressions en gras par leur contraire.**

L'entrée du musée des santons de Provence était **gratuite**. – Les moteurs de ces tracteurs sont **silencieux**. – Mme Leblanc achète des langoustes **mortes**. – Les chiens s'approchent de leur maître **sans remuer** la queue. – **Sans bien chercher**, nous sommes tombés sur de magnifiques girolles. – L'électricien place des câbles **conducteurs** dans les gaines appropriées. – **Sans multiplier** les recherches, l'enquêteur tomba enfin sur une piste. – Nous regardons une émission **ennuyeuse**.

Solutions P. 109

35 AI – AIE – AIES – AIT – AIENT – ES – EST ?

Plusieurs formes des verbes *avoir* et *être* sont homophones : *ai – aie – aies – ait – aient – es – est*. Il faut savoir les distinguer.

ai – aie – aies – ait – aient – es – est ?

À l'oral et à l'écrit, il ne faut pas confondre :

– la 1re personne du singulier du présent de l'indicatif du verbe *avoir* ;
Pour remonter ce casse-tête, j'**ai** [ε] besoin de beaucoup de patience.

– la 1re personne du singulier du présent du subjonctif du verbe *avoir* ;
Pour remonter ce casse-tête, il faut que j'**aie** [ε] beaucoup de patience.

– la 2e personne du singulier du présent du subjonctif du verbe *avoir* ;
Pour remonter ce casse-tête, il faut que tu **aies** [ε] beaucoup de patience.

– la 3e personne du singulier du présent du subjonctif du verbe *avoir* ;
Pour remonter ce casse-tête, il faut qu'elle **ait** [ε] beaucoup de patience.

– la 3e personne du pluriel du présent du subjonctif du verbe *avoir* ;
Pour remonter ce casse-tête, il faut qu'ils **aient** [ε] beaucoup de patience.

– la 2e personne du singulier du présent de l'indicatif du verbe *être* ;
Tu **es** [ε] très patient car ce casse-tête présente bien des difficultés.

– la 3e personne du singulier du présent de l'indicatif du verbe *être*.
Germain **est** [ε] très patient car ce casse-tête présente bien des difficultés.

Comment éviter toute confusion ?

Pour différencier ces formes verbales et trouver leur temps et leur mode, on peut essayer de changer de personne, par exemple en conjuguant le verbe à la 1re personne du pluriel.

• Le présent de l'indicatif du verbe *avoir*.
Pour remonter ce casse-tête, j'**ai** besoin de patience.
→ Pour remonter ce casse-tête, nous **avons** besoin de patience.

• Le présent du subjonctif du verbe *avoir*.
Pour remonter ce casse-tête, il faut que j'**aie** de la patience.
Pour remonter ce casse-tête, il faut que tu **aies** de la patience.
Pour remonter ce casse-tête, il faut qu'elle **ait** de la patience.
Pour remonter ce casse-tête, il faut qu'ils **aient** de la patience.
→ Pour remonter ce casse-tête, il faut que nous **ayons** de la patience.

• Le présent de l'indicatif du verbe *être*.
Tu **es** très patient car ce casse-tête présente bien des difficultés.
Germain **est** très patient car ce casse-tête présente bien des difficultés.
→ Nous **sommes** très patients car ce casse-tête présente bien des difficultés.

Entraînement

1 ▶ Écrivez les verbes en gras au présent de l'indicatif.

J'**avoir** des fourmis dans les jambes car j'**avoir** gardé la même position trop longtemps. – Tu **être** sur le point de réaliser tes rêves les plus fous. – Cette semaine, la pharmacie du quartier **être** de garde. – Le terrain **être** encore en friche, mais l'agriculteur **avoir** l'intention de le labourer, puis de l'ensemencer. – Cet homme **être** modeste, car il **avoir** suivi tous les conseils que je lui **avoir** donnés. – La solution n'**être** pas évidente et tu **être** dans le doute. – Comme j'**avoir** un bon métier, je n'**avoir** aucun problème pour trouver du travail.

2 ▶ Écrivez les verbes en gras au présent du subjonctif.

De lourds nuages noirs couvrent le ciel sans que le guide **avoir** l'air de s'inquiéter. – Il paraît préférable que les pompiers **avoir** du matériel adapté à la lutte contre les feux de forêt. – Il est rare que j'**avoir** l'occasion de voir un aussi bon film. – Les événements se sont déroulés sans que j'**avoir** la possibilité d'intervenir. – Vérifie le gonflage de ta roue de secours de sorte que tu n'**avoir** pas de mauvaise surprise en cas de crevaison ! – L'avion décollera à condition que les passagers **avoir** tous bouclé leur ceinture et relevé leur siège. – Le contremaître tient à ce que tu **avoir** ta boîte à outils à ta disposition à tout moment. – L'objectif de cet artisan est que le client **avoir** la satisfaction de voir son installation sanitaire fonctionner.

3 ▶ Complétez ces phrases avec *es, est* ou *ai*.

Le chien ... dans sa niche et nul ne se risquerait dans le parc. – L'enquête ... au point mort. – Si tu ... de bonne foi, tu n'auras aucune peine à me convaincre. – J'... utilisé une tronçonneuse pour abattre ce sapin, mais j'... pris soin de fixer le carter de protection qui ... vendu avec ce type d'engin. – La sentinelle ... au garde-à-vous devant le capitaine. – Tu ... sans voix ; l'équipe de France ... en difficulté devant la modeste équipe du Salvador. – La soupière en faïence de Moustiers ... sur le buffet.

4 ▶ Complétez ces phrases avec la forme du verbe *avoir* qui convient.

Ce tennisman ... de qui tenir, sa mère ... remporté plusieurs tournois nationaux. – Il est surprenant que le niveau d'eau de ce lac ... baissé aussi rapidement. – Il ne s'agit pas que tu ... une défaillance au moment de tirer le penalty. – On ne peut admettre que les idées racistes ... encore une certaine audience aujourd'hui. – Pourquoi cette personne ...-elle l'esprit ailleurs ? – En été, j'... les épaules nues, pourvu que j'... appliqué auparavant un écran total. – Le maraîcher est ravi que ses légumes ... poussé aussi rapidement. – Je ne peux pas imaginer que tu ... oublié notre rendez-vous. – Quoique l'infirmière ... de l'expérience, la piqûre fut douloureuse.

5 ▶ Complétez ces phrases avec *ai, aie, aies, ait, aient, es* ou *est*.

Bien que j'... un anorak fourré, des gants et un bonnet, j'... froid. – Il est fâcheux que les travaux n'... pas été mieux signalés aux automobilistes. – Ce pauvre homme ... sans ressources depuis plusieurs mois ; heureusement qu'il ... hébergé dans un foyer. – Nous ne comprenons pas que tu ... envie de changer de chaussures ; elles sont pourtant superbes. – Tu ... bien curieuse de sorte que tu ... toujours placée dans des situations impossibles. – Mon plus cher désir ... que chacun ... un cadeau.

Solutions P. 110

36 EU – EUT – EÛT ? FUT – FÛT ?

Il faut savoir distinguer les formes homophones du verbe *avoir* : *eu – eut – eût* ainsi que les formes homophones du verbe *être* : *fut – fût*.

eu – eut – eût ?

- Le participe passé du verbe *avoir*.

Damien a **eu** vingt ans.

- La 3e personne du singulier du verbe *avoir* au passé simple.

Quand Damien **eut** vingt ans, il partit à l'aventure au Brésil.

- La 3e personne du singulier du verbe *avoir* au passé 2e forme du conditionnel ou à l'imparfait du subjonctif.

Le Brésil, Damien ne l'**eût** pas visité s'il n'avait pas eu vingt ans.
Bien qu'il n'**eût** pas vingt ans, Damien était parti à l'aventure au Brésil.

fut – fût ?

- La 3e personne du singulier du verbe *être* au passé simple de l'indicatif.

Quand Damien **fut** âgé de vingt ans, il partit à l'aventure au Brésil.

- La 3e personne du singulier du verbe *être* au passé 2e forme du conditionnel ou à l'imparfait du subjonctif.

Damien ne **fût** pas parti au Brésil s'il n'avait pas eu vingt ans.
Bien qu'il ne **fût** pas âgé de vingt ans, Damien était parti à l'aventure au Brésil.

Comment éviter toute confusion ?

Pour différencier ces formes verbales homophones, il faut se rapporter au sens de l'action. On peut également essayer de changer le temps du verbe.

eu – eut – eût

Si l'on peut remplacer par :
– un autre participe passé, il s'agit du participe passé *eu* ;
Damien a **eu** (**fêté** ses) vingt ans.
– un temps de l'indicatif *(aura – avait)*, il s'agit du passé simple *eut* ;
Quand Damien **eut** (**aura**) vingt ans, il partit (partira) à l'aventure au Brésil.
– le passé 1re forme du conditionnel *(aurait)*, il s'agit du conditionnel *eût* ;
Le Brésil, Damien ne l'**eût** (l'**aurait**) pas visité s'il n'avait pas eu vingt ans.
– le présent du subjonctif *(ait)*, il s'agit de l'imparfait du subjonctif *eût*.
Bien qu'il n'**eût** (n'**ait**) pas vingt ans, Damien était parti (est parti) à l'aventure.

fut – fût

Si l'on peut remplacer par :
– un temps de l'indicatif *(sera – était)*, il s'agit du passé simple *fut* ;
Quand Damien **fut** (**sera**) âgé de vingt ans, il partit (partira) à l'aventure.
– le passé 1re forme du conditionnel *(serait)*, il s'agit du conditionnel *fût* ;
Damien ne **fût** (**serait**) pas parti au Brésil s'il n'avait pas eu vingt ans.
– le présent du subjonctif *(soit)*, il s'agit de l'imparfait du subjonctif *eût*.
Bien qu'il ne **fût** (**soit**) pas âgé de vingt ans, Damien était (est) parti à l'aventure.

Entraînement

1 **Complétez ces phrases avec *eu, eut* ou *eût*.**

Avant que le public ... le temps de voir la balle, elle était déjà au fond des filets. – Le spectacle a tenu toutes ses promesses ; l'assistance en a ... pour son argent. – Si Sabine avait préparé son entretien, elle n'... pas hésité à répondre. – Les randonneurs n'ont pas ... de chance ; il a plu pendant toute la semaine sur le massif de la Vanoise. – Après qu'il ... taillé ses rosiers, M. Clerc a mis un peu d'engrais. – Ce peintre a ... l'audace de choisir des couleurs inhabituelles pour son dernier tableau. – Lydia se serait volontiers baignée en admettant qu'elle ... un maillot de bain.

2 **Complétez ces phrases avec *fut* ou *fût*.**

Mme Traille ... heureuse d'apprendre que son contrat de travail était prolongé. – Il était pour le moins surprenant que le restaurant marocain du quartier ... fermé un dimanche. – Mme Tomkowiak ... bien la seule personne du groupe à comprendre les commentaires du guide qui s'exprimait uniquement en polonais. – Pourquoi le contrôleur avait-il refusé que ce billet ... remboursé ? – Dès qu'il ... mis en vente, ce modèle de portable connut un immense succès. – S'il avait eu son brevet de pilote, Jacky Delorme ... monté sans crainte dans ce petit avion de tourisme.

3 **Complétez ces phrases avec *eu, eut, eût, fut* ou *fût*.**

Dès qu'elle ... accouché, Mme Garcia choisit le prénom de sa fille : Audrey. – L'électricien tenait à ce que le courant ... coupé avant son intervention. – M. Pujol a ... l'assurance que les dégâts seraient intégralement remboursés. – Il ... fallu plus de détermination au marathonien pour qu'il ... en mesure de terminer dans les premiers. – Il serait inexact de dire que ce trajet ... plus court que celui-ci. – Philippe a ... la prudence de suivre les balises placées le long du sentier ; il ne s'est pas perdu. – Bien qu'on ... au mois de juin, il a neigé sur le plateau de Langres. – Lorsque l'alerte ... donnée, le bateau des sauveteurs prit immédiatement la mer.

4 **Complétez ces phrases avec *eu, eut, eût, fut* ou *fût*.**

Le patron du chalutier demanda que la cargaison ... déchargée dès l'arrivée au port. – Cette hôtesse de l'air a ... l'occasion de visiter pratiquement tous les aéroports du monde. – Le chasseur prit d'énormes précautions de peur que le buffle ... encore vivant et susceptible de charger. – Lorsque Karl ... le menu entre les mains, il prit peur en voyant le coût de chaque plat. – Si le conducteur avait vu l'obstacle, il ... certainement freiné. – Quand il ... verrouillé la porte d'entrée, M. Denis partit rassuré. – Une moquette plus épaisse ... amorti le bruit de vos pas. – Lorsque le patient ... devant le médecin, il se sentit tout de suite mieux !

5 **Écrivez les verbes en gras aux temps qui conviennent.**

Il était possible que la marée **parvenir** jusqu'aux rochers. – Lorsque Léa t'**téléphoner**, tu pris tes affaires et tu la rejoignis. – Si une erreur avait été commise dans les instructions de montage du meuble, seul un observateur attentif l'**relever**. – Dès que la rose **éclore**, tu la cueillis. – Quoique Henri n'**éprouver** aucune douleur, il réclama un calmant. – Ce rapace était le plus grand que le naturaliste **apercevoir** dans cette région. – S'il avait eu des héritiers, ce riche banquier **faire** leur fortune.

Solutions P. 110

37 LA FORME IMPERSONNELLE

Les constructions impersonnelles sont nombreuses et variées.

Qu'est-ce qu'un verbe impersonnel ?

Un verbe impersonnel est un verbe dont le sujet ne représente ni une personne, ni un animal, ni une chose définie.
Les verbes impersonnels ne se conjuguent qu'à la 3e personne du singulier avec le sujet *il* (parfois *ce*, *ça* ou *cela*).
Il ne vous arrive que des ennuis.
Ça déborde de bons sentiments dans ce mélo !
Ce fut un heureux événement.
Cela se gâte, la querelle prend mauvaise tournure.

Les différentes constructions impersonnelles

• Il existe des verbes qui ne peuvent être employés qu'à la forme impersonnelle ; à part le verbe *falloir*, ils expriment tous des phénomènes naturels ou météorologiques.
Il **faut** écouter les conseils.
Il **a neigé** une grande partie de la nuit.
Il **a plu** des cordes.
Il **tonnera** probablement avant la fin de la journée.
Le participe passé des verbes impersonnels est toujours invariable.

• Dans une tournure impersonnelle, *il* est le **sujet apparent**, celui avec lequel le verbe s'accorde. Le complément d'objet est le **sujet réel**, celui avec lequel le verbe ne s'accorde pas.

Il se passe de curieux événements dans ce hameau.
↑ sujet apparent — COD (curieux événements)

De fait, le COD est le véritable agent de l'action exprimée par le verbe.
De curieux événements se passent dans ce hameau.

• Retenons certaines tournures présentatives dont le sujet *il* est neutre.
Il était une fois un génie malicieux...
Il est trois heures.
Il y a des poissons dans cet étang.

⚠ Remarques

1 Certains verbes peuvent être exceptionnellement à la forme impersonnelle.
Des encombrements se forment à la sortie du tunnel. → forme personnelle
Il se forme des encombrements à la sortie du tunnel. → forme impersonnelle

2 Dans certaines tournures imagées, les verbes essentiellement impersonnels peuvent être employés comme des verbes personnels.
Sous une mêlée de rugby, les coups **pleuvent** parfois.

Entraînement

1 Écrivez les verbes en gras au présent de l'indicatif.

Il lui **venir** des étourdissements comme s'il avait été ivre ; il devra consulter un médecin. – Il me **prendre** parfois l'envie de m'isoler pour lire ou rêver. – Il **convenir** que les cyclistes empruntent les couloirs qui leur sont réservés. – Il **être** des propos qu'il **valoir** mieux ne jamais prononcer. – Ce matin, il **geler** à pierre fendre. – Il **faire** bon vivre dans cette région au climat tempéré. – Tous les matins, il **sortir** plus de cinquante autobus de ce dépôt. – À l'issue des débats, il **revenir** aux jurés de prononcer leur verdict. – Il se **pouvoir** que les archives de cette entreprise aient été détruites. – Il **courir** des rumeurs sur une prochaine démission du ministre des Transports.

2 Écrivez les verbes en gras à l'imparfait de l'indicatif.

À la cour des princes italiens de la Renaissance, il **être** des secrets qu'il **valoir** mieux ne pas connaître si vous **vouloir** rester en vie. – Certains soirs, il te **venir** des idées de voyages au long cours. – La semaine dernière, il **souffler** des vents violents sur la côte atlantique. – En visitant les caves où le roquefort est affiné, M. Galan a remarqué qu'il **faire** frais. – Dans la cuisine, ça **sentir** bon le civet de lapin ! – Sur cette avenue, avant l'installation de feux tricolores, il **circuler** des centaines de véhicules à vive allure. – Il nous **tarder** de trouver un chariot pour y déposer nos bagages. – Au marché aux bestiaux de Saint-Christophe, il **se traiter**, de gré à gré, des affaires importantes.

3 Écrivez les verbes en gras au passé composé de l'indicatif.

Il **se vendre** cinq tonnes de poissons à la criée de Douarnenez. – Il nous **venir** une idée : et si nous repeignions les murs de la salle de bains ? – Il **faire** si chaud que le macadam des routes **fondre**. – Il y **avoir** des manifestations de joie à la sortie du stade car l'équipe de France avait gagné. – Rapidement, il **apparaître** que tous les vêtements ne tiendraient pas dans cette valise. – Il **falloir** beaucoup de courage aux navigateurs du XVe siècle pour entreprendre des expéditions périlleuses. – Il **se présenter** plusieurs postulants pour ce poste de chef de rayon.

4 Écrivez les verbes en gras au futur simple de l'indicatif.

Dans les années à venir, il **disparaître** plusieurs espèces animales de la surface de la Terre. – Il **mourir** des milliers de poissons si l'usine pétrochimique continue à déverser ses déchets dans la rivière. – Si la mer se calme, il **partir** des chalutiers en direction de Terre-Neuve. – Si le cratère crache beaucoup de cendres, il **se produire** une éruption volcanique. – Il **fleurir** des jonquilles dès les premiers rayons printaniers. – Il **manquer** cinq euros à Ghislaine pour acheter ce tee-shirt. – Chaque jour, il **s'échanger** des millions de messages électroniques sur Internet.

5 Écrivez les verbes en gras au présent du conditionnel.

S'il était aménagé, il **décoller** trois avions par minute de l'aéroport de Roissy. – Les tableaux sont déballés avec précautions car il **s'agir** de toiles de Georges Braque. – Pour contenir l'inondation, il **suffire** d'élever une digue. – Il **courir** des bruits inquiétants à propos des réserves d'eau potable. – Pour capter toutes les chaînes de télévision, il **convenir** que vous installiez une parabole. – Ce **devoir** être une grande fête, s'il ne pleut pas. – Il s'**avérer** que le chantier connaîtrait du retard.

Solutions P. 111

38 LA FORME NÉGATIVE – LA FORME INTERROGATIVE

Une phrase négative est généralement marquée par la négation *ne ... pas*.
Une phrase interrogative se termine toujours par un point d'interrogation.

La forme négative

Pour mettre un verbe à la forme négative, on ajoute une locution adverbiale de négation à la forme affirmative. Lorsque le verbe est conjugué à un temps composé, la seconde partie de la négation s'intercale entre l'auxiliaire et le participe passé.

Karine **ne** dira **rien** ; le secret **ne** sera **pas** divulgué.
Je **ne** crois **plus** au Père Noël.
Le bruit **ne** me dérange **guère**.
Le chat **ne** fait **aucun** bruit.
Il **n'**y a **jamais** de fumée sans feu.
Il **n'**y a **point** de solution.
On **n'**a **ni** ordinateur **ni** portable.

⚠ Remarques

1 La locution *ne ... que* signifie généralement *seulement*.

Tu **ne** possèdes **que** vingt euros.

2 Il ne faut pas oublier (même si elle ne s'entend pas) la première partie de la négation *n'* lorsque le sujet est *on* et que le verbe débute par une voyelle ou est précédé de *y* ou de *en*.

On **n'**entend pas la musique.
On **n'**y affiche jamais le programme.

3 Le deuxième terme de la locution négative peut être placé avant *ne*.

Jamais on **n'**ira au centre de la Terre.

4 Parfois la négation est réduite au seul premier terme *ne*.

On **ne** peut laisser circuler de fausses nouvelles.
Obtenir un prix ? Samir **n'**ose y croire.

La forme interrogative

• Lorsque le sujet du verbe est un pronom, il se place après le verbe ou après l'auxiliaire pour les temps composés. Dans ce cas, on lie le verbe au pronom par un trait d'union.

Réaliseras-**tu** ton projet ? Avez-**vous** versé un acompte ?

• Pour formuler une interrogation, on peut également (surtout si le pronom sujet est *je*) faire précéder le verbe de l'expression *Est-ce que...* .

Est-ce que le vent souffle ? **Est-ce que** je t'accompagne ?

⚠ Remarques

1 Pour éviter la rencontre de deux voyelles, on place un ***t*** euphonique entre les terminaisons ***a*** et ***e*** des verbes et les pronoms de la 3e personne du singulier.

Compare-**t-il** ces produits ?
Acheta-**t-elle** ces produits ?
Échange-**t-on** nos places ?

2 Lorsque le sujet du verbe est un nom, on place, après le verbe, un pronom personnel (dit de reprise) de la 3e personne.

Le score est-**il** définitif ?
Les joueurs quitteront-**ils** le terrain ?

3 L'interrogation peut aussi être marquée par des mots interrogatifs.

Qui est là ? **Où** es-tu ? **Quelle** heure est-il ?

Entraînement

1 Conjuguez les verbes de ces expressions à la forme négative au présent, puis au passé composé de l'indicatif.

accepter le défi
articuler des paroles
aller au spectacle
présenter un projet
se vexer inutilement
perdre patience
accueillir des amis
braver la tempête
s'arrêter à mi-parcours

2 Conjuguez les verbes de ces expressions à la forme négative à l'imparfait, puis au plus-que-parfait de l'indicatif.

répondre vivement
se garer sur le trottoir
rayer les mots inutiles
gaspiller l'énergie
craindre les efforts
boire plus que de raison

3 Répondez négativement à ces questions.

Ex. : L'ailier a-t-il marqué l'essai ? Non, il ne l'a pas marqué.

Es-tu capable de traduire ce texte ? – Gaëlle a-t-elle aimé cette émission ? – Nagez-vous le crawl ? – Les touristes se rendent-ils nombreux en Libye ? – M. Couturier pêche-t-il souvent dans cet étang ? – Y avait-il encore de la tarte aux pommes ? – Avez-vous trouvé quelque chose d'intéressant en lisant cet article de presse ? – Delphine apprécie-t-elle les randonnées en montagne et les croisières en mer ? – Tous les sièges du premier rang seront-ils occupés ? – Ces chiens ont-ils déjà désobéi à leur maître ? – Extrait-on encore du charbon des mines de Lorraine ?

4 Écrivez ces phrases à la forme interrogative.

En fin de journée, le maçon nettoie soigneusement sa bétonnière. – Mme Eyraud se soignera par acupuncture. – Vous placez le linge dans la machine à laver. – Cet entrepreneur a embauché des ouvriers. – Les biologistes ont découvert un nouveau médicament pour lutter contre le paludisme. – L'architecte conçoit un bâtiment parfaitement intégré au paysage. – Des doubles vitrages isoleraient mieux votre maison. – Les rois de France gouvernaient selon leur bon plaisir.

5 Écrivez ces phrases en utilisant l'expression *Est-ce que...* et ponctuez-les correctement.

Vous investissez votre argent en bourse. – Je terminerai cette grille de mots croisés avant ce soir. – Nous assisterons au concert des Aigles noirs malgré la pluie. – Tu veux bien me prêter ton scooter. – M. Oger obtiendra le remboursement de cet appareil défectueux. – L'autruche pondra un œuf énorme. – Une pincée de sel suffit à donner du goût à ce plat. – Le trèfle envahit la pelouse. – Cette colle durcit au séchage. – Je vérifie le niveau d'huile du moteur.

6 Complétez chaque phrase interrogative avec le mot qui convient.

Quand – Que – Où – Qui – Quel – Comment – Combien – Lequel

... de personnes s'inscriront au tournoi de pétanque ? – ... pourrez-vous vous installer dans votre nouvel appartement ? – Parmi tous ces objets, ... choisis-tu pour l'offrir à ton amie ? – ... les flamants roses se sont-ils réfugiés ? – Parmi tous ces prétendants au titre, ... oserait affronter le champion du monde d'échecs ? – Sur ... support les Égyptiens écrivaient-ils ? – ... les hélicoptères décollent-ils ? – Cette statue, ... représente-t-elle ?

Solutions P. 111

CORRIGÉS DES EXERCICES

1 Les verbes

1 je vérifi/ais – nous cri/ons – tu déjeuner/as – elle respir/a – vous éteign/ez – ils fond/ent – je répondr/ais – vous conduis/ez – avanc/ez – nous attend/ions – elles disparaiss/ent – tu blêmi/s – on navigu/ait – il pleuvr/a – nous maigriss/ons – ils concl/urent – j'admet/s – nous travers/ons – tu applaudiss/ais – vous surviv/ez

2 1er **groupe** : trébucher – barbouiller – annuler – triompher – souligner – préconiser – gesticuler – espionner / **2e groupe** : subir – aboutir – resplendir – atterrir – réfléchir – approfondir – garantir – avertir / **3e groupe** : traduire – pleuvoir – plaire – apparaître – intervenir – parcourir – entendre – enfreindre

3 revenir – devoir – pouvoir – envoyer – savoir – boire – faire – plaire

4 **verbes pronominaux** : se servir – se détendre – se souvenir – s'enrichir – s'éteindre – se remplir – s'accomplir – s'évanouir – s'enfermer – se maquiller

5 écrivons (*écrire*, 3e g.) – connaissais (*connaître*, 3e g.) – dites (*dire*, 3e g.) – craignais (*craindre*, 3e g.) – bâtissent (*bâtir*, 2e g.) – a ouvert (*ouvrir*, 3e g.) – se plaignent (*se plaindre*, 3e g.) – avez revu (*revoir*, 3e g.) – fuyons (*fuir*, 3e g.) – suis né (*naître*, 3e g.) – rédigeras (*rédiger*, 1er g.) – rendit (*rendre*, 3e g.) – nous endettons (*s'endetter*, 1er g.) – avez cru (*croire*, 3e g.) – étais (*être*, auxiliaire) – confondent (*confondre*, 3e g.) – est (*être*, auxiliaire) – suffoquez (*suffoquer*, 1er g.) – trône (*trôner*, 1er g.) – peut (*pouvoir*, 3e g.)

2 Les temps – les modes – les personnes

1 **temps simples** : tiendras – multipliez – remplirons – paressaient – étonna – meublerai

temps composés : avez garni – sont admis – avais souscrit – sera polluée – avons oublié – seras arrivé

2 **je** ferme (1re pers. sing.) – **ces maisons** sont (3e pers. plur.). – **tu** retires (2e pers. sing.) – **le TGV** roule (3e pers. sing.) – **vous** pédaliez (2e pers. plur.) – **des incidents** ont perturbé (3e pers. plur.) – **nous** composerons (1re pers. plur.) – **on** doit (3e pers. sing.)

3 ont éteint (passé) – avais mordu (passé) – écoutez (présent) – prédira (futur) – pondent (présent) – amortira (futur) – enchantèrent (passé) – avons envoyé (passé) – vaccine (présent)

4 **À l'avenir**, des avions […]. – **Au temps des pharaons**, des esclaves […]. – **Actuellement**, les boutiques […]. – **Samedi prochain**, nous partirons […]. – **Aujourd'hui**, il pleut […] – **demain**, il fera beau. – **Autrefois**, on s'éclairait […]. – **L'été dernier**, la famille Durand […]. – **En ce moment**, j'essaie […]. – **Hier**, tu as loué […].

5 **Je** regagnai […]. – Si **nous** voulions […] **nous** choisirions […]. – **Tu** jettes […]. – **Il (Elle)** ne manquera pas […]. – **On (Il/Elle)** assiste […]. – […] **je** me suis sentie […]. – **Vous** souhaiteriez […]. – […] **il** gèle […]. – **Ils (Elles)** s'éloignaient […].

3 Le présent de l'indicatif : *avoir – être* – 1er groupe

1 Je rencontre des difficultés, tu rencontres, il/elle rencontre, nous rencontrons, vous rencontrez, ils/elles rencontrent. – J'écoute de la musique, tu écoutes, il/elle écoute, nous écoutons, vous écoutez, ils/elles écoutent. – Je garde mon calme, tu gardes ton calme, il/elle garde son calme, nous gardons notre calme, vous gardez votre calme, ils/elles gardent leur calme. – J'examine les documents, tu examines, il/elle examine, nous examinons, vous examinez, ils/elles examinent. – Je signale ma présence, tu signales ta présence, il/elle signale sa présence, nous signalons notre présence, vous signalez votre présence, ils/elles signalent leur présence. – Je savoure un dessert, tu savoures, il/elle savoure, nous savourons, vous savourez, ils/elles savourent.

2 Nous **regardons** [...]. – La porte **pivote** [...]. – Tu **résistes** [...]. – Certains **risquent** [...]. – Vous **indiquez** [...]. – Les anciens du quartier **organisent** [...]. – Je vous **remercie** [...]. – Ce livre te **captive**. – Tu **donnes** [...] et tu la **justifies**. – Nous **déposons** [...]. – Les feux tricolores ne **fonctionnent** plus [...]. – Ce bricoleur de génie **perfectionne** [...]. – Je **trie** [...]. – Vous n'**avez** pas [...], vous **êtes** [...].

3 Tu **es** sur le parking et tu **cherches** une place. – Nous **sommes** [...] nous **cherchons** [...]. – M. Laurent **est** [...] il **cherche** [...]. – Les automobilistes **sont** [...] ils **cherchent** [...].
J'**ai** le hoquet et j'**avale** un verre d'eau. – Farid **a** [...] il **avale** [...]. – Vous **avez** [...] vous **avalez** [...]. – Ces enfants **ont** [...] ils **avalent** [...].

4 **Vous** posez [...]. – **L'autoroute** relie [...]. – **Le professeur** note [...]. – **Je** ponctue [...]. – **Les joueurs** enfilent [...]. – **Ces familles** sont [...]. – **Un accident** paralyse [...]. – **Nous** fouillons [...]. – **Tu** fredonnes [...]. – **Les gendarmes** arrêtent [...]. – **Le chien** flaire [...]. – **Vous** montez [...]. – **Les ouvriers** revendiquent [...].

5 [...] les ordinateurs **sont** [...]. – Ce dessinateur **a** [...]. – Nous **cherchons** [...]. – Tu **tournes** [...]. – Vous me **coupez** [...]. – Je **lave** [...]. – Ces jeunes garçons **fréquentent** [...]. – Ces baigneurs n'**échappent** pas [...]. – [...] le client **compare** [...]. – Nous **rentrons** [...].

6 Tu **beurres** [...]. – Le médecin **vaccine** [...]. – Vous **respectez** [...]. – Ces médicaments **soulagent** [...]. – Le skieur **slalome** [...]. – [...] nous **avons** [...]. – [...] tu **chagrines** [...]. – Je **bénéficie** [...]. – [...] la candidate **bredouille** [...]. – Un bon cavalier ne **rudoie** jamais [...].

4 Le présent de l'indicatif : 2e et 3e groupes

1 Je bondis de joie, tu bondis, il/elle bondit, nous bondissons, vous bondissez, ils/elles bondissent. – J'accomplis un exploit, tu accomplis, il/elle accomplit, nous accomplissons, vous accomplissez, ils/elles accomplissent. – Je sors une carte bancaire, tu sors, il/elle sort, nous sortons, vous sortez, ils/elles sortent. – Je farcis une volaille, tu farcis, il/elle farcit, nous farcissons, vous farcissez, ils/elles farcissent. – J'exclus un tricheur, tu exclus, il/elle exclut, nous excluons, vous excluez, ils/elles excluent. – Je démens une information, tu démens, il/elle dément, nous démentons, vous démentez, ils/elles démentent.

2 Je **cours** ventre à terre, puis je **reprends** des forces. – Tu **cours** […] tu **reprends** […]. – Caramel **court** […] il **reprend** […]. – Nous **courons** […] nous **reprenons** […]. – Vous **courez** […] vous **reprenez** […]. – Les lévriers **courent** […] ils **reprennent** […].

3 Les vendeurs nous **garantissent** […]. – Une panne d'électricité **interrompt** […]. – […] tu **prends** […] j'en **déduis** que le ciel **s'assombrit**. – […] **vivez**-vous […] ? – Nous **admettons** […]. – Ces hommes généreux **combattent** […]. – Tu **sens** […]. – Ces deux pays **concluent** […]. – Le cosmonaute **revêt** […]. – Je **confonds** […]. – […] le chiot **accourt**. – Tu **subis** […]. – Le soleil **luit**.

4 […] la neige **fond** […]. – Ces personnes ne **font** pas […]. – Le taxi **serre** […]. – Cette organisation **sert** […]. – L'escrimeur **pare** […]. – Cet avion **part** […]. – Tu **dors** […]. – […] on **dore** […]. – […] l'orateur **s'écrie** […]. – **J'écris** […].

5 Je ne **connais** pas […]. – […] le chevreuil **disparaît** […]. – Il **paraît** […]. – Tu ne **méconnais** pas […]. – […] le chanteur **apparaît** […]. – […] il **naît** […]. – […] la végétation **renaît**.

6 M. Royer parie (*parier*) […]. – Tu fleuris (*fleurir*) […]. – La température varie (*varier*) […]. – Je trie (*trier*) […]. – Le boulanger pétrit (*pétrir*) […]. – Le maçon crépit (*crépir*) […]. – Quel animal glapit (*glapir*) […]. – L'acrobate accomplit (*accomplir*) […]. – Tu épies (*épier*) […]. – Je remplis (*remplir*) […]. – Florian adoucit (*adoucir*) […]. – Tu associes (*associer*) […].

5 Le présent de l'indicatif : verbes irréguliers

1 **Nous** ne concevons pas […]. – **Les retardataires** rejoignent […]. – **Ce mathématicien** résout […]. – **Je** recouds […]. – **Nous** entrevoyons […]. – **Tu** souscris […]. – Croyez-**vous** […]. – **Il** faut renouveler […]. – **Les mages** prédisent […]. – **Le moulin** moud […]. – **Nous** restreignons […]. – […] **je** ne vaux pas […]. – **Les avions** vont décoller […].

2 Je relis des notes, tu relis, il/elle relit, nous relisons, vous relisez, ils/elles relisent. – J'obtiens un bon résultat, tu obtiens, il/elle obtient, nous obtenons, vous obtenez, ils/elles obtiennent. – Je bois un verre de lait, tu bois, il/elle boit, nous buvons, vous buvez, ils/elles boivent. – J'éteins les lumières, tu éteins, il/elle éteint, nous éteignons, vous éteignez, ils/elles éteignent. – J'écris avec un stylo plume, tu écris, il/elle écrit, nous écrivons, vous écrivez, ils/elles écrivent. – Je m'inscris au concours, tu t'inscris, il/elle s'inscrit, nous nous inscrivons, vous vous inscrivez, ils/elles s'inscrivent.

3 Vous **fuyez** […]. – […] Joris **vainc** […]. – Nous nous **asseyons (assoyons)** […]. – Les marins **maudissent** […]. – […] tu **acquiers** […]. – Les génies ne **meurent** jamais […] ils **survivent** […]. – Ces meubles anciens **valent** […]. – Je ne **dois** pas […]. – Vous vous **satisfaites** […]. – La température **se maintient** […]. – […] nous **apprenons** […]. – […] j'**enduis** […]. – Quelques brins […] **suffisent** […].

4 Nous **parvenons** […]. – […] un incident **survient**. – […] je **reviens** […]. – Tu ne **te souviens** plus […]. – Ces jeunes musiciens **deviennent** […]. – Qu'**advient**-il […] ? – Tu **préviens** […]. – Vous **intervenez** peu […].

5 […] je **conduis** […] je **vois** […] je **sais** que je **peux** […]. Je **vais** […] je **crains** […]. Je **fais** […] j'en **aperçois** […] je me **dis** que j'**ai** […].

[…] tu **conduis** ton véhicule […] tu **vois** […] tu **sais** que tu **peux** […]. Tu **vas** […] tu **crains** […]. Tu **fais** […] tu en **aperçois** […] tu te **dis** que tu **as** […].
[…] la conductrice **conduit** son véhicule […] elle **voit** […] elle **sait** qu'elle **peut** […]. Elle **va** […] elle **craint** […]. Elle **fait** […] elle en **aperçoit** […] elle se **dit** qu'elle **a** […].
[…] nous **conduisons** notre véhicule […] nous **voyons** […] nous **savons** que nous **pouvons** […]. Nous **allons** […] nous **craignons** […]. Nous **faisons** […] nous en **apercevons** […] nous nous **disons** que nous **avons** […].
[…] vous **conduisez** votre véhicule […] vous **voyez** […] vous **savez** que vous **pouvez** […]. Vous **allez** […] vous **craignez** […]. Vous **faites** […] vous en **apercevez** […] vous vous **dites** que vous **avez** […].

6 L'imparfait de l'indicatif : 1er, 2e et 3e groupes

1 Je remplissais les arrosoirs, tu remplissais, il/elle remplissait, nous remplissions, vous remplissiez, ils/elles remplissaient. – Je détenais un carnet de chèques, tu détenais, il/elle détenait, nous détenions, vous déteniez, ils/elles détenaient. – Je consultais Internet, tu consultais, il/elle consultait, nous consultions, vous consultiez, ils/elles consultaient. – Je courais en tous sens, tu courais, il/elle courait, nous courions, vous couriez, ils/elles couraient. – J'admettais une erreur, tu admettais, il/elle admettait, nous admettions, vous admettiez, ils/elles admettaient. – Je présentais des certificats, tu présentais, il/elle présentait, nous présentions, vous présentiez, ils/elles présentaient.

2 L'éleveur ne **nourrissait** […]. – Tu **éblouissais** […]. – J'**enfouissais** […]. – […] vous vous **concentriez** […]. – Cette personne **intervenait** […] le présentateur ne lui **donnait** pas […]. – […] tu **vivais** […] tu **mettais** […]. – J'**évitais** […]. – […] les rivières **envahissaient** […]. – […] il **jouait** […] M. Blanc **perdait**. – Les Égyptiens **bâtissaient** […].

3 Nous **conviions** […]. – […] les chevaux **galopaient** […]. – Chaque séance **débutait** […]. – D'où **provenaient** ces coquillages ? Nous l'**ignorions**. – J'**obéissais** […] vous **vouliez** […]. – Tu **gravissais** […]. – Les assiégés **défendaient** […]. – Ce panneau nous **avertissait** […] nous **modérions** […]. – Vous vous **réjouissiez** […]. – Tu ne t'**éternisais** jamais […] tu te **rhabillais** […]. – Des travaux **perturbaient** […]. – Je **progressais** […].

4 […] on **servait** […]. – […] vous **ralentissiez** […]. – […] je ne **parvenais** pas […]. – […] votre détermination **fléchissait**. – Toutes ces provisions **alourdissaient** […]. – Les banquiers […] **s'enrichissaient** […]. – […] le mécanicien **contrôlait** […]. – Tu **étendais** […]. – Le donneur **répartissait** […]. – […] nous **repartions** […].

5 […] nous **payions** […]. – […] vous **vous ennuyez**. – […] vous **tutoyiez** […]. – […] nous **nous renseignons** […]. – […] nous **nous baignions** […]. – […] nous **cueillions** […]. – […] vous **vous asseyez** (**assoyez**) […]. – […] nous **appréciions** […].

7 L'imparfait de l'indicatif : *avoir* – *être* – verbes irréguliers

1 **Présent** : nous plaisons – nous conduisons – nous écrivons – nous cousons – nous lisons – nous disparaissons – nous séduisons.
Imparfait : je plaisais, elle plaisait, vous plaisiez – tu conduisais, nous conduisions,

elles conduisaient – on écrivait, vous écriviez, ils écrivaient – je cousais, nous cousions, vous cousiez – il lisait, vous lisiez, elles lisaient – tu disparaissais, il disparaissait, nous disparaissions – elle séduisait, nous séduisions, ils séduisaient

2 J'avais un chien, tu avais, Loris avait, nous avions, vous aviez, mes voisines avaient. – Je vainquais une peur, tu vainquais, le parachutiste vainquait, nous vainquions, vous vainquiez, les cascadeurs vainquaient. – Je convainquais l'auditoire, tu convainquais, l'avocat convainquait, nous convainquions, vous convainquiez, les témoins convainquaient. – Je haïssais la violence, tu haïssais, mon frère haïssait, nous haïssions, vous haïssiez, mes parents haïssaient. – J'étais sur le trottoir, tu étais, le piéton était, nous étions, vous étiez, les passants étaient. – J'allais de l'avant, tu allais, le joueur allait, nous allions, vous alliez, les attaquants allaient.

3 [...] on **résolvait** [...]. – Tu **décrivais** [...]. – [...] seuls les gens riches **élisaient** [...]. – [...] nous **proscrivions** [...]. – L'analyse [...] **contredisait** [...]. – Les précepteurs **instruisaient** [...]. – Vous **redisiez** [...] vous l'**aviez** entendue. – [...] les paysans **maudissaient** [...]. – [...] on **prédisait** [...]. – Les médecins de Molière lui **prescrivaient** [...]. – Aucune émotion ne **transparaissait** [...].

4 Le chauffeur de l'autobus **faisait** [...]. – [...] je **buvais** [...] ; cela me **faisait** [...]. – Vous vous **inscriviez** [...]. – [...] je **relisais** [...]. – Les films violents vous **déplaisaient** [...]. – [...] nous nous **taisions** [...]. – La couche de glace **paraissait** [...] elle **était** [...]. – [...] on **produisait** [...]. – Les parasites **nuisaient** [...]. – Il **fallait** [...].

5 [...] les sorcières **comparaissaient** [...]. – Des blocs de béton **interdisaient** [...]. – Ce charlatan **disait** [...] il **affirmait** [...]. – Vous ne vous **satisfaisiez** pas [...]. – Pourquoi **construisais**-tu [...] ? – Je **méconnaissais** [...]. – Nous **souscrivions** [...]. – La venue de l'oncle Étienne **introduisait** [...]. – [...] tu **paraissais** [...]. – [...] les acteurs **réapparaissaient** [...].

8 Le futur simple : *avoir* – *être* – 1er et 2e groupes

1 Je rebrousserai chemin, tu rebrousseras, il/elle rebroussera, nous rebrousserons, vous rebrousserez, ils/elles rebrousseront. – Je franchirai les obstacles, tu franchiras, il/elle franchira, nous franchirons, vous franchirez, ils/elles franchiront. – Je trierai des fiches, tu trieras, il/elle triera, nous trierons, vous trierez, ils/elles trieront. – Je respecterai le règlement, tu respecteras, il/elle respectera, nous respecterons, vous respecterez, ils/elles respecteront. – J'aurai un baladeur MP3, tu auras, il/elle aura, nous aurons, vous aurez, ils/elles auront. – Je serai au rendez-vous, tu seras, il/elle sera, nous serons, vous serez, ils/elles seront.

2 Ce sculpteur **créera** [...]. – tu **te dévoueras**. – [...] le Père Noël **exaucera** [...]. – [...] le niveau de l'eau **se situera** [...]. – [...] nous **fleurirons** [...]. – Le hors-la-loi ne **narguera** pas [...] le shérif qui l'**arrêtera** [...]. – [...] j'**agirai** [...]. – Vous **garnirez** [...]. – Tu **t'entraîneras** et tu **établiras** [...]. – Cette chanson **se classera** [...]. – Peut-être **aurons**-nous [...] ? – Un séjour [...] **assouplira** [...].

3 Les pourparlers **aboutiront** [...]. – Vous **accepterez** [...]. – Je **chercherai** [...]. – [...] nous **maigrirons** [...]. – Les merguez **grilleront** [...]. – [...] tu **seras** [...]. – Le cratère **vomira** [...]. – Je **bénéficierai** [...]. – Vous **surlignerez** [...]. – Le joueur d'échecs **sacrifiera** [...]. – [...] certains **stockeront** [...]. – [...] nous **triompherons** [...].

4 [...] vous **louerez** [...]. – [...] tu **accentueras** [...]. – Tant que je ne l'**aurai** pas vu, je **continuerai** [...]. – L'assurance **allouera** [...]. – Nous **plierons** [...]. – Les derniers ours blancs **se réfugieront** [...]. – [...] vous **négocierez** [...]. – [...] l'adjoint **suppléera** [...]. – [...] cette honnête proposition vous **agréera**. – Nous **unirons** [...]. – Tu **recueilleras** [...].

5 [...] les musiciens accorder**ont** [...]. – Je ne trahir**ai** pas [...] je ne dévoiler**ai** pas [...]. – Le collectionneur examiner**a** [...]. – Nous ne critiquer**ons** pas [...]. – [...] tu écourter**as** [...]. – Le libraire répartir**a** [...]. – Vous amortir**ez** [...]. – Les pétroliers pénétrer**ont** [...] ils vider**ont** [...].

9 Le futur simple : 3e groupe – verbes irréguliers

1 Je reviendrai dans une heure, tu reviendras, il/elle reviendra, nous reviendrons, vous reviendrez, ils/elles reviendront. – Je reverrai la maison familiale, tu reverras, il/elle reverra, nous reverrons, vous reverrez, ils reverront. – Je ferai des économies, tu feras, il/elle fera, nous ferons, vous ferez, ils/elles feront. – J'enverrai un recommandé, tu enverras, il/elle enverra, nous enverrons, vous enverrez, ils/elles enverront. – Je prévoirai une solution, tu prévoiras, il/elle prévoira, nous prévoirons, vous prévoirez, ils/elles prévoiront. – J'irai jusqu'à la rivière, tu iras, il/elle ira, nous irons, vous irez, ils/elles iront.

2 Nous ne **saurons** jamais [...]. – [...] j'**obtiendrai** [...]. – [...] les chiens **accourront**. – Tu **voudras** [...]. – Michel **tiendra** [...] je **pourrai** [...]. – [...] je **reconnaîtrai** [...]. – Nous **serons** [...]. – [...] ce véhicule [...] **vaudra** [...]. – [...] on espère qu'il **pleuvra**. – Vous **vous inscrirez** [...].

3 Il **faudra** [...]. – Vous **répondrez** [...]. – L'espion **vendra** [...]. – Tu ne **perdras** pas [...]. – Nous nous **satisferons** [...]. – Je me **souviendrai** [...]. – Vous ne **croirez** pas [...]. – On **détruira** [...]. – Les éleveurs **tondront** [...]. – Trois points de colle **suffiront** [...]. – Les chercheurs d'or **extrairont** [...].

4 Tu ne **confondras pas** [...]. – Je **m'assoirai (assiérai)** [...]. – Ce jeune couple **acquerra** [...]. – [...] nous **préviendrons** [...]. – Mon cousin Farid **s'inscrira** [...]. – Vous **prendrez** [...]. – [...] les cosmonautes **vivront** [...]. – Cette imprimante **reproduira** [...]. – [...] tu me **surprendras** [...].

5 [...] les athlètes cour**ront** (*courir*) [...]. – Ces enfants jouer**ont** (*jouer*) [...]. – [...] vous mour**rez** (*mourir*) [...]. – [...] vous échouer**ez** (*échouer*) [...]. – Le soldat recou**dra** (*recoudre*) [...]. – Philippe secouer**a** (*secouer*) [...]. – Personne ne vou**dra** (*vouloir*) [...]. – [...] ce chanteur renouer**a** (*renouer*) [...]. – Tu résou**dras** (*résoudre*) [...]. – Tu ne pour**ras** (*pouvoir*) pas [...]. – [...] j'évaluer**ai** (*évaluer*) [...]. – J'inclur**ai** (*inclure*) [...]. – [...] nous évacuer**ons** (*évacuer*) les lieux sans délai. – Nous exclur**ons** (*exclure*) [...]. – Les archéologues évaluer**ont** (*évaluer*) [...].

10 Le passé simple : *avoir* – *être* – 1er groupe

1 Je n'eus rien à dire, tu n'eus, le secrétaire n'eut, nous n'eûmes, vous n'eûtes, les enfants n'eurent. – Je fus une minute sans réaction, tu fus, Zohra fut, nous fûmes, vous

fûtes, les spectateurs furent. – Je composai une chanson, tu composas, Renaud composa, nous composâmes, vous composâtes, les musiciens composèrent. – Je m'en allai au plus vite, tu t'en allas, Sandra s'en alla, nous nous en allâmes, vous vous en allâtes, les cigognes s'en allèrent. – Je visai le centre de la cible, tu visas, Gabriel visa, nous visâmes, vous visâtes, les archers visèrent. – J'apportai une modification, tu apportas, le rédacteur apporta, nous apportâmes, vous apportâtes, les employés apportèrent.

2 [...] la partie se solda [...]. – Vous renou**âtes** [...]. – Les admirateurs se ru**èrent** [...]. – Nous programm**âmes** [...]. – Les gendarmes contrôl**èrent** [...]. – Tu apprivois**as** [...]. – Les avions de chasse survol**èrent** [...]. – Je me barricad**ai** [...]. – Le cuisinier assaisonn**a** [...]. – Les manifestants défil**èrent** [...]. – Nous affront**âmes** [...].

3 L'accusé **proclama** [...]. – [...] tu **sautas** [...]. – **J'achevai** [...]. – Nous **dévorâmes** [...]. – Vous nous **proposâtes** [...]. – Les employés **désignèrent** [...]. – Tu **agrafas** [...]. – [...] nous **totalisâmes** [...]. – [...] vous **trébuchâtes**. – Tu **consolidas** [...]. – Roméo **aima** [...]. – Le prince charmant **réveilla** [...]. – Tu **quittas** [...].

4 Nous **déballâmes** [...]. – Les grêlons **crépitèrent** [...]. – Le médecin **ausculta** [...]. – Tu te **comportas** [...]. – **J'emportai** [...]. – Vous **demeurâtes** [...]. – Les hirondelles **volèrent** [...]. – Tu **restas** [...] tu **eus** [...]. – Le portier **contrôla** [...]. – Ces joueurs n'**abusèrent** pas [...] ils **laissèrent** [...]. – Les mécaniciens **s'activèrent** [...].

5 Le conducteur [...] **menait** bon train [...] un essieu se **brisa**. – L'obscurité **était** [...] j'**arrivai** [...]. – Les spectateurs **assistèrent (assistaient)** [...] ils ne **furent** pas déçus. – Nous **dévalions** [...] l'un d'entre nous **chuta** [...]. – Je **taquinais** [...] il n'**apprécia (appréciait)** que modérément [...] il me **griffa**. – Vous **pédaliez** [...] Rachel vous **dépassa** [...]. – Les obstacles s'**accumulaient** [...] tu les **contournas** [...]. – Je **regardais** [...] mon ami Samuel se **présenta** [...].

11 Le passé simple : 2e et 3e groupes en *-i-*

1 **Présent** : Je rétablis la vérité, tu rétablis, il/elle rétablit. – J'admets une opinion, tu admets, il/elle admet. – Je sers les invités, tu sers, il/elle sert. – Je surgis brusquement, tu surgis, il/elle surgit. – Je détruis les frelons, tu détruis, il/elle détruit. – Je brandis un fanion, tu brandis, il/elle brandit.

Futur simple : Je rétablirai la vérité, tu rétabliras, il/elle rétablira. – J'admettrai une opinion, tu admettras, il/elle admettra. – Je servirai les invités, tu serviras, il/elle servira. – Je surgirai brusquement, tu surgiras, il/elle surgira. – Je détruirai les frelons, tu détruiras, il/elle détruira. – Je brandirai un fanion, tu brandiras, il/elle brandira.

Imparfait : Je rétablissais la vérité, tu rétablissais, il/elle rétablissait. – J'admettais une opinion, tu admettais, il/elle admettait. – Je servais les invités, tu servais, il/elle servait. – Je surgissais brusquement, tu surgissais, il/elle surgissait. – Je détruisais les frelons, tu détruisais, il/elle détruisait. – Je brandissais un fanion, tu brandissais, il/elle brandissait.

Passé simple : Je rétablis la vérité, tu rétablis, il/elle rétablit. – J'admis une opinion, tu admis, il/elle admit. – Je servis les invités, tu servis, il/elle servit. – Je surgis brusquement, tu surgis, il/elle surgit. – Je détruisis les frelons, tu détruisis, il/elle détruisit. – Je brandis un fanion, tu brandis, il/elle brandit.

2 Alors que je **garnissais** le réfrigérateur, je **vis** qu'il manquait des yaourts. – [...] M. Bernard **garnissait** [...] il **vit** [...]. – [...] tu **garnissais** [...] tu **vis** [...]. – [...] mes parents **garnissaient** [...] ils **virent** [...].

Je **fouillais** dans cette vieille malle lorsque je **découvris** un mystérieux carnet. – Tu **fouillais** […] tu **découvris** […]. – Cécile **fouillait** […] elle **découvrit** […]. – Les enfants **fouillaient** […] ils **découvrirent** […].

3 […] j'**enduisis** […] elle **durcit** […]. – […] ce violoniste **acquit** […]. – […] Parmentier **introduisit** […]. – Tu **naquis** […]. – […] nous **perdîmes** […] nous **ressentîmes** […]. – Le comédien **vainquit** […]. – Je **consentis** […] vous ne me **contredîtes** pas. – […] la Lorraine **produisit** […]. – La publication de son premier roman **suffit** […].

4 Je **fis** […]. – […] tu **appris** […] tu t'**assis** […]. – La récolte de colza **pâtit** […]. – […] les prix du pétrole **repartirent** […]. – Je ne **mis** […]. – […] les riverains **entreprirent** […]. – […] le public **rit** […]. – Cet éboulement […] **contraignit** […]. – […] j'**éteignis** […]. – […] je **pris** […].

5 Le metteur en scène **répartissait** […] il **entendit** […]. – Les chevaliers **franchissaient** […] la lourde herse s'**abattit** […]. – […] les députés français **abolirent** […]. – Tu **gravissais** […] tu **faiblis** […] tu n'**atteignis** jamais […]. – Je **craignais** […] je **recouvris** […]. – Les joueurs […] ne **réagissaient** […] leur **transmit**-il […]. – Les témoins **dirent** […] ils **avaient** vu […].

12 Le passé simple : 3ᵉ groupe en *-u-* et en *-in-*

1 Je bus de l'eau de source, tu bus, il/elle but, nous bûmes, vous bûtes, ils/elles burent. – Je me résolus à déménager, tu te résolus, il/elle se résolut, nous nous résolûmes, vous vous résolûtes, ils/elles se résolurent. – J'obtins un rendez-vous, tu obtins, il/elle obtint, nous obtînmes, vous obtîntes, ils/elles obtinrent. – Je ne me souvins de rien, tu ne te souvins, il/elle ne se souvint, nous ne nous souvînmes, vous ne vous souvîntes, ils/elles ne se souvinrent. – Je détins un objet rare, tu détins, il/elle détint, nous détînmes, vous détîntes, ils/elles détinrent. – Je ne voulus pas renoncer, tu ne voulus pas, il/elle ne voulut pas, nous ne voulûmes pas, vous ne voulûtes pas, ils/elles ne voulurent pas.

2 […] tu **t'astreins** […]. – Il **fallut** […]. – Du Guesclin **mourut** […]. – Tu **t'abstins** […]. – […] je **me tus**. – Les […] rebondissements **entretinrent** […]. – […] Ingrid **retint** […]. – La mi-temps **survint** […]. – […] les mauvaises herbes **réapparurent**. – Tu **exclus** […].

3 Les vulcanologues **prévinrent** […]. – […] le chauffard **comparut** […]. – Les sauveteurs **secoururent** […]. – Je **dus** […]. – Tu **relus** […]. – Des barrières **continrent** […]. – Ce disque **promut** […]. – Les meilleures places **échurent** à ceux qui **eurent** […]. – La sagesse **prévalut** et les protagonistes […] **finirent** […]. – Nous **vînmes** […].

4 On ne **sut** […] il **advint** […]. – […] cette usine **accrut** […]. – […] je **vécus** […]. – Tu ne **crus** pas […] tu **eus** raison […]. – Charles Lindbergh **connut** […]. – […] les taches de graisse **disparurent** […]. – L'épreuve **fut** […] tu **survécus** […]. – Le dernier film […] **valut** […]. – Je **soutins** […]. – […] les machines à vapeur **devinrent** […].

5 Les pilotes **reconnaissent (reconnaîtront – reconnurent)** […] celui-ci leur **plaît (plaira – plut)** […]. – […] j'**accours (accourrai – accourus)** et je **saisis (saisirai – saisis)** […]. – Tu **parcours (parcourras – parcourus)** […]. – Le Nigeria **maintient (maintiendra – maintint)** […]. – J'**interviens (interviendrai – intervins)** […] je **peux**

(**pourrai – pus**) [...]. – Les nuages **reviennent** (**reviendront – revinrent**) [...] il **pleut** (**pleuvra – plut**) [...]. – Le brocanteur et le collectionneur **conviennent** (**conviendront – convinrent**) [...]. – Le présentateur **conclut** (**conclura – conclut**) [...].

13 Les temps simples : verbes en *-yer*, en *-eler* et *-eter*

1 **Présent** : J'épelle chaque mot, tu épelles, il/elle épelle, nous épelons, vous épelez, ils/elles épellent. – Je décèle une erreur, tu décèles, il/elle décèle, nous décelons, vous décelez, ils/elles décèlent. – Je nettoie le pare-brise, tu nettoies, il/elle nettoie, nous nettoyons, vous nettoyez, ils/elles nettoient. – J'essuie une tempête, tu essuies, il/elle essuie, nous essuyons, vous essuyez, ils/elles essuient. – J'attelle les chevaux, tu attelles, il/elle attelle, nous attelons, vous attelez, ils/elles attellent. – J'achète des tickets, tu achètes, il/elle achète, nous achetons, vous achetez, ils/elles achètent.
Futur simple : J'épellerai chaque mot, tu épelleras, il/elle épellera, nous épellerons, vous épellerez, ils/elles épelleront. – Je décèlerai une erreur, tu décèleras, il/elle décèlera, nous décèlerons, vous décèlerez, ils/elles décèleront. – Je nettoierai le pare-brise, tu nettoieras, il/elle nettoiera, nous nettoierons, vous nettoierez, ils/elles nettoieront. – J'essuierai une tempête, tu essuieras, il/elle essuiera, nous essuierons, vous essuierez, ils/elles essuieront. – J'attellerai les chevaux, tu attelleras, il/elle attellera, nous attellerons, vous attellerez, ils/elles attelleront. – J'achèterai des tickets, tu achèteras, il/elle achètera, nous achèterons, vous achèterez, ils/elles achèteront.

2 [...] tu **chancelles** et tu **essaies** [...]. – Le sous-sol [...] **recèle** [...]. – [...] les grands-parents **choient** [...]. – Je **regrette** [...]. – [...] les planeurs **tournoient** [...]. – L'apprenti **modèle** [...]. – Seul le diamant **raie** [...]. – Le chef de rayon **étiquette** [...]. – Pourquoi **bégaies**-tu ?

3 Le sol ne **dégèlera** [...]. – Vous **paierez** [...]. – [...] tu **décachetteras** [...]. – Nous **emploierons** [...]. – Je ne **jetterai** pas [...]. – Tous les lecteurs **renouvelleront**-ils [...] ? – [...] l'orateur **martèlera** [...]. – [...] on **côtoiera** [...]. – [...] tu le **renverras**. – [...] je ne m'**ennuierai** [...].

4 Je **balaie** [...]. – Tu **furètes** [...]. – Nous **empaquetons** [...]. – La frêle embarcation **louvoie** [...]. – Tu **amoncelles** [...]. – La vaisselle d'argent **flamboie** [...]. – Vous vous **apitoyez** [...]. – Mme Sarda **congèle** [...]. – Le vendeur **interpelle** [...].

5 Je m'**octroierai** [...]. – Tu **appuieras** [...] la porte **s'ouvrira** [...]. – Nous **projetterons** [...]. – [...] de puissants engins **nivelleront** [...]. – Vous **appellerez** [...]. – [...] tu te **fourvoieras** [...] tu te **fraieras** [...].

6 Le chien abo**iera** (*aboyer*) [...]. – Luc boi**ra** (*boire*) [...]. – Personne ne croi**ra** (*croire*) [...]. – Le concasseur bro**iera** (*broyer*) [...]. – Le sherpa plo**iera** (*ployer*) [...] il ne faibli**ra** (*faiblir*) pas. – [...] tu te no**ieras** (*noyer*) [...]. – [...] vous prévoi**rez** (*prévoir*) [...]. – De fervents supporters déplo**ieront** (*déployer*) [...].

14 Les temps simples : verbes en *-cer*, *-ger*, *-guer* et *-quer*

1 **Présent** : Je change les piles, tu changes, il/elle change, nous changeons, vous changez, ils/elles changent. – Je remplace l'ampoule, tu remplaces, il/elle remplace,

nous remplaçons, vous remplacez, ils/elles remplacent. – Je prodigue des conseils, tu prodigues, il/elle prodigue, nous prodiguons, vous prodiguez, ils/elles prodiguent. – Je renonce à ce déplacement, tu renonces, il/elle renonce, nous renonçons, vous renoncez, ils/elles renoncent. – Je marque un essai, tu marques, il/elle marque, nous marquons, vous marquez, ils/elles marquent. – Je rédige une réclamation, tu rédiges, il/elle rédige, nous rédigeons, vous rédigez, ils/elles rédigent.

Imparfait : Je changeais les piles, tu changeais, il/elle changeait, nous changions, vous changiez, ils/elles changeaient. – Je remplaçais l'ampoule, tu remplaçais, il/elle remplaçait, nous remplacions, vous remplaciez, ils/elles remplaçaient. – Je prodiguais des conseils, tu prodiguais, il/elle prodiguait, nous prodiguions, vous prodiguiez, ils/elles prodiguaient. – Je renonçais à ce déplacement, tu renonçais, il/elle renonçait, nous renoncions, vous renonciez, ils/elles renonçaient. – Je marquais un essai, tu marquais, il/elle marquait, nous marquions, vous marquiez, ils/elles marquaient. – Je rédigeais une réclamation, tu rédigeais, il/elle rédigeait, nous rédigions, vous rédigiez, ils/elles rédigeaient.

Passé simple : Je changeai les piles, tu changeas, il/elle changea, nous changeâmes, vous changeâtes, ils/elles changèrent. – Je remplaçai l'ampoule, tu remplaças, il/elle remplaça, nous remplaçâmes, vous remplaçâtes, ils/elles remplacèrent. – Je prodiguai des conseils, tu prodiguas, il/elle prodigua, nous prodiguâmes, vous prodiguâtes, ils/elles prodiguèrent. – Je renonçai à ce déplacement, tu renonças, il/elle renonça, nous renonçâmes, vous renonçâtes, ils/elles renoncèrent. – Je marquai un essai, tu marquas, il/elle marqua, nous marquâmes, vous marquâtes, ils/elles marquèrent. – Je rédigeai une réclamation, tu rédigeas, il/elle rédigea, nous rédigeâmes, vous rédigeâtes, ils/elles rédigèrent.

Futur simple : Je changerai les piles, tu changeras, il/elle changera, nous changerons, vous changerez, ils/elles changeront. – Je remplacerai l'ampoule, tu remplaceras, il/elle remplacera, nous remplacerons, vous remplacerez, ils remplaceront. – Je prodiguerai des conseils, tu prodigueras, il/elle prodiguera, nous prodiguerons, vous prodiguerez, ils/elles prodigueront. – Je renoncerai à ce déplacement, tu renonceras, il/elle renoncera, nous renoncerons, vous renoncerez, ils/elles renonceront. – Je marquerai un essai, tu marqueras, il/elle marquera, nous marquerons, vous marquerez, ils/elles marqueront. – Je rédigerai une réclamation, tu rédigeras, il/elle rédigera, nous rédigerons, vous rédigerez, ils/elles rédigeront.

2 [...] nous **vaquons** [...]. – Vous **devancez** [...]. – Nous **partageons** [...]. – [...] nous **grimaçons**. – La vue du requin blanc **glace** [...]. – Nous **envisageons** [...]. – Je **pratique** [...]. – Nous **naviguons** [...]. – [...] nous **voyageons** [...]. – Tu m'**intrigues** [...].

3 Le service d'ordre **endiguait** [...]. – Le pilote de l'*Airbus* **amorçait** [...]. – Certains **taguaient** [...]. – De nombreuses associations **finançaient** [...]. – [...] tu **déneigeais** [...]. – [...] la poulie **grinçait**. – Plusieurs candidats **briguaient** [...]. – Les habitants de l'île de Pâques **érigeaient** [...]. – [...] le silence **se prolongeait**, je **relançais** [...]. – Tu **avançais** [...] la queue **s'allongeait** [...]. – Les pirates **attaquaient** [...].

4 Tu **rechargeas** [...]. – Le médicament **soulagea** [...]. – Je **reçus** [...]. – Le professeur **prodigua** [...]. – Vous **dénonçâtes** [...]. – Le commissaire **convoqua** [...]. – La soudaine panne [...] **obligea** [...]. – Les éclairagistes **braquèrent** [...]. – Le sélectionneur **remarqua** [...]. – [...] nous **aperçûmes** [...]. – Je **mangeai** [...]. – Cet auteur [...] **dédicaça** [...].

5 Zofia **gravit** [...] elle **se ravisa**, **reprit** l'escalier [...] et **réveilla** [...] Elle **descendit** [...]. Un feu la **força** [...]. Le voiturier lui **fit** [...], elle **détourna** [...] **regarda** [...] elle

rangea sa voiture [...], **traversa** [...], **apposa** [...] **entra** [...]. Elle **salua** Pierre et se **dirigea** [...].

15 Les temps simples : verbes comme *semer* et *céder*

1 **Présent** : Je soupèse le pour et le contre, tu soupèses, il/elle soupèse, nous soupesons, vous soupesez, ils/elles soupèsent. – J'accède au dernier étage, tu accèdes, il/elle accède, nous accédons, vous accédez, ils/elles accèdent. – Je me lève de bonne heure, tu te lèves, il/elle se lève, nous nous levons, vous vous levez, ils/elles se lèvent. – Je ne m'inquiète pas, tu ne t'inquiètes pas, il/elle ne s'inquiète pas, nous ne nous inquiétons pas, vous ne vous inquiétez pas, ils/elles ne s'inquiètent pas. – Je prélève un échantillon, tu prélèves, il/elle prélève, nous prélevons, vous prélevez, ils/elles prélèvent. – Je me sèche au soleil, tu te sèches, il/elle se sèche, nous nous séchons, vous vous séchez, ils/elles se sèchent.

Futur simple : Je soupèserai le pour et le contre, tu soupèseras, il/elle soupèsera, nous soupèserons, vous soupèserez, ils/elles soupèseront. – J'accèderai au dernier étage, tu accèderas, il/elle accèdera, nous accèderons, vous accèderez, ils/elles accèderont. – Je me lèverai de bonne heure, tu te lèveras, il/elle se lèvera, nous nous lèverons, vous vous lèverez, ils/elles se lèveront. – Je ne m'inquièterai pas, tu ne t'inquièteras pas, il/elle ne s'inquiètera pas, nous ne nous inquièterons pas, vous ne vous inquièterez pas, ils/elles ne s'inquièteront pas. – Je prélèverai un échantillon, tu prélèveras, il/elle prélèvera, nous prélèverons, vous prélèverez, ils/elles prélèveront. – Je me sècherai au soleil, tu te sècheras, il/elle se sèchera, nous nous sècherons, vous vous sècherez, ils/elles se sècheront.

2 Tu **malmènes** [...] l'appareil ne **fonctionne** plus. – Si le programme vous **agrée** [...]. – Les chiens **se pourlèchent** [...]. – Je ne **digère** pas [...]. – Les cerises **macèrent** [...]. – Les ordres **sont** [...] nous **obtempérons** [...]. – Nous **enlevons** [...]. – Vous **vous promenez** [...]. – L'odeur du cigare **imprègne** [...]. – L'arbitre ne **tolère** pas [...] il **procède** [...]. – Tu **interprètes** [...] tu **persévères** [...]. – Cet acteur **crève** l'écran.

3 Je **me démène** (**me démenais – me démenai – me démènerai**) comme un beau diable et j'**achève** (**achevais – achevai – achèverai**) le travail dans les temps. – Tu **te démènes** (**te démenais – te démenas – te démèneras**) [...] tu **achèves** (**achevais – achevas – achèveras**) [...]. – Thierry **se démène** (**se démenait – se démena – se démènera**) [...] il **achève** (**achevait – acheva – achèvera**) [...]. – Nous **nous démenons** (**nous démenions – nous démenâmes – nous démènerons**) [...] nous **achevons** (**achevions – achevâmes – achèverons**) [...]. – Vous **vous démenez** (**vous démeniez – vous démenâtes – vous démènerez**) [...] vous **achevez** (**acheviez – achevâtes – achèverez**) [...]. – Les employés **se démènent** (**se démenaient – se démenèrent – se démèneront**) [...] ils **achèvent** (**achevaient – achevèrent – achèveront**) [...].

Je **modère** (**modérais – modérai – modèrerai**) **mon** allure et je n'**accélère** (n'**accélérais** – n'**accélérai** – n'**accélèrerai**) pas en agglomération. – Tu **modères** (**modérais – modéras – modèreras**) **ton** allure et tu n'**accélères** (n'**accélérais** – n'**accéléras** – n'**accélèreras**) [...]. – M. Mazon **modère** (**modérait – modéra – modèrera**) **son** allure et il n'**accélère** (n'**accélérait** – n'**accéléra** – n'**accélèrera**) [...]. – Nous **modérons** (**modérions – modérâmes – modèrerons**) **notre** allure et nous n'**accélérons** (n'**accélérions** – n'**accélérâmes** – n'**accélèrerons**) [...]. – Vous **modérez** (**modériez – modérâtes – modèrerez**) **votre** allure et vous n'**accélérez** (n'**accélériez** – n'**accélérâtes** – n'**accélèrerez**) [...]. –

Les routiers **modèrent** (**modéraient** – **modérèrent** – **modèreront**) **leur** allure et ils n'**accélèrent** (**n'accéléraient** – **n'accélérèrent** – **n'accélèreront**) [...].
Je **soulève** (**soulevais** – **soulevai** – **soulèverai**) le pied de la table et j'**insère** (**insérais** – **insérai** – **insèrerai**) un morceau de bois pour la caler. – Tu **soulèves** (**soulevais** – **soulevas** – **soulèveras**) [...] et tu **insères** (**insérais** – **inséras** – **insèreras**) [...]. – Marianne **soulève** (**soulevait** – **souleva** – **soulèvera**) [...] et elle **insère** (**insérait** – **inséra** – **insèrera**) [...]. – Nous **soulevons** (**soulevions** – **soulevâmes** – **soulèverons**) [...] et nous **insérons** (**insérions** – **insérâmes** – **insèrerons**) [...]. – Vous **soulevez** (**souleviez** – **soulevâtes** – **soulèverez**) [...] et vous **insérez** (**insériez** – **insérâtes** – **insèrerez**) [...]. – Les déménageurs **soulèvent** (**soulevaient** – **soulevèrent** – **soulèveront**) [...] et ils **insèrent** (**inséraient** – **insérèrent** – **insèreront**) [...].

4 Vous **pénètrerez** [...]. – Nous **créerons** [...]. – Cette femme **lèguera** [...]. – Les ravisseurs **libèreront** [...]. – J'**opèrerai** [...] et je **relèverai** [...]. – Tu **gèreras** [...]. – Cet achat inconsidéré **grèvera** [...]. – Les jurés **diffèreront** [...]. – La montgolfière **s'élèvera** [...]. – Le prix de cette moto n'**excèdera** [...]. – J'**intercèderai** [...].

5 [...] le gérant ne **lèse** [...]. – Les anarchistes **maugréent** [...]. – Les échappés **coopèrent** [...] et ils **précèdent** [...]. – [...] tu ne **pèses** plus [...]. – Nous **possédons** [...]. – Tu **aères** [...] tu **espères** [...]. – Cette usine **génère** [...]. – Les nourrices ne **sèvrent** [...]. – J'**énumère** [...]. – Le linge **sèche** [...].

16 Le passé composé de l'indicatif

1 Je suis allé(e) au restaurant, tu es allé(e), Hamid est allé, nous sommes allé(e)s, vous êtes allé(e)s, mes amis sont allés. – Je suis venu(e) acheter des chaussures, tu es venu(e), Déborah est venue, nous sommes venu(e)s, vous êtes venu(e)s, les footballeurs sont venus. – J'ai rebroussé chemin, tu as rebroussé, Pierre a rebroussé, nous avons rebroussé, vous avez rebroussé, les randonneurs ont rebroussé. – J'ai signé un courrier, tu as signé, la secrétaire a signé, nous avons signé, vous avez signé, les acheteurs ont signé. – Je me suis heurté(e) à un refus, tu t'es heurté(e), Laura s'est heurtée, nous nous sommes heurté(e)s, vous vous êtes heurté(e)s, les retardataires se sont heurtés. – Je me suis douché(e) à l'eau froide, tu t'es douché(e), Vicky s'est douchée, nous nous sommes douché(e)s, vous vous êtes douché(e)s, les rugbymen se sont douchés.

2 Tu **es revenu(e)** [...]. – Vous **êtes tombé(e)s** [...]. – [...] beaucoup de personnes **sont mortes** [...]. – Nous **sommes rentré(e)s** [...]. – J'**ai surmonté** [...] et j'**ai saisi** [...]. – Le journaliste **a interrogé** [...] il **a rédigé** [...]. – Tu **as cligné** [...]. – Vous **avez découvert** [...] vous **avez rétabli** [...]. – Les hirondelles **se sont nichées** [...]. – Tu n'**as** pas **eu** [...]. – J'**ai été surpris** [...] j'**ai bredouillé** [...]. – Le surfeur **s'est élancé** [...]. – Beaucoup de joueurs **se sont inscrits** [...]. – Nous **avons retiré** [...].

3 Christophe Colomb **est parti** [...] il **est arrivé** [...]. – Le pharmacien **a prévenu** [...]. – [...] tu **as diverti** [...]. – [...] tu **as téléphoné** [...]. – La station spatiale **a émis** [...] et **a disparu** [...]. – Les portes **ont coulissé** [...]. – On dit que l'ennui **est né** [...]. – J'**ai refusé** [...]. – Nous **sommes resté(e)s** [...] il **ne s'est pas ouvert**. – Vous **vous êtes installé(e)s** [...] vous **avez pris** [...].

4 Hier, il **a reçu** [...]. Il l'**a feuilleté** [...] il **a examiné** et **a comparé** [...] il **s'est décidé** [...]. Il **a rédigé** [...] il **a placé** [...]. – Hier, tu **as reçu** [...]. Tu l'**as feuilleté** [...] tu **as examiné** et **as comparé** [...] tu **t'es décidé(e)** [...]. Tu **as rédigé** [...] tu as

placé [...]. – Hier, Karène **a reçu** [...]. Elle l'**a feuilleté** [...] elle **a examiné** et **a comparé** [...] elle **s'est décidée** [...]. Elle **a rédigé** [...] elle **a placé** [...]. – Hier, nous **avons reçu** [...]. Nous l'**avons feuilleté** [...] nous **avons examiné** et **avons comparé** [...] nous **nous sommes décidé(e)s** [...]. Nous **avons rédigé** [...] nous **avons placé** [...]. – Hier, vous **avez reçu** [...]. Vous l'**avez feuilleté** [...] vous **avez examiné** et **avez comparé** [...] vous **vous êtes décidé(e)s** [...]. Vous **avez rédigé** [...] vous **avez placé** [...]. – Hier, mes parents **ont reçu** [...]. Ils l'**ont feuilleté** [...] ils **ont examiné** et **ont comparé** [...] ils **se sont décidés** [...]. Ils **ont rédigé** [...] ils **ont placé** [...].

5 Tu as **connu** [...]. – L'agriculteur a **conçu** [...]. – Je **dus** [...]. – Tu **connus** [...]. – J'ai **exclu** [...]. – [...] il a **fallu** [...]. – [...] il **plut** [...]. – Il a **suffi** [...]. – J'ai **voulu** [...]. – Tu as **su** trouver les paroles qui ont **plu** [...].

17 L'accord du participe passé employé avec *avoir*

1 Combien de tours [...] a-t-il déjà **accomplis** ? – Les terrassiers ont **creusé** [...]. – [...] où les avez-vous **rangés** ? – [...] les traitements l'ont **guéri**. – La petite chatte que j'ai **laissée** [...] a **disparu** ; je ne l'ai jamais **retrouvée**. – Ta chance, tu ne l'as pas **saisie** [...]. – Quelle boisson [...] a-t-il **commandée** ? – Les carreaux que M. Laurent a **collés** [...] ont **transformé** la pièce.

2 Ces objets, l'antiquaire les **a examinés**, puis il les **a expertisés**. – La loi que les députés **ont votée** [...]. – L'épreuve de code [...], Jessy l'**a révisée** [...]. – [...] ce comique **a contrefait** sa voix. – Les adresses que j'**ai confondues** [...]. – La partie **a pris** fin [...] ; l'arbitre **a dû** [...]. – [...] ces koalas **ont pu** [...].

3 Les locaux que vous avez **occupés ont été reloués** [...]. – Les salles que vous avez **occupées ont été relouées** [...]. – La maison que vous avez **occupée a été relouée** [...]. – Le pavillon que vous avez **occupé a été reloué** [...].

Les chaussures que la vendeuse m'a **proposées étaient** trop **grandes** [...]. – Le blouson que la vendeuse m'a **proposé était** trop **grand** [...]. – Les gants que la vendeuse m'a **proposés étaient** trop **grands** [...]. – La robe que la vendeuse m'a **proposée était** trop **grande** [...].

Les voies que tu as **empruntées ont été rendues** [...]. – L'avenue que tu as **empruntée a été rendue** [...]. – L'autoroute que tu as **empruntée a été rendue** [...]. – Les boulevards que tu as **empruntés ont été rendus** [...].

4 [...] moins tendre que je ne l'**ai prévu**. – [...] Charlène y **a fait** [...]. – Ces monuments, nous les **avons visités** [...]. – La moto dont tu **as changé** la selle et que tu **as repeinte** [...] ! – [...] les campeurs **ont planté** leur tente [...]. – Les tours de magie que le prestidigitateur **a réalisés ont enthousiasmé** [...]. – Les ampoules qu'il **a fallu** remplacer n'**ont** pas **duré** [...]. – M. Charles **a songé** [...] aux séjours qu'il **a effectués** [...]. – La joie m'**a noué** la gorge.

5 **Les tissus** que le marchand forain a **proposés** [...] **ont été fabriqués** en Chine parce que **les usines françaises ont fermé leurs** portes [...]. – **Les consignes**, le chef d'équipe **les a répétées** [...]. – **Des timbres** aussi **anciens**, le collectionneur n'en a jamais **possédé**. – **Ces fromages**, je **les ai dégustés** avec **des pains** [...] que le boulanger **a fait cuire** [...]. – **Les vitrines** que le commerçant a **décorées** [...] **ont attiré** les badauds. – **Les oursons** que **leur** mère a **nourris ont** désormais **atteint** [...]. – **Les capitaux** que vous avez **investis** dans **ces entreprises** vous **ont** rapporté [...].

18 L'accord du participe passé employé avec *être*

1 Je suis survenue à l'improviste, tu es survenue, Edwige est survenue, nous sommes survenus, vous êtes survenus, mes cousins sont survenus. – Je suis rentrée à l'aube, tu es rentrée, Karl est rentré, nous sommes rentrés, vous êtes rentrés, les sauveteurs sont rentrés. – Je suis intervenue promptement, tu es intervenue, le médecin est intervenu, nous sommes intervenus, vous êtes intervenus, les pompiers sont intervenus. – Je suis tombée des nues, tu es tombée, Tarik est tombé, nous sommes tombés, vous êtes tombés, les chercheurs sont tombés. – Je suis allée au musée du Louvre, tu es allée, Mariette est allée, nous sommes allés, vous êtes allés, les touristes japonais sont allés. – Je suis partie en congé, tu es partie, Janique est partie, nous sommes partis, vous êtes partis, les employés sont partis.

2 Ces jumeaux sont **nés** [...] et ils ont été **placés** [...]. – Ces anciens esclaves ont été **affranchis** [...]. – Ces malfaiteurs ont été **trahis** [...] et ils ont été **arrêtés** [...]. – D'Artagnan ne s'est jamais **départi** [...]. – La forêt amazonienne est **détruite** [...]. – D'importantes quantités de pétrole sont **transportées** [...]. – Nous sommes **descendu(e)s** [...]. – Vous m'avez **convaincu(e)** [...]. – Qu'est-il **advenu** [...] ?

3 Les acteurs **sont entrés** [...]. – [...] je **suis reparti(e)**. – Les poids lourds **sont arrivés** [...]. – [...] vous **vous êtes reposé(e)s**. – Vous **êtes resté(e)s** [...]. – La doyenne [...] **est morte** [...]. – Cette chanteuse **est devenue** [...]. – Tu **es sorti(e)** [...] et tu **t'es dirigé(e)** [...]. – L'intérêt des journalistes [...] **est retombé** [...]. – Nous **sommes parvenu(e)s** [...].

4 Les œufs **sont couvés** par la mésange. – Le tiercé **est touché** par les heureux parieurs. – Les planches **sont rabotées** par une machine perfectionnée. – Les fromages de chèvre **sont préparés** par la fermière. – Les deux premiers buts de son équipe **sont marqués** par l'avant-centre. – Deux jeunes apprentis **sont engagés** par le directeur de l'usine. – Les chevaux **sont soignés** par les palefreniers. – La péniche **est pilotée** par un marinier expérimenté. – La porte du hangar **est fermée** par deux cadenas. – Des tonnes d'anchois **sont déchargées** par les pêcheurs de Saint-Jean-de-Luz.

5 La lionne **s'est échappée** [...] et elle **s'est cachée** [...]. – Nous **nous sommes aperçu(e)s** [...]. – Tu **t'es trompé(e)** [...]. – Je **me suis souvenu(e)** [...]. – Roxane **s'est regardée** [...] et elle **s'est plu**. – Lorsqu'ils **se sont rencontrés**, ces deux anciens camarades [...] **se sont souri**. – Les ouvriers de la chaîne de montage **se sont accordé** [...]. – [...] les spéléologues **se sont munis** [...]. – [...] cette personne **s'est gâché** [...]. – La maison que mes cousins **se sont aménagée** [...]. – [...] la lampe de chevet **s'est brisée** [...].

19 Le plus-que-parfait de l'indicatif

1 Nous **avions commandé** [...] le concessionnaire nous en **avait livré** [...] ! – Les secrets que je vous **avais confiés** [...] ? – Pour le carnaval, Juliette **s'était costumée** [...] toutes ses amies l'**avaient félicitée**. – M. Marcel **avait consulté** [...]. – L'espion **avait codé** [...]. – La tour de contrôle **avait modifié** [...] le pilote n'en **avait eu** connaissance [...].

2 Vous **aviez pris** des risques lorsque vous **vous étiez aventuré(e)s** en zone de combat. – Les reporters **avaient pris** [...] ils **s'étaient aventurés** [...]. – Tu **avais pris**

[…] tu **t'étais aventuré(e)** […]. – La journaliste **avait pris** […] elle **s'était aventurée** […].
Tu **étais resté(e) paralysé(e)** et tu n'**avais pu** faire aucun mouvement. – Les explorateurs **étaient restés paralysés** et ils n'**avaient pu** […] – Alexandra **était restée paralysée** et elle n'**avait pu** […]. – Nous **étions resté(e)s paralysé(e)s** et nous n'**avions pu** […].
Vous **aviez observé** les indices et vous **aviez résolu** aisément cette énigme. – Les enquêteurs **avaient observé** […] ils **avaient résolu** […]. – Sherlock Holmes **avait observé** […] il **avait résolu** […]. – La police **avait observé** […] elle **avait résolu** […].

3 […] nous **avions arrondi** […]. – […] le pianiste **avait passé** […]. – Le gardien de l'immeuble **s'était plaint** […] des motards **avaient envahi** […]. – Vous **étiez revenu(e)s** […] la situation **avait pris** […]. – Ce cheval **avait sauté** […]. – […] nous **nous étions réchauffé(e)s** […]. – Nous **étions tombés** […] nous **avions perdu** la partie. – Ces cerises, nous les **avions cueillies** […].

4 […] tu **avais** enfin **vaincu** […]. – […] aux admirateurs qui l'**avaient attendu**. – […] Mozart **avait** déjà **composé** […]. – […] le feu **était passé** au vert, l'autobus **avait démarré**. – […] Jeanne d'Arc **avait** fièrement **brandi** […]. – […] le train n'**était** pas **arrivé** […]. – […] cette pompe **avait rempli** […]. – J'**avais** plutôt **répondu** […] je l'**avais** aussitôt **regretté**. – Tu **avais feint** […].

5 Comme le printemps **était** de retour, les jardiniers **avaient sorti** […] ils **avaient commencé** […]. – Les fauves **dévoraient** les gazelles qu'ils **avaient poursuivies** […]. – J'**imprimais** les documents que j'**avais complétés** […]. – Vous **aviez laissé** votre voiture […] parce qu'elle **refusait** […]. – La pintade que le cuisinier **avait préparée faisait** […] : elle **était** […]. – Nous **étions parvenues** […] et nous **récupérions** […].

20 Le passé antérieur et le futur antérieur

1 Quand les convives **eurent achevé** […]. – Lorsque tu **fus revenu(e)** […]. – Aussitôt que j'**eus parlé** […]. – Quelques instants après que le professeur **fut entré** […]. – Après que les marchands forains **se furent installés** […]. – Lorsque j'**eus visité** cette maison […]. – Après que le président **eut dissous** […]. – Lorsque vous **eûtes admis** […].

2 Tout à l'heure, j'**aurai fini** […]. – Quand nous **aurons lu** […]. – Aussitôt que les conditions météorologiques **se seront améliorées** […]. – Quand tu **auras gonflé** […]. – Lorsqu'ils **auront revêtu** […]. – Dès que le promoteur **aura conclu** […].

3 Après qu'ils **eurent palabré** […], ces deux maquignons **se mirent** enfin d'accord […]. – Dès que les défenseurs **eurent capitulé**, les assaillants **pénétrèrent** […]. – Quand le gardien **eut programmé** l'alarme, il **regagna** […]. – Aussitôt que tu **eus ferré** la truite, tu **vis** […]. – Tu **posas** le papier peint après que tu **eus encollé** […]. – Lorsque les cantonniers **eurent asséché** le canal, ils **découvrirent** […].

4 […] la décision qu'**aura prise** le jury **sera** bien acceptée. – Quand le bruit **aura cessé**, nous nous **endormirons**. – Dès que la température de l'eau **se sera élevée** […], les vacanciers **profiteront** […]. – Quand les électriciens **auront réparé** […], on **pourra** […]. – Lorsque les passagers **se seront assis**, le chauffeur **fermera** […] et **démarrera**. – Lorsque j'**aurai ôté** […], je **souffrirai** […]. – Quand tu **auras rechargé** […], ton téléphone **fonctionnera** […].

5 Quand j'**aurai retenu** [...]. – Lorsque tu **eus maîtrisé** [...]. – Dès que l'ingénieur **eut perfectionné** [...]. – Lorsque le soleil **aura réchauffé** [...]. – Sitôt que les mannequins **se furent maquillés** [...]. – Quand je **me fus hissé(e)** [...]. – Aussitôt que la nuit **sera tombée** [...].

21 Le présent du conditionnel

1 J'aimerais changer de métier, tu aimerais, il/elle aimerait, nous aimerions, vous aimeriez, ils/elles aimeraient. – Je changerais peut-être de vêtements, tu changerais, il/elle changerait, nous changerions, vous changeriez, ils/elles changeraient. – Je savourerais volontiers un dessert, tu savourerais, il/elle savourerait, nous savourerions, vous savoureriez, ils/elles savoureraient. – Je choisirais un numéro au hasard, tu choisirais, il/elle choisirait, nous choisirions, vous choisiriez, ils/elles choisiraient. – Je feindrais l'indifférence, tu feindrais, il/elle feindrait, nous feindrions, vous feindriez, ils/elles feindraient. – Je souhaiterais un peu de fraîcheur, tu souhaiterais, il/elle souhaiterait, nous souhaiterions, vous souhaiteriez, ils/elles souhaiteraient.

2 **Auriez**-vous la gentillesse [...] ? – [...] les marins **affaleraient** [...]. – [...] tu **obéirais** [...]. – [...] nous ne **traverserions** pas [...]. – [...] tu **rejoindrais** [...]. – [...] je n'en **dirais** rien [...]. – [...] il **s'arrêterait** [...]. – Ces locaux **mériteraient** [...]. – [...] tu **ouvrirais** [...].

3 Si nous **consultions** Internet, nous y **trouverions** l'adresse de nombreux hôtels. – Si Mme Joubert **consultait** [...] elle y **trouverait** [...]. – Si je **consultais** [...] j'y **trouverais** [...]. – Si vous **consultiez** [...] vous y **trouveriez** [...].
Si Adrien **avait** un moment de libre, il **rangerait ses** placards. – Si vous **aviez** [...] vous **rangeriez** vos placards. – Si tu **avais** [...] tu **rangerais** tes placards. – Si nous **avions** [...] nous **rangerions** nos placards.
Si les randonneurs **emportaient** une boussole, ils ne **s'égareraient** pas. – Si tu **emportais** [...] tu ne **t'égarerais** pas. – Si Sarah **emportait** [...] elle ne **s'égarerait** pas. – Si j'**emportais** [...] je ne **m'égarerais** pas.

4 [...] le vendeur **accepterait** [...]. – Nous **passerions** [...]. – Pourquoi ne **liriez**-vous pas [...] ? – [...] les piles du pont **supporteraient** [...]. – [...] je **prendrais** [...]. – [...] chaque concurrent ne **disposerait** [...] il **serait** éliminé. – [...] tu ne **déchiffrerais** pas [...]. – [...] un petit camion **suffirait** [...].

5 Si tu **utilisais** [...], tu **porterais** [...]. – Si l'historien **consultait** [...], il **rédigerait** [...]. – Si j'**étais** [...], je ne **bougerais** pas [...]. – Le comédien **briserait** [...], s'il **refusait** [...]. – Si un malfaiteur **se glissait** [...], l'alarme **retentirait**. – Nous **supporterions** [...], si nous **portions** [...]. – L'arbitre **interromprait** [...], si le brouillard **s'épaississait**. – Si vous **vouliez** [...], vous les **placeriez** [...].

22 Le présent du conditionnel : verbes irréguliers

1 Je devrais me reposer, tu devrais te reposer, il/elle devrait se reposer, nous devrions nous reposer, vous devriez vous reposer, ils/elles devraient se reposer. – J'irais de succès en succès, tu irais, il/elle irait, nous irions, vous iriez, ils/elles iraient. – Je relèverais tous les défis, tu relèverais, il/elle relèverait, nous relèverions, vous

relèveriez, ils/elles relèveraient. – J'espèrerais un bon résultat, tu espèrerais, il/elle espèrerait, nous espèrerions, vous espèreriez, ils/elles espèreraient. – J'essaierais plusieurs solutions, tu essaierais, il/elle essaierait, nous essaierions, vous essaieriez, ils/elles essaieraient. – Je saurais conduire, tu saurais, il/elle saurait, nous saurions, vous sauriez, ils/elles sauraient.

2 [...] ils me **décevraient** beaucoup. – Comment **obtiendriez**-vous [...] ? – [...] le beau temps se **maintiendrait** [...]. – **Saurais**-tu [...] ? – [...] nous nous **satisferions** [...]. – [...] ils **procèderaient** [...]. – [...] tu **pourrais** [...]. – [...] le palefrenier l'**attellerait**. – [...] ce marcheur **parcourrait** [...]. – [...] ces animaux **mourraient** [...].

3 Si je **trouvais** un oiseau blessé, je le **recueillerais**. – Si Armelle **trouvait** [...] elle le **recueillerait**. – Si nous **trouvions** [...] nous le **recueillerions**. – Si vous **trouviez** [...] vous le **recueilleriez**.
Si tu **fréquentais** la salle de gymnastique, tu **entretiendrais ta** forme. – Si ces athlètes **fréquentaient** [...] ils **entretiendraient leur** forme. – Si Dolorès **fréquentait** [...] elle **entretiendrait sa** forme. – Si je **fréquentais** [...] j'**entretiendrais ma** forme.

4 Pourquoi **jetteriez**-vous [...] ? – [...] je l'**achèterais** [...]. – [...] nous **recevrions** [...]. – Les habitants du lotissement **verraient-ils** [...] ? – [...] tu **emploierais** [...] ! – [...] le conducteur **règlerait** [...]. – Qu'**adviendrait**-il [...] ? – [...] il **encourrait** [...]. – [...] il **faudrait** [...] !

5 Si nous **détenions** [...], nous nous **assiérions** [...]. – Si mon abonnement **s'achevait**, je le **renouvellerais**. – Si les douaniers **bénéficiaient** [...], ils **démantèleraient** [...]. – Si la période des soldes **venait**, Mme Rémy **accourrait** [...]. – Si tu **avais** à repeindre [...], tu le **ferais**. – Si on **annonçait** [...], les paysans maliens **amoncelleraient** [...]. – Si ces maires se **rencontraient**, ils **jumelleraient** [...]. – Si on l'**appelait**, le SAMU **secourrait** [...]. – Si je n'**avais** plus [...], je m'**ennuierais**. – Si la pêche **était** bonne, l'équipage **congèlerait** [...].

23 Futur simple ou présent du conditionnel ?

1 [...] ils **déteindront**. – [...] vous **circuleriez** [...]. – [...] je la **poncerai**. – [...] des grumeaux ne se **formeraient** pas. – [...] les agriculteurs **essaieront** [...]. – [...] je la **soutiendrai**. – [...] je **prendrais** [...]. – [...] je **saisirais** [...]. – [...] je le **louerais**. – [...] j'**allumerai** [...].

2 J'**aimerais** [...]. – Je **reprendrai** [...]. – [...] je **changerais** [...]. – Je ne **récolterai** que ce que **j'ai semé**. – Je **respecterais** [...]. – Je **prouverai** [...] **ma** bonne foi. – [...] je **constaterai** [...]. – Ce n'est pas **moi** qui **risquerais ma** vie [...]. – [...] je **m'envolerai** [...]. – Je **surprendrais mes** voisins en repeignant **mon** chalet [...].

3 [...] je ne **craindrais** pas [...]. – [...] j'**enregistrerai** [...]. – [...] je **connaîtrais** [...]. – [...] je ne m'**endormirai** pas. – [...] je **prendrais** [...]. – [...] elles **seraient** [...]. – [...] le pilote **s'éjectera**. – [...] je l'**accompagnerai**.

4 Si je **m'élançais**, **j'abaisserais** [...]. – Si la pharmacie **embauchait** [...], je me **présenterais**. – Si tu **ralentissais**, tu **pourrais** [...]. – Si les cerises **étaient** mûres, je les **cueillerais**. – S'il se **trouvait** [...], ce soldat ne **faillirait** pas et il **accomplirait** [...]. – Si vous **avaliez** [...], vous ne **souffririez** plus. – Si les airbags **fonctionnaient** [...], je me **sentirais** plus [...].

5 [...] il **faudrait** [...]. – [...] je **paierai** [...]. – [...] je **capterais** [...]. – [...] je **me méfierai** et je **m'avancerai** [...]. – [...] il **décernera** [...]. – [...] il **projetterait** [...]. – [...] je le **contournerai**. – [...] je **soignerais** [...].

24 Les temps composés du conditionnel

1 [...] tu **aurais pu** imprimer [...]. – [...] nous **serions allé(e)s** ramasser [...]. – [...] l'actrice **aurait quitté** sa loge et **serait entrée** en scène. – [...] j'**aurais commandé** [...]. – [...] ils **n'auraient pas contracté** [...]. – [...] le montage de la bibliothèque **n'aurait pas posé** de problème. – [...] il **aurait sauvegardé** ses données [...]. – J'**aurais parié** [...]. – [...] les athlètes français **auraient remporté** [...].

2 [...] Amélie **fût arrivée** à l'heure. – [...] vous l'**eussiez empruntée**. – Tu **eusses préféré** [...]. – M. Laurent **eût dû** mieux refermer [...]. – [...] il n'y **eût** pas **eu** [...]. – Je **me fusse contenté(e)** [...]. – [...] la moisson **eût débuté** [...]. – [...] la végétation en **eût profité**.

3 Si les conducteurs **avaient consulté** les panneaux, ils ne **se seraient** pas **égarés**. – Si j'**avais consulté** [...] je ne **me serais** pas **égaré(e)**. – Si tu **avais consulté** [...] tu ne **te serais** pas **égaré(e)**. – Si le promeneur **avait consulté** [...] il ne **se serait** pas **égaré**. Tu **aurais souhaité** une réduction sur le prix de ce téléviseur. – Les clients **auraient souhaité** [...]. – J'**aurais souhaité** [...]. – Nous **aurions souhaité** [...].

4 Si j'en **avais eu** l'occasion, j'**aurais effectué** [...]. – Si tu **avais réfléchi** [...], tu n'**aurais** pas **répondu** [...]. – S'il n'**avait** pas **fait** [...], ce cheval **aurait devancé** [...]. – Si mes parents **étaient restés** [...], je **serais né(e)** [...]. – Nous **aurions reporté** [...], si les circonstances l'**avaient exigé**. – Si le plombier **était intervenu** [...], la fuite d'eau n'**aurait** pas **eu** [...]. – Si le modèle n'**avait** pas **bougé**, le peintre **aurait saisi** [...]. – Si les riverains **avaient débroussaillé** [...], le feu ne se **serait** pas **propagé**. – Si Barbara n'**avait** pas **teint** [...], nous l'**aurions reconnue**. – Si les barrières **avaient été** mieux fixées, le bétail ne **se serait** pas **échappé**.

5 [...] le pare-brise de la voiture n'**eût** pas **été** endommagé. – [...] ils ne **fussent** pas **morts**. – Lorsque M. Lebrun **eut installé** [...]. – [...] les digues n'**eussent** pas **cédé**. – [...] beaucoup de protestants ne **fussent** pas **partis** à l'étranger. – Quand les négociateurs se **furent mis** d'accord [...].

25 La voix passive – Les verbes transitifs / intransitifs

1 Je suis saisi(e) par la panique, tu es saisi(e), Tristan est saisi, nous sommes saisi(e)s, vous êtes saisi(e)s, les spectateurs sont saisis. – Je suis exclu(e) par l'arbitre, tu es exclu(e), Xavier est exclu, nous sommes exclu(e)s, vous êtes exclu(e)s, les tricheurs sont exclus. – Je suis guidé(e) par le système GPS, tu es guidé(e), M. Lambert est guidé, nous sommes guidé(e)s, vous êtes guidé(e)s, les automobilistes sont guidés. – Je suis ausculté(e) par un médecin, tu es ausculté(e), Béatrice est auscultée, nous sommes ausculté(e)s, vous êtes ausculté(e)s, les malades sont auscultés. – Je suis défavorisé(e) par le sort, tu es défavorisé(e), Aïcha est défavorisée, nous sommes défavorisé(e)s, vous êtes défavorisé(e)s, les perdants sont défavorisés. – Je suis contrôlé(e) par les douaniers, tu es contrôlé(e), le bagage est contrôlé, nous sommes

contrôlé(e)s, vous êtes contrôlé(e)s, les voyageurs sont contrôlés. – Je suis apprécié(e) par tous, tu es apprécié(e), le cadeau est apprécié, nous sommes apprécié(e)s, vous êtes apprécié(e)s, les modestes sont appréciés. – Je suis préoccupé(e) par la situation, tu es préoccupé(e), le maire est préoccupé, nous sommes préoccupé(e)s, vous êtes préoccupé(e)s, les savants sont préoccupés.

2 Une avalanche coupe la route. – Le sergent désigne les sentinelles. – Mon chat m'a griffée. – Ce bruit vous a surprises. – Un chauffard a renversé le poteau électrique. – Un patron embauche un apprenti. – Un coureur kenyan égale le record du monde du 5 000 mètres. – Un agent secret exécuta la mission spéciale. – Les cardinaux, réunis en conclave, élisent le pape. – Deux convois assurent le transport des marchandises.

3 Une parabole a été installée par M. Blanc [...]. – Le ramasseur [...] avait été mordu par une vipère. – Un procès-verbal est dressé par le brigadier [...]. – La récolte [...] a été détruite par un [...] cyclone. – L'électricité [...] est produite par trois turbines. – Les balcons seront fleuris par les habitants [...]. – Les abords [...] sont nettoyés par une équipe [...]. – Une épave a été détectée par le système radar [...]. – La peine de mort a été abolie par les députés [...]. – La face [...] a été gravie par une cordée [...]. – Les chevaux [...] étaient domestiqués par les Apaches. – Le gigot est relevé par une pointe d'ail.

4 Les voyageurs sont arrivés [...] (*voix active*). – Tu t'es promené [...] (*voix active*). – Le motard a été renversé [...] (*voix passive*). – Ce précieux manuscrit avait été écrit [...] (*voix passive*). – Le chef de rayon est reçu [...] (*voix passive*). – L'inculpé fut acquitté [...] (*voix passive*). – Cette personne se sera égarée [...] (*voix active*). – Cet audacieux courtisan fut reçu [...] (*voix passive*). – Le navire se dirige [...] (*voix active*). – La nouvelle d'un coup d'État [...] était formellement démentie (*voix passive*).

5 Les fenêtres étaient fermées. – Les performances seront améliorées. – Les coupables ont été châtiés. – Un document est photocopié. – Les expériences étaient multipliées. – La pelouse fut piétinée. – Des vêtements sont fabriqués dans cette usine. – Les joueurs seront acclamés à la sortie du terrain. – Dimanche prochain, une manifestation est organisée. – Le ciel a été scruté à la recherche d'étoiles nouvelles. – Le questionnaire fut complété. – Des perturbations sont prévues dans les transports.

26 Le présent du subjonctif

1 Il faut que j'arrive avant dix heures, que tu arrives, qu'il/elle arrive, que nous arrivions, que vous arriviez, qu'ils/elles arrivent. – Il faut que je range des affaires, que tu ranges, qu'il/elle range, que nous rangions, que vous rangiez, qu'ils/elles rangent. – Il faut que je m'arrête au stop, que tu t'arrêtes, qu'il/elle s'arrête, que nous nous arrêtions, que vous vous arrêtiez, qu'ils/elles s'arrêtent. – Il faut que je saisisse l'occasion, que tu saisisses, qu'il/elle saisisse, que nous saisissions, que vous saisissiez, qu'ils/elles saisissent. – Il faut que j'étende le linge, que tu étendes, qu'il/elle étende, que nous étendions, que vous étendiez, qu'ils/elles étendent. – Il faut que je me protège les yeux, que tu te protèges, qu'il/elle se protège, que nous nous protégions, que vous vous protégiez, qu'ils/elles se protègent.

2 Il arrive que l'on **cueille** des violettes [...]. – Il faut que j'**appuie** sur la touche [...]. – Il me tarde que l'avion **atterrisse** [...]. – Ses parents sont d'avis que Victoria **poursuive** son apprentissage [...]. – Quelle que **soit** l'amplitude de la marée, [...]. –

Il convient que Joris **pèle** sa pomme […]. – Rien ne s'oppose à ce que vous **utilisiez** […]. – Nos amis nous écrivent pour que nous **partagions** […]. – Il est rare que le portier **sourie** […] !

3 Le professeur **veut** que je **poursuive** l'apprentissage […]. – Les techniciens **doutent** que la fusée **parte** […]. – Le coureur **exige** que ses pneus **soient** gonflés […]. – Il **n'est pas certain** que le cavalier **accomplisse** un exploit […]. – Nous **refusons** que les mauvaises herbes **envahissent** […]. – Il **est indispensable** que ce jeune chien **obéisse** […]. – Le mareyeur **souhaite** que les huîtres **soient** vendues […]. – M. Lecomte **s'attend à ce** qu'il **produise** […].

4 Il est naturel que tu **réagisses** […]. – Ce siège est vraiment confortable à condition que nous y **placions** un coussin. – Bien que Romane **suspende** ses vêtements […]. – Il me tarde que nous **accueillions** nos amis […]. – Je crains que le daltonien **confonde** […]. – L'agriculteur accepte que vous **campiez** […]. – Il est surprenant que cette cuisinière **garnisse** l'oie […]. – Je souhaite que tu **transmettes** mes amitiés […]. – […] il faut que je **me munisse** d'un parapluie. – Il est important que l'arbitre **rappelle** les règles […]. – L'entraîneur ne tient pas à ce que cet athlète **coure** […].

5 Il est urgent que je **tonde** les pelouses. – […] que tu **tondes** […]. – […] que nous **tondions** […]. – […] que M. Vallet **tonde** […].
Il n'est pas concevable que Joris **attende** aussi longtemps devant les caisses. – […] que nous **attendions** […]. – […] que j'**attende** […]. – […] que tu **attendes** […].
Il est nécessaire que nous **nous nourrissions** de légumes et de fruits. – […] que les enfants **se nourrissent** […]. – […] que vous **vous nourrissiez** […]. – […] que Samy **se nourrisse** […].

27 Le présent du subjonctif : verbes irréguliers

1 Il n'est pas question que je **m'assoie (m'asseye)** sur une chaise bancale. – […] que tu **t'assoies** (**t'asseyes**) […]. – […] que Didier **s'assoie** (**s'asseye**) […]. – […] que nous **nous assoyions** (**nous asseyions**) […]. – […] que vous **vous assoyiez** (**vous asseyiez**) […]. – […] que les invités **s'assoient** (**s'asseyent**) […].
Il est normal que je **haïsse** le racisme et la xénophobie. – […] que tu **haïsses** […]. – […] que Maya **haïsse** […]. – […] que nous **haïssions** […]. – […] que vous **haïssiez** […]. – […] que les démocrates **haïssent** […].
Il est temps que je **dise** la vérité sur ces événements. – […] que tu **dises** […]. – […] que le témoin **dise** […]. – […] que nous **disions** […]. – […] que vous **disiez** […]. – […] que les journalistes **disent** […].
Il faut que je **conduise** beaucoup moins vite. – […] que tu **conduises** […]. – […] que Mme Richaud **conduise** […]. – […] que nous **conduisions** […]. – […] que vous **conduisiez** […]. – […] que les routiers **conduisent** […].
Il est dommage que je ne **m'inscrive** pas à ce concours de mots croisés. – […] que tu ne **t'inscrives** pas […]. – […] que Caroline ne **s'inscrive** pas […]. – […] que nous ne **nous inscrivions** pas […]. – […] que vous ne **vous inscriviez** pas […]. – […] que les spécialistes ne **s'inscrivent** pas […].

2 Il faut que je **vainque** […]. – Il n'est pas exclu que le crocodile **feigne** de dormir […]. – Yacine consent à ce que tu **relises** la lettre […]. – […] il est de règle que chacun **intervienne** […]. – Voici un serre-tête afin que tu **puisses** te coiffer […]. – Les

défenseurs de la nature refusent que certaines espèces **disparaissent**. – Quoi que Rayan **fasse**, [...]. – [...] je crains qu'elle se **contredise**. – Il s'en faut de beaucoup que ce meuble [...] **vaille** une fortune. – M. Marchand attend que le mécanicien lui **décrive** [...]. – Il se peut que cette exposition ne **plaise** pas aux visiteurs [...].

3 Il est rare qu'un arbre [...] **meure**. – Je m'étonne que tu ne **saches** pas [...]. – Il est vital que le caravanier **boive** [...]. – Où que j'**aille** [...]. – Il est dommage que ce spectacle ne **tienne** pas [...]. – Le maire est d'accord pour que M. Porta **construise** [...]. – La distance empêche que Valérie **rejoigne** le groupe [...]. – [...] il n'est pas certain que la même cause **produise** le même effet.

4 Il importe que tu ne **déçoives** pas ceux qui ont confiance en **toi**. – [...] que les médecins ne **déçoivent** pas [...] **eux**. – [...] que nous ne **décevions** pas [...] **nous**. – [...] que je ne **déçoive** pas [...] **moi**.
On souhaite que l'arbitre **revienne** sur **sa** décision. – [...] que tu **reviennes** sur **ta** décision. – [...] que je **revienne** sur **ma** décision. – [...] que vous **reveniez** sur **votre** décision.
Il est naturel que les employés **veuillent s'aérer** un peu. – [...] que je **veuille m'aérer** [...]. – [...] que tu **veuilles t'aérer** [...]. – [...] que le surveillant **veuille s'aérer** [...].

5 [...] il faut que Marjorie **taise** [...]. – [...] qu'il la **soumette** [...]. – Il n'est pas exclu que tu **doives** consulter [...]. – Ce télescope permet que l'on **voie** [...]. – Il est possible que l'enfant [...] **naisse** avant terme. – Il est fort utile que chaque pompier **reçoive** une formation [...]. – On ne peut tolérer qu'un automobiliste **méconnaisse** [...]. – Il est possible que le branchement **nuise** [...].

28 Présent de l'indicatif ou présent du subjonctif ?

1 **Présent de l'indicatif** : Je vois ce film, tu vois, il/elle voit, nous voyons, vous voyez, ils/elles voient. – Je ris aux éclats, tu ris, il/elle rit, nous rions, vous riez, ils/elles rient. – Je fuis devant le danger, tu fuis, il/elle fuit, nous fuyons, vous fuyez, ils/elles fuient. – Je crois ce récit, tu crois, il/elle croit, nous croyons, vous croyez, ils/elles croient. – Je conclus cette affaire, tu conclus, il/elle conclut, nous concluons, vous concluez, ils/elles concluent. – J'acquiers de l'expérience, tu acquiers, il/elle acquiert, nous acquérons, vous acquérez, ils/elles acquièrent.
Présent du subjonctif : Il faut que je voie ce film, que tu voies, qu'il/elle voie, que nous voyions, que vous voyiez, qu'ils/elles voient. – Il faut que je rie aux éclats, que tu ries, qu'il/elle rie, que nous riions, que vous riiez, qu'ils/elles rient. – Il faut que je fuie devant le danger, que tu fuies, qu'il/elle fuie, que nous fuyions, que vous fuyiez, qu'ils/elles fuient. – Il faut que je croie ce récit, que tu croies, qu'il/elle croie, que nous croyions, que vous croyiez, qu'ils/elles croient. – Il faut que je conclue cette affaire, que tu conclues, qu'il/elle conclue, que nous concluions, que vous concluiez, qu'ils/elles concluent. – Il faut que j'acquière de l'expérience, que tu acquières, qu'il/elle acquière, que nous acquérions, que vous acquériez, qu'ils/elles acquièrent.

2 Il est certain que ce savant **vient** [...]. – Il est possible que ce médicament **vienne** [...]. – Je suis sûre que le train de Strasbourg n'**est** pas encore arrivé [...]. – Je suis inquiète que Fanny ne **soit** pas encore arrivée [...]. – Il est juste que le malfaiteur **encoure** [...]. – Auteur d'une agression [...], ce pays **encourt** [...]. – En attendant que l'alpiniste **entrevoie** [...]. – Aussitôt que le capitaine du navire **entrevoit** [...].

3 Je **regrette** que le bûcheron **abatte** [...]. – Nous **ne pouvons croire** que Maryline **meure** de peur [...]. – Le journaliste **doute** que cette information **soit** fiable. – Le libraire **s'étonne** que le client **parcoure** les rayons [...]. – Il **est regrettable** que cet atelier **contrefasse** [...]. – Il **est de règle** que le fabricant **garantisse** [...].

4 Il faut que le cosmonaute **revête** [...]. – Dans la mesure où le condamné **se pourvoit** en appel, [...]. – Il faut que le service de la voirie **pourvoie** [...]. – Nul ne souhaite que la lave se **répande** [...]. – Il est surprenant que l'on **extraie** [...]. – Tu n'oublies pas que ton train **repart** [...]. – L'expert affirme que cette collection [...] **vaut** [...]. – [...] le lièvre **s'enfuit**. – Il n'est pas étonnant que la gazelle **s'enfuie** [...].

5 Il **n'est pas certain** que cette usine **puisse** [...]. – Nous **ne pensons pas** que cette biche **franchisse** [...]. – Il **n'est pas évident** que Pascal **reconnaisse** [...]. – La mère de cet enfant **ne croit pas** qu'il **faille** [...]. – Les supporters de l'équipe de France ne sont pas convaincus qu'elle **atteigne** [...]. – Je n'imagine pas que vous **contredisiez** [...].

29 L'imparfait du subjonctif

1 Il faudrait que ce boxeur **évitât** [...]. – Manuel attendait que tu **choisisses** [...]. – [...] les concurrents craignaient que la neige **gelât**. – On n'imaginait pas que ce café **perdît** [...]. – Il arrivait que les jonquilles **fleurissent** [...]. – Il faudrait que M. Varlet **rabattît** [...]. – Les feux [...] exigeaient que la rame TGV **attendît**. – Mme Revol aimerait que cette voiture lui **laissât** [...]. – Le médecin tenait à ce que le malade **observât** [...]. – Plus rien n'empêchait que le président [...] **proclamât** [...].

2 Il eût fallu que j'**écrivisse** [...]. – La recette exigeait que les aubergines **fussent** coupées [...]. – Marion évitait que son petit chat **jouât** [...]. – Une barrière électrifiée s'opposait à ce que le troupeau de moutons **quittât** [...]. – Le boulanger déplorait que sa pâte ne **levât** pas [...]. – Mme Glas ne refusait jamais qu'on lui **fît** [...]. – Le bon sens voudrait que tu **résistasses** [...]. – [...] le metteur en scène acceptait que son acteur vedette **s'isolât** [...].

3 **Présent du subjonctif** : Il faut que je coordonne les actions, que tu coordonnes, qu'il/elle coordonne, que nous coordonnions, que vous coordonniez, qu'ils/elles coordonnent. – Il faut que je réponde au téléphone, que tu répondes, qu'il/elle réponde, que nous répondions, que vous répondiez, qu'ils/elles répondent. – Il faut que j'amortisse le choc, que tu amortisses, qu'il/elle amortisse, que nous amortissions, que vous amortissiez, qu'ils/elles amortissent. – Il ne faut pas que je trahisse le secret, que tu trahisses, qu'il/elle trahisse, que nous trahissions, que vous trahissiez, qu'ils/elles trahissent. – Il faut que je chiffre la dépense, que tu chiffres, qu'il/elle chiffre, que nous chiffrions, que vous chiffriez, qu'ils/elles chiffrent. – Il faut que je sorte de la salle, que tu sortes, qu'il/elle sorte, que nous sortions, que vous sortiez, qu'ils/elles sortent.

Imparfait du subjonctif : Il fallait que je coordonnasse les actions, que tu coordonnasses, qu'il/elle coordonnât, que nous coordonnassions, que vous coordonnassiez, qu'ils/elles coordonnassent. – Il fallait que je répondisse au téléphone, que tu répondisses, qu'il/elle répondît, que nous répondissions, que vous répondissiez, qu'ils/elles répondissent. – Il fallait que j'amortisse le choc, que tu amortisses, qu'il/elle amortît, que nous amortissions, que vous amortissiez, qu'ils/elles amortissent. – Il ne fallait pas que je trahisse le secret, que tu trahisses, qu'il/elle trahît, que nous trahissions, que vous trahissiez, qu'ils/elles trahissent. – Il fallait que je chiffrasse la dépense, que tu chiffrasses, qu'il/elle chiffrât, que nous chiffrassions, que vous chiffrassiez, qu'ils/elles chiffrassent. – Il fallait que je sortisse de la salle, que tu sortisses, qu'il/elle sortît, que nous sortissions, que vous sortissiez, qu'ils/elles sortissent.

4 Il conviendrait que Théo **fît** tamponner [...]. – Samuel était le seul qui **réussît** à chasser [...]. – Il serait fâcheux que le touriste **s'égarât** [...]. – Avant qu'il **composât** son code [...], il faudrait que Farid **introduisît** sa carte [...]. – Ce mélomane aimerait que ses amis **partageassent** sa passion [...]. – Il n'y avait que Maria qui **lût** [...].

5 Nous considérions que tu **suivais** [...]. – Il serait bon que tu **renouvelasses** ton abonnement [...]. – M. Landry échafaudait toujours mille projets qui **échouaient** [...]. – Martial obtiendrait une place à supposer qu'il **patientât** [...]. – Quand Louis **dénichait** une nouvelle pièce pour sa collection [...]. – Il était surprenant que M. Jardin **vendît** sa moto [...]. – Ce lutteur **impressionnait** le public [...]. – Il paraissait préférable que M. Darget **utilisât** [...].

30 Passé simple ou imparfait du subjonctif ?

1 **Passé simple :** Je traduisis une lettre, tu traduisis, il/elle traduisit, nous traduisîmes, vous traduisîtes, ils traduisirent. – Je réparai la toiture, tu réparas, il/elle répara, nous réparâmes, vous réparâtes, ils/elles réparèrent. – Je remplis le réservoir, tu remplis, il/elle remplit, nous remplîmes, vous remplîtes, ils/elles remplirent. – J'affranchis le courrier, tu affranchis, il/elle affranchit, nous affranchîmes, vous affranchîtes, ils affranchirent. – Je nettoyai les canalisations, tu nettoyas, il/elle nettoya, nous nettoyâmes, vous nettoyâtes, ils/elles nettoyèrent. – Je décorai le sapin de Noël, tu décoras, il/elle décora, nous décorâmes, vous décorâtes, ils/elles décorèrent. – J'empruntai le métro, tu empruntas, il/elle emprunta, nous empruntâmes, vous empruntâtes, ils empruntèrent. – Je triai les ordures ménagères, tu trias, il/elle tria, nous triâmes, vous triâtes, ils/elles trièrent.
Imparfait du subjonctif : Il fallait que je traduisisse une lettre, que tu traduisisses, qu'il/elle traduisît, que nous traduisissions, que vous traduisissiez, qu'ils/elles traduisissent. – Il fallait que je réparasse la toiture, que tu réparasses, qu'il/elle réparât, que nous réparassions, que vous réparassiez, qu'ils/elles réparassent. – Il fallait que je remplisse le réservoir, que tu remplisses, qu'il/elle remplît, que nous remplissions, que vous remplissiez, qu'ils/elles remplissent. – Il fallait que j'affranchisse le courrier, que tu affranchisses, qu'il/elle affranchît, que nous affranchissions, que vous affranchissiez, qu'ils/elles affranchissent. – Il fallait que je nettoyasse les canalisations, que tu nettoyasses, qu'il/elle nettoyât, que nous nettoyassions, que vous nettoyassiez, qu'ils/elles nettoyassent. – Il fallait que je décorasse le sapin de Noël, que tu décorasses, qu'il/elle décorât, que nous décorassions, que vous décorassiez, qu'ils/elles décorassent. – Il fallait que j'empruntasse le métro, que tu empruntasses, qu'il/elle empruntât, que nous empruntassions, que vous empruntassiez, qu'ils/elles empruntassent. – Il fallait que je triasse les ordures ménagères, que tu triasses, qu'il/elle triât, que nous triassions, que vous triassiez, qu'ils/elles triassent.

2 [...] Carla **découvrit** [...] elle s'en **souvint** [...]. – La population craignait que l'épidémie **se propageât** et qu'elle **fît** [...]. – Quand il **vit** [...], le malfaiteur **prit** [...]. – Ce jeune musicien était fier qu'on le **traitât** [...]. – [...] les projecteurs se **braquèrent** [...]. – [...] il se **produisit** [...] : la foudre **tomba** [...]. – Il n'était pas question que Patrick **s'engageât** [...].

3 Il **fallut** que M. Rodriguez **prévînt** […]. – Dès qu'il **vit** un départ de feu, M. Rodriguez **prévint** […]. – Quand il **aperçut** le drapeau […], le pilote **sut** […] **était** […]. – La chaleur **exigea** que cet aventurier **emportât** […]. – Lorsqu'il **partit** […], cet aventurier **emporta** […]. – Le plan d'occupation des sols ne **permit** pas que l'architecte **conçût** […].

4 Il marchait avec tant de précaution qu'on ne l'**entendit** pas […]. – Nous étions très étonnées que la neige **tombât** […]. – Lors de son séjour […], Mme Testa **découvrit** […]. – La sentinelle gardait le dépôt […] sans que l'on **devinât** […]. – Comme la fête avait duré […], Charles **dormit** […]. – Tu ignorais qu'un tel costume **pût** être porté […]. – L'éclusier refusa que la péniche **quittât** le bassin […].

5 Les lampadaires s'allumèrent bien qu'il **fît** […]. – Ces personnes trop crédules **crurent** leur horoscope […]. – Il était nécessaire que le viticulteur **sût** […]. – Les deux joueurs **ravirent** […]. – Le vendeur accepta que le client **bénéficiât** […]. – […] le marin **dut** affaler les voiles […]. – Il faudrait que l'avocat **convainquît** le jury […].

31 Les temps composés du subjonctif

1 Il faut que j'aie flâné pour arriver si tard, que tu aies flâné, qu'il/elle ait flâné, que nous ayons flâné, que vous ayez flâné, qu'ils/elles aient flâné. – Il faut que je sois arrivé(e) avant le début de la représentation, que tu sois arrivé(e), qu'il/elle soit arrivé(e), que nous soyons arrivé(e)s, que vous soyez arrivé(e)s, qu'ils/elles soient arrivé(e)s. – Il faut que j'aie appris à piloter avant de monter dans ce petit avion, que tu aies appris, qu'il/elle ait appris, que nous ayons appris, que vous ayez appris, qu'ils/elles aient appris. – Il faut que j'aie converti mes euros avant de partir au Japon, que tu aies converti tes euros, qu'il/elle ait converti ses euros, que nous ayons converti nos euros, que vous ayez converti vos euros, qu'ils/elles aient converti leurs euros. – Il faut que j'aie rétabli la situation pour espérer remporter le match, que tu aies rétabli, qu'il/elle ait rétabli, que nous ayons rétabli, que vous ayez rétabli, qu'ils/elles aient rétabli. – Il faut que j'aie branché le lecteur de DVD pour regarder ce film, que tu aies branché, qu'il/elle ait branché, que nous ayons branché, que vous ayez branché, qu'ils/elles aient branché.

2 Il fallait que j'**eusse égaré** […]. – Il aurait été souhaitable que le hérisson **eût échappé** […]. – Mathias se réjouissait que ses parents **eussent loué** […]. – Nous étions surpris que le secrétariat n'**eût** pas **répondu** […]. – Il parut normal que l'expédition de ce colis pour la Pologne **eût coûté** […]. – Le syndicat trouva étonnant que l'ouvrier **eût obtenu** […]. – Ces câbles auraient dû être remplacés afin que le téléphérique **eût fonctionné** […].

3 Tu veux que j'**aie repeint** […]. – […] il faut que tu **aies desserré** […]. – Avant que nous **ayons réalisé** […]. – Bien que l'incendie **se soit propagé** […]. – Nous étions heureux que vous **ayez pu** […]. – J'ai eu peur qu'il **se soit trompé** […]. – Il vaudrait mieux que l'espion n'**ait** pas **percé** […]. – Attends que la colle **ait séché** […]. – Que je **sois allé(e)** […].

4 Il était riche, non qu'il **eût travaillé** […]. – Si éloigné qu'il **eût été** […]. – Quoique le cavalier **fût tombé** […]. – Il aurait fallu que M. Bourgeois **eût maigri** […]. – Bien que tu lui **eusses téléphoné** […]. – Le commentateur […] s'étonna que le champion […] **eût escaladé** […].

5 Quand les peintres **eurent terminé** [...]. – De crainte que ce jeune garçon **eût contracté** [...]. – Lorsque vous **eûtes réfuté** [...]. – Cette photocopieuse [...] permit que le document **eût été** reproduit [...]. – Dès que le berger **eut rassemblé** [...]. – Lorsqu'un ballon [...] **eut rebondi** [...]. – Quand les radars **eurent localisé** [...]. – Le couturier n'aurait pas admis que cette robe **eût présenté** [...].

32 L'impératif

1 Évite les obstacles, évitons, évitez. – Prédis l'avenir, prédisons, prédisez. – Ne parle pas trop fort, ne parlons pas, ne parlez pas. – Réclame ton dû, réclamons, réclamez. – Ne triche pas au jeu, ne trichons pas, ne trichez pas. – Ne claque pas la porte, ne claquons pas, ne claquez pas.

2 **Choisis** [...]. – [...] ne **te retourne** pas. – [...] **prévoyez** [...]. – N'**entreprenez** pas [...]. – **Présente** [...]. – **Surmontons** [...] et **sautons** [...]. – [...] **surveillez** [...]. – **Savoure** [...]. – Ne **vous ruinez** pas [...]. – **Arrosez** [...]. – Ne **t'abrutis** pas [...]. – **Unissons** [...].

3 **Approche-toi**, n'**aie** pas peur. – Ne **mange** pas vite, **prends** ton temps. – Ne **te laisse** pas abattre, **réagis**. – **Écoute** calmement, ne **te fâche** pas. – Ne **crie** pas, **parle** posément. – Ne **cours** pas dans l'escalier, **marche**. – Ne **tergiverse** pas, **va** droit au but. – **Encolle** le papier peint, ne **salis** pas le mur. – Ne **roule** pas vite, **ralentis**. – **Relis** les numéros, ne les **confonds** pas.

4 **Sers** le café [...]. – [...] ne **trahis** pas tes amis. – **Ayons** le courage [...]. – [...] n'**oublie** pas [...]. – [...] ne **prétends** pas [...]. – [...] **minimises-en** (**minimisons-en – minimisez-en**) la portée. – **Purge** [...]. – **Ouvrez** vos paquets [...]. – **Disparaissez** de la vue [...]. – **Revivez** [...]. – Ne **croyez** pas [...]. – **Appliquez** [...].

5 **Prends-les**. – **Plantes-y** de la salade. – **Saisis-la**. – **Profites-en**. – **Étale-la** [...]. – **Installes-y** ta tente. – **Cherches-y** tes clés. – **Avales-en** deux. – **Coupes-en** une tranche. – **Timbre-les**. – **Tends-le**. – **Formule-la** clairement. – **Prélèves-en**.

33 Présent de l'impératif ou présent de l'indicatif ?

1 **Renforce** les charnières [...]. – **Confirme** ta réservation [...]. – Pour sauvegarder tes documents, **enregistre**-les [...] puis **copie**-les [...]. – Ne **fume** pas [...], la loi l'**interdit** et cela **nuit** à ta santé. – **Assure-toi** que la profondeur est suffisante [...]. – Tu **envisages** [...] ; **examine** [...].

2 **Plonge-toi** dans un livre ! **Te plonges**-tu dans un livre ? – **Nettoie** le carrelage ! **Nettoies**-tu le carrelage ? – **Lève-toi** de bonne heure ! **Te lèves**-tu de bonne heure ? – **Lace** tes chaussures ! **Laces**-tu tes chaussures ? – **Suggère** une solution ! **Suggères**-tu une solution ? – **Espère** un miracle ! **Espères**-tu un miracle ?

3 **Ôte** ta main du four, tu **risques** [...]. – **Retire-toi** sur la pointe des pieds [...]. – **Accède** au dernier étage [...] où tu **bénéficies** [...]. – **Sois** réaliste [...] ; tu n'**es** pas assez grand. – Quand vous **doublez** [...], ne les **frôlez** pas [...]. – **Signe** l'accusé de réception et **renvoie**-le [...]. – Tu **partages** ton studio [...], alors **règle** [...]. – **Aère** ta chambre [...], c'**est** plus sain.

4 Quand te **reposes**-tu un peu ? **Repose**-toi un peu ! Quand nous **reposons**-nous un peu ? **Reposons**-nous un peu ! Quand vous **reposez**-vous un peu ? **Reposez**-vous un peu ! – Comment t'**occupes**-tu calmement ? **Occupe**-toi calmement ! Comment nous **occupons**-nous calmement ? **Occupons**-nous calmement ! Comment vous **occupez**-vous calmement ? **Occupez**-vous calmement ! – Qu'**observes**-tu ici ? **Observe** ici ! Qu'**observons**-nous ici ? **Observons** ici ! Qu'**observez**-vous ici ? **Observez** ici ! – Que **récites**-tu à voix haute ? **Récite** à voix haute ! Que **récitons**-nous à voix haute ? **Récitons** à voix haute ! Que **récitez**-vous à voix haute ? **Récitez** à voix haute ! – À quoi **rêves**-tu parfois ? **Rêve** parfois ! À quoi **rêvons**-nous parfois ? **Rêvons** parfois ! À quoi **rêvez**-vous parfois ? **Rêvez** parfois ! – Pourquoi **restes**-tu là ? **Reste** là ! Pourquoi **restons**-nous là ? **Restons** là ! Pourquoi **restez**-vous là ? **Restez** là ! – Comment te **soignes**-tu ? **Soigne**-toi ! Comment nous **soignons**-nous ? **Soignons**-nous ! Comment vous **soignez**-vous ? **Soignez**-vous ! – Pour lequel te **décides**-tu enfin ? **Décide**-toi enfin ! Pour lequel nous **décidons**-nous enfin ? **Décidons**-nous enfin ! Pour lequel vous **décidez**-vous enfin ? **Décidez**-vous enfin ! – Avec qui te **distrais**-tu ? **Distrais**-toi ! Avec qui nous **distrayons**-nous ? **Distrayons**-nous ! Avec qui vous **distrayez**-vous ? **Distrayez**-vous ! – À qui te **présentes**-tu ? **Présente**-toi ! À qui nous **présentons**-nous ? **Présentons**-nous ! À qui vous **présentez**-vous ? **Présentez**-vous !

5 […] y **vas**-tu ? – **Va** (**Allons** – **Allez**) […], et **presse-toi** (**pressons-nous** – **pressez-vous**) […] ! – **Satisfaites**-vous de ce que vous **possédez** et n'**enviez** pas […] ! – Pourquoi **saignes**-tu […] ? – **Épluchez**-vous les légumes […] ? – **Renseigne-toi** (**renseignons-nous** – **renseignez-vous**) […] ! – **Modère-toi** […] ! – **Remarques**-tu […] ? – **Relevez** la tête et **regardez** […] !

34 Les formes verbales en *-ant*

1 Quoi de plus délicieux que **des chocolats fondant** sous la langue ! – Les **gentils fantômes**, agitant **leurs** chaînes, effraient les **esprits malfaisants**. – Les **sauveteurs** effectuent d'**ultimes tentatives** de treuillage **en espérant** qu'elles soient suffisantes pour repêcher les **naufragés dérivant** sur l'océan […]. – **Méditant**, les **bonzes** conservent […]. – **Méritants**, ces **élèves** réussiront […] leurs **examens**, aussi **éprouvants** soient-ils. – […] les **vents dominants** soufflent souvent […].

2 Les diplomates obtiendront satisfaction en **assouplissant** […]. – Ces lessives **assouplissantes** donneront […]. – En **bouclant** votre ceinture […]. – Le principe des vases **communicants** […]. – Ne **communiquant** que par une liaison satellite […]. – Les voyages en diligence étaient […] **fatigants**. – **Fatiguant** son cheval […]. – Cette actrice porte une tenue **provocante** […]. – **Provoquant** du regard leurs adversaires […].

3 **Voulant** te faire plaisir […]. – […] des phares **éblouissants**. – […] des résultats **décevants** […]. – **Concevant** ce modèle […]. – […] cette eau **bouillante**. – […] une peinture **résistant** aux fortes chaleurs. – La soirée **dansante** […].

4 […] **la chaussée glissante**. – […] **la casserole brûlante**, le cuisinier **la** laisse tomber. – **La façade soi-disant étonnante** de cet immeuble […]. – **La citerne alimentant** le village en eau […]. – […] **une casquette** fort **voyante**. – **Les voitures stationnant** en double file […] paralysent […].

5 L'entrée […] était **payante**. – Les moteurs […] **bruyants**. – […] des langoustes **vivantes**. – Les chiens s'approchent […] **en remuant** la queue. – **En cherchant** bien […]. – […] des câbles **isolants** […]. – **En multipliant** les recherches […]. – […] une émission **intéressante**.

35 Ai – aie -aies – ait – aient – es – est ?

1 J'**ai** [...] car j'**ai** gardé [...]. – Tu **es** [...]. – [...] la pharmacie [...] **est** de garde. – Le terrain **est** [...] l'agriculteur **a** l'intention [...]. – Cet homme **est** [...] il **a** suivi tous les conseils que je lui **ai** donnés. – La solution n'**est** pas [...] tu **es** dans le doute. – Comme j'**ai** [...], je n'**ai** [...].

2 [...] sans que le guide **ait** l'air [...]. – Il paraît préférable que les pompiers **aient** [...]. – Il est rare que j'**aie** [...]. – [...] sans que j'**aie** [...]. – [...] de sorte que tu n'**aies** pas [...] ! – [...] à condition que les passagers **aient** [...]. – Le contremaître tient à ce que tu **aies** [...]. – L'objectif de cet artisan est que le client **ait** [...].

3 Le chien **est** [...]. – L'enquête **est** [...]. – Si tu **es** [...]. – J'**ai** utilisé [...] j'**ai** pris [...] **est** vendu [...]. – La sentinelle **est** [...]. – Tu **es** [...] l'équipe [...] **est** [...]. – La soupière [...] **est** [...].

4 Ce tennisman **a** [...] sa mère **a** [...]. – Il est surprenant que le niveau [...] **ait** baissé [...]. – Il ne s'agit pas que tu **aies** [...]. – On ne peut admettre que les idées racistes **aient** [...]. – Pourquoi cette personne **a-t-elle** [...] ? – [...] j'**ai** [...] pourvu que j'**aie** appliqué [...]. – Le maraîcher est ravi que ses légumes **aient** poussé [...]. – Je ne peux pas imaginer que tu **aies** oublié [...]. – Quoique l'infirmière **ait** [...].

5 Bien que j'**aie** [...] j'**ai** froid. – Il est fâcheux que les travaux n'**aient** pas [...]. – Ce pauvre homme **est** [...] heureusement qu'il **est** [...]. – Nous ne comprenons pas que tu **aies** envie [...]. – Tu **es** [...] de sorte que tu **es** [...]. – Mon plus cher désir **est** que chacun **ait** [...].

36 Eu – eut – eût ? fut – fût ?

1 Avant que le public **eût** [...]. – [...] l'assistance en a **eu** [...]. – [...] elle n'**eût** pas [...]. – Les randonneurs n'ont pas **eu** [...]. – Après qu'il **eut** [...]. – Ce peintre a **eu** [...]. – [...] en admettant qu'elle **eût** [...].

2 Mme Traille **fut** [...]. – Il était pour le moins surprenant que le restaurant [...] **fût** [...]. – Mme Tomkowiak **fut** [...]. – Pourquoi [...] avait-il refusé que ce billet **fût** [...] ? – Dès qu'il **fut** [...]. – S'il avait eu son brevet de pilote, Jacky Delorme **fût** [...].

3 Dès qu'elle **eut** [...]. – L'électricien tenait à ce que le courant **fût** [...]. – M. Pujol a **eu** [...]. – Il **eût** fallu [...] pour qu'il **fût** [...]. – Il serait inexact de dire que ce trajet **fût** [...]. – Philippe a **eu** [...]. – Bien qu'on **fût** [...]. – Lorsque l'alerte **fut** [...].

4 Le patron [...] demanda que la cargaison **fût** [...]. – Cette hôtesse de l'air a **eu** [...]. – [...] de peur que le buffle **fût** [...]. – Lorsque Karl **eut** [...]. – Si le conducteur avait vu l'obstacle, il **eût** [...]. – Quand il **eut** [...]. – Une moquette [...] **eût** [...]. – Lorsque le patient **fut** [...] !

5 Il était possible que la marée **fût parvenue** [...]. – Lorsque Léa t'**eut téléphoné** [...]. – Si une erreur avait été commise [...], seul un observateur attentif l'**eût relevée**. – Dès que la rose **fut éclose** [...]. – Quoique Henri n'**eût éprouvé** [...]. – Ce rapace était le plus grand que le naturaliste **eût aperçu** [...]. – S'il avait eu des héritiers, ce riche banquier **eût fait** [...].

37 La forme impersonnelle

1 Il lui **vient** […]. – Il me **prend** […]. – Il **convient** […]. – Il **est** des propos qu'il vaut mieux ne jamais prononcer. – […] il **gèle** […]. – Il **fait** […]. – […] il **sort** […]. – […] il **revient** […]. – Il se **peut** […]. – Il **court** […].

2 […] il **était** […] il **valait** […] vous **vouliez** […]. – […] il te **venait** […]. – […] il **soufflait** […]. – […] il **faisait** frais. – […] ça **sentait** […] ! – […] il **circulait** […]. – Il nous **tardait** […]. – […] il se **traitait** […].

3 Il s'**est vendu** […]. – Il nous **est venu** […] ? – Il **a fait** […] le macadam […] **a fondu**. – Il y **a eu** […]. – […] il **est apparu** […]. – Il **a fallu** […]. – Il s'**est présenté** […].

4 […] il **disparaîtra** […]. – Il **mourra** […]. – […] il **partira** […]. – […] il se **produira** […]. – Il **fleurira** […]. – Il **manquera** […]. – […] il **s'échangera** […].

5 […] il **décollerait** […]. – […] il **s'agirait** […]. – […] il **suffirait** […]. – Il **courrait** […]. – […] il **conviendrait** […]. – Ce **devrait** […]. – Il **s'avérerait** […].

38 La forme négative – la forme interrogative

1 **Présent** : Je n'accepte pas le défi, tu n'acceptes pas, il/elle n'accepte pas, nous n'acceptons pas, vous n'acceptez pas, ils/elles n'acceptent pas. – Je ne présente pas de projet, tu ne présentes pas, il/elle ne présente pas, nous ne présentons pas, vous ne présentez pas, ils/elles ne présentent pas. – Je n'accueille pas d'amis, tu n'accueilles pas, il/elle n'accueille pas, nous n'accueillons pas, vous n'accueillez pas, ils/elles n'accueillent pas. – Je n'articule pas de paroles, tu n'articules pas, il/elle n'articule pas, nous n'articulons pas, vous n'articulez pas, ils/elles n'articulent pas. – Je ne me vexe pas inutilement, tu ne te vexes pas, il/elle ne se vexe pas, nous ne nous vexons pas, vous ne vous vexez pas, ils/elles ne se vexent pas. – Je ne brave pas la tempête, tu ne braves pas, il/elle ne brave pas, nous ne bravons pas, vous ne bravez pas, ils/elles ne bravent pas. – Je ne vais pas au spectacle, tu ne vas pas, il/elle ne va pas, nous n'allons pas, vous n'allez pas, ils/elles ne vont pas. – Je ne perds pas patience, tu ne perds pas, il/elle ne perd pas, nous ne perdons pas, vous ne perdez pas, ils/elles ne perdent pas. – Je ne m'arrête pas à mi-parcours, tu ne t'arrêtes pas, il/elle ne s'arrête pas, nous ne nous arrêtons pas, vous ne vous arrêtez pas, ils/elles ne s'arrêtent pas.
Passé composé : Je n'ai pas accepté le défi, tu n'as pas accepté, il/elle n'a pas accepté, nous n'avons pas accepté, vous n'avez pas accepté, ils/elles n'ont pas accepté. – Je n'ai pas présenté de projet, tu n'as pas présenté, il/elle n'a pas présenté, nous n'avons pas présenté, vous n'avez pas présenté, ils/elles n'ont pas présenté. – Je n'ai pas accueilli d'amis, tu n'as pas accueilli, il/elle n'a pas accueilli, nous n'avons pas accueilli, vous n'avez pas accueilli, ils/elles n'ont pas accueilli. – Je n'ai pas articulé de paroles, tu n'as pas articulé, il/elle n'a pas articulé, nous n'avons pas articulé, vous n'avez pas articulé, ils/elles n'ont pas articulé. – Je ne me suis pas vexé(e) inutilement, tu ne t'es pas vexé(e), il/elle ne s'est pas vexé(e), nous ne nous sommes pas vexé(e)s, vous ne vous êtes pas vexé(e)s, ils/elles ne se sont pas vexé(e)s. – Je n'ai pas bravé la tempête, tu n'as pas bravé, il/elle n'a pas bravé, nous n'avons pas bravé, vous n'avez pas bravé, ils/elles n'ont pas bravé. – Je ne suis pas allé(e) au spectacle, tu n'es pas allé(e), il/elle n'est pas

allé(e), nous ne sommes pas allé(e)s, vous n'êtes pas allé(e)s, ils/elles ne sont pas allé(e)s. – Je n'ai pas perdu patience, tu n'as pas perdu, il/elle n'a pas perdu, nous n'avons pas perdu, vous n'avez pas perdu, ils/elles n'ont pas perdu. – Je ne me suis pas arrêté(e) à mi-parcours, tu ne t'es pas arrêté(e), il/elle ne s'est pas arrêté(e), nous ne nous sommes pas arrêté(e)s, vous ne vous êtes pas arrêté(e)s, ils/elles ne se sont pas arrêté(e)s.

2 **Imparfait** : Je ne répondais pas vivement, tu ne répondais pas, il/elle ne répondait pas, nous ne répondions pas, vous ne répondiez pas, ils/elles ne répondaient pas. – Je ne rayais pas les mots inutiles, tu ne rayais pas, il/elle ne rayait pas, nous ne rayions pas, vous ne rayiez pas, ils/elles ne rayaient pas. – Je ne craignais pas les efforts, tu ne craignais pas, il/elle ne craignait pas, nous ne craignions pas, vous ne craigniez pas, ils/elles ne craignaient pas. – Je ne me garais pas sur le trottoir, tu ne te garais pas, il/elle ne se garait pas, nous ne nous garions pas, vous ne vous gariez pas, ils/elles ne se garaient pas. – Je ne gaspillais pas l'énergie, tu ne gaspillais pas, il/elle ne gaspillait pas, nous ne gaspillions pas, vous ne gaspilliez pas, ils/elles ne gaspillaient pas. – Je ne buvais pas plus que de raison, tu ne buvais pas, il/elle ne buvait pas, nous ne buvions pas, vous ne buviez pas, ils/elles ne buvaient pas.
Plus-que-parfait : Je n'avais pas répondu vivement, tu n'avais pas répondu, il/elle n'avait pas répondu, nous n'avions pas répondu, vous n'aviez pas répondu, ils/elles n'avaient pas répondu. – Je n'avais pas rayé les mots inutiles, tu n'avais pas rayé, il/elle n'avait pas rayé, nous n'avions pas rayé, vous n'aviez pas rayé, ils/elles n'avaient pas rayé. – Je n'avais pas craint les efforts, tu n'avais pas craint, il/elle n'avait pas craint, nous n'avions pas craint, vous n'aviez pas craint, ils/elles n'avaient pas craint. – Je ne m'étais pas garé(e) sur le trottoir, tu ne t'étais pas garé(e), il/elle ne s'était pas garé(e), nous ne nous étions pas garé(e)s, vous ne vous étiez pas garé(e)s, ils/elles ne s'étaient pas garé(e)s. – Je n'avais pas gaspillé l'énergie, tu n'avais pas gaspillé, il/elle n'avait pas gaspillé, nous n'avions pas gaspillé, vous n'aviez pas gaspillé, ils/elles n'avaient pas gaspillé. – Je n'avais pas bu plus que de raison, tu n'avais pas bu, il/elle n'avait pas bu, nous n'avions pas bu, vous n'aviez pas bu, ils/elles n'avaient pas bu.

3 Non, tu n'en es pas capable. – Non, elle ne l'a pas aimée. – Non, vous ne le nagez pas. – Non, ils ne s'y rendent pas nombreux. – Non, il n'y pêche pas souvent. – Non, il n'y en avait plus. – Non, vous n'avez rien trouvé d'intéressant. – Non, elle ne les apprécie pas. – Non, ils ne seront pas tous occupés. – Non, ils n'ont jamais désobéi à leur maître. – Non, on n'en extrait plus.

4 En fin de journée, le maçon nettoie-t-il soigneusement sa bétonnière ? – Mme Eyraud se soignera-t-elle par acupuncture ? – Placez-vous le linge dans la machine à laver ? – Cet entrepreneur a-t-il embauché des ouvriers ? – Les biologistes ont-ils découvert un nouveau médicament pour lutter contre le paludisme ? – L'architecte conçoit-il un bâtiment parfaitement intégré au paysage ? – Des doubles vitrages isoleraient-ils mieux votre maison ? – Les rois de France gouvernaient-ils selon leur bon plaisir ?

5 Est-ce que vous investissez [...] ? – Est-ce que je terminerai [...] ? – Est-ce que nous assisterons [...] ? – Est-ce que tu veux bien [...] ? – Est-ce que M. Oger obtiendra [...] ? – Est-ce que l'autruche pondra [...] ? – Est-ce qu'une pincée de sel suffit [...] ? – Est-ce que le trèfle envahit [...] ? – Est-ce que cette colle durcit [...] ? – Est-ce que je vérifie [...] ?

6 **Combien** de personnes [...] ? – **Quand** pourrez-vous [...] ? – [...] **lequel** choisis-tu [...] ? – **Où** [...] se sont-ils réfugiés ? – [...] **qui** oserait affronter [...] ? – Sur **quel** support [...] ? – **Comment** les hélicoptères [...] ? – [...] **que** représente-t-elle ?

TABLEAUX DE CONJUGAISON TYPES

Comment trouver la conjugaison d'un verbe ?

Grâce à l'**index des verbes** et aux **tableaux de conjugaison types**, vous pouvez conjuguer tous les verbes de la langue française.

• Pour cela, il vous suffit de rechercher par ordre alphabétique, dans l'index (pages 199 à 255), le verbe que vous souhaitez conjuguer.

• Le numéro qui figure en face de ce verbe vous donnera le numéro du modèle de conjugaison type. Vous trouverez ce modèle de conjugaison dans les pages qui suivent (pages 116 à 198), les tableaux étant classés par numéro.

• Vous appliquerez au verbe que vous voulez conjuguer les variations du radical et les terminaisons du verbe modèle.

• Les difficultés particulières de chaque conjugaison sont indiquées par les lettres en couleur.

Exemples :

1. Comment s'écrit le verbe *sortir* à la 2ᵉ personne du singulier du présent de l'impératif ?
Sortir a pour numéro de conjugaison **22** (il se conjugue comme *dormir*).
À la 2ᵉ personne du singulier du présent de l'impératif, le verbe modèle s'écrit *dors* ; *sortir* s'écrira donc *sors*.

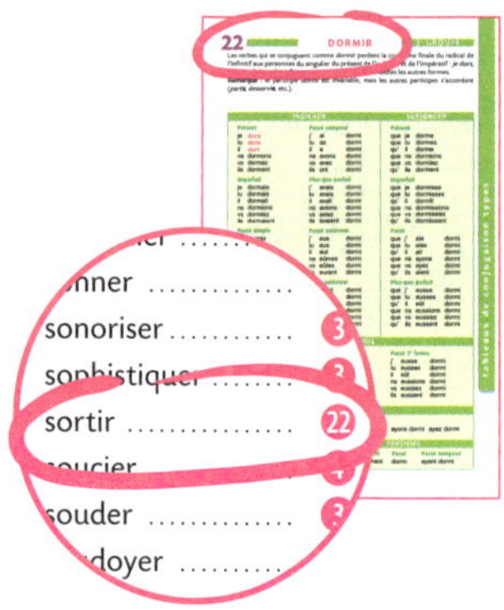

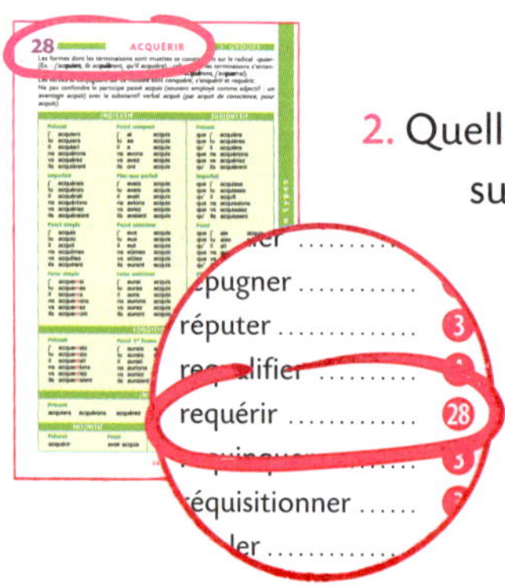

2. Quelle est la 3ᵉ personne du singulier du présent du subjonctif du verbe *requérir* ?
Requérir a pour numéro de conjugaison **28** (il se conjugue comme *acquérir*).
Acquérir fait *qu'il acquière* à la 3ᵉ personne du singulier du présent du subjonctif ; *requérir* fera donc *qu'il requière*.

Liste des 83 verbes types

1 Avoir
2 Être
3 Chanter
4 Crier
5 Créer
6 Placer
7 Manger
8 Naviguer
9 Céder
10 Assiéger
11 Lever
12 Appeler
13 Geler
14 Jeter
15 Acheter
16 Payer
17 Essuyer
18 Employer
19 Envoyer
20 Finir
21 Haïr
22 Dormir
23 Vêtir
24 Bouillir
25 Courir
26 Mourir
27 Venir
28 Acquérir
29 Offrir
30 Cueillir
31 Assaillir
32 Faillir
33 Fuir
34 Gésir
35 Ouïr
36 Recevoir
37 Voir
38 Prévoir
39 Pourvoir
40 Asseoir
41 Surseoir
42 Savoir
43 Devoir
44 Pouvoir
45 Vouloir
46 Valoir
47 Prévaloir
48 Mouvoir
49 Falloir
50 Pleuvoir
51 Déchoir
52 Rendre
53 Prendre
54 Craindre
55 Peindre
56 Joindre
57 Résoudre
58 Coudre
59 Moudre
60 Rompre
61 Vaincre
62 Battre
63 Mettre
64 Connaître
65 Naître
66 Croître
67 Croire
68 Plaire
69 Traire
70 Suivre
71 Vivre
72 Suffire
73 Dire
74 Maudire
75 Lire
76 Écrire
77 Rire
78 Conduire
79 Boire
80 Conclure
81 Clore
82 Faire
83 Aller

1 AVOIR

Avoir est soit un verbe transitif *(ils ont quatre enfants)*, soit un auxiliaire utilisé dans la conjugaison des temps composés (*ils ont donné leur avis* : verbe *donner* au passé composé).
L'auxiliaire *avoir* sert à la conjugaison de la plupart des verbes à la voix active. C'est l'auxiliaire utilisé pour les temps composés de *avoir (j'ai eu)* et de *être (j'ai été)*.
Ravoir ne s'utilise qu'à l'infinitif.

INDICATIF

Présent	Passé composé
j' ai	j' ai eu
tu as	tu as eu
il a	il a eu
ns avons	ns avons eu
vs avez	vs avez eu
ils ont	ils ont eu

Imparfait	Plus-que parfait
j' avais	j' avais eu
tu avais	tu avais eu
il avait	il avait eu
ns avions	ns avions eu
vs aviez	vs aviez eu
ils avaient	ils avaient eu

Passé simple	Passé antérieur
j' eus	j' eus eu
tu eus	tu eus eu
il eut	il eut eu
ns eûmes	ns eûmes eu
vs eûtes	vs eûtes eu
ils eurent	ils eurent eu

Futur simple	Futur antérieur
j' aurai	j' aurai eu
tu auras	tu auras eu
il aura	il aura eu
ns aurons	ns aurons eu
vs aurez	vs aurez eu
ils auront	ils auront eu

SUBJONCTIF

Présent	Imparfait
que j' aie	que j' eusse
que tu aies	que tu eusses
qu' il ait	qu' il eût
que ns ayons	que ns eussions
que vs ayez	que vs eussiez
qu' ils aient	qu' ils eussent

Passé	Plus-que-parfait
que j' aie eu	que j' eusse eu
que tu aies eu	que tu eusses eu
qu' il ait eu	qu' il eût eu
que ns ayons eu	que ns eussions eu
que vs ayez eu	que vs eussiez eu
qu' ils aient eu	qu' ils eussent eu

CONDITIONNEL

Présent	Passé 1re forme	Passé 2e forme
j' aurais	j' aurais eu	j' eusse eu
tu aurais	tu aurais eu	tu eusses eu
il aurait	il aurait eu	il eût eu
ns aurions	ns aurions eu	ns eussions eu
vs auriez	vs auriez eu	vs eussiez eu
ils auraient	ils auraient eu	ils eussent eu

IMPÉRATIF

Présent			Passé		
aie	ayons	ayez	aie eu	ayons eu	ayez eu

INFINITIF

Présent	Passé
avoir	avoir eu

PARTICIPE

Présent	Passé	Passé composé
ayant	eu, eue	ayant eu

2 ÊTRE

Être est soit un verbe d'état *(ils sont frères)*, soit un auxiliaire utilisé dans la conjugaison des temps composés de certains verbes intransitifs (*ils sont arrivés* : verbe *arriver* au passé composé).
L'auxiliaire *être* sert à la conjugaison de quelques verbes à la voix active *(arriver, rester, partir...)*, de tous les verbes pronominaux *(ils se sont donné la main)* et de tous les verbes à la voix passive *(ils sont suivis par un inconnu)*.
Le participe passé *été* est toujours invariable.

INDICATIF

Présent	Passé composé
je suis	j' ai été
tu es	tu as été
il est	il a été
ns sommes	ns avons été
vs êtes	vs avez été
ils sont	ils ont été

Imparfait	Plus-que-parfait
j' étais	j' avais été
tu étais	tu avais été
il était	il avait été
ns étions	ns avions été
vs étiez	vs aviez été
ils étaient	ils avaient été

Passé simple	Passé antérieur
je fus	j' eus été
tu fus	tu eus été
il fut	il eut été
ns fûmes	ns eûmes été
vs fûtes	vs eûtes été
ils furent	ils eurent été

Futur simple	Futur antérieur
je serai	j' aurai été
tu seras	tu auras été
il sera	il aura été
ns serons	ns aurons été
vs serez	vs aurez été
ils seront	ils auront été

SUBJONCTIF

Présent	Imparfait
que je sois	que je fusse
que tu sois	que tu fusses
qu' il soit	qu' il fût
que ns soyons	que ns fussions
que vs soyez	que vs fussiez
qu' ils soient	qu' ils fussent

Passé	Plus-que-parfait
que j' aie été	que j' eusse été
que tu aies été	que tu eusses été
qu' il ait été	qu' il eût été
que ns ayons été	que ns eussions été
que vs ayez été	que vs eussiez été
qu' ils aient été	qu' ils eussent été

CONDITIONNEL

Présent	Passé 1re forme	Passé 2e forme
je serais	j' aurais été	j' eusse été
tu serais	tu aurais été	tu eusses été
il serait	il aurait été	il eût été
ns serions	ns aurions été	ns eussions été
vs seriez	vs auriez été	vs eussiez été
ils seraient	ils auraient été	ils eussent été

IMPÉRATIF

Présent			Passé		
sois	soyons	soyez	aie été	ayons été	ayez été

INFINITIF

Présent	Passé
être	avoir été

PARTICIPE

Présent	Passé	Passé composé
étant	été	ayant été

3 CHANTER — 1er GROUPE

Tous les verbes du 1er groupe ont les terminaisons du verbe modèle *chanter*.
Le radical *chant-* est utilisé pour tous les temps simples, sauf au futur simple et au présent du conditionnel, temps pour lesquels les formes se construisent sur le radical *chanter-*.
Remarque : la plupart des nouveaux verbes appartiennent au 1er groupe et se conjuguent sur le modèle de *chanter* (Ex. : *zapper, sponsoriser*).

INDICATIF

Présent	Passé composé
je chante	j' ai chanté
tu chantes	tu as chanté
il chante	il a chanté
ns chantons	ns avons chanté
vs chantez	vs avez chanté
ils chantent	ils ont chanté

Imparfait	Plus-que-parfait
je chantais	j' avais chanté
tu chantais	tu avais chanté
il chantait	il avait chanté
ns chantions	ns avions chanté
vs chantiez	vs aviez chanté
ils chantaient	ils avaient chanté

Passé simple	Passé antérieur
je chantai	j' eus chanté
tu chantas	tu eus chanté
il chanta	il eut chanté
ns chantâmes	ns eûmes chanté
vs chantâtes	vs eûtes chanté
ils chantèrent	ils eurent chanté

Futur simple	Futur antérieur
je chanterai	j' aurai chanté
tu chanteras	tu auras chanté
il chantera	il aura chanté
ns chanterons	ns aurons chanté
vs chanterez	vs aurez chanté
ils chanteront	ils auront chanté

SUBJONCTIF

Présent	Imparfait
que je chante	que je chantasse
que tu chantes	que tu chantasses
qu' il chante	qu' il chantât
que ns chantions	que ns chantassions
que vs chantiez	que vs chantassiez
qu' ils chantent	qu' ils chantassent

Passé	Plus-que-parfait
que j' aie chanté	que j' eusse chanté
que tu aies chanté	que tu eusses chanté
qu' il ait chanté	qu' il eût chanté
que ns ayons chanté	que ns eussions chanté
que vs ayez chanté	que vs eussiez chanté
qu' ils aient chanté	qu' ils eussent chanté

CONDITIONNEL

Présent	Passé 1re forme	Passé 2e forme
je chanterais	j' aurais chanté	j' eusse chanté
tu chanterais	tu aurais chanté	tu eusses chanté
il chanterait	il aurait chanté	il eût chanté
ns chanterions	ns aurions chanté	ns eussions chanté
vs chanteriez	vs auriez chanté	vs eussiez chanté
ils chanteraient	ils auraient chanté	ils eussent chanté

IMPÉRATIF

Présent			Passé		
chante	chantons	chantez	aie chanté	ayons chanté	ayez chanté

INFINITIF

Présent	Passé
chanter	avoir chanté

PARTICIPE

Présent	Passé	Passé composé
chantant	chanté, e	ayant chanté

4 CRIER — 1er GROUPE

Les verbes en *-ier* sont tout à fait réguliers. Ils s'écrivent avec deux *i* consécutifs aux deux premières personnes du pluriel de l'imparfait de l'indicatif et du présent du subjonctif *(nous criions, vous criiez)* : le premier pour le radical *(cri-)*, le deuxième pour la terminaison *(-ions, -iez)*.
On veillera à ne pas oublier le *e* muet du radical au futur simple et au présent du conditionnel (Ex. : *je lierai*, du verbe *lier*, 1er groupe, à bien distinguer de *je lirai*, du verbe *lire*, 3e groupe).

INDICATIF

Présent	Passé composé
je crie	j' ai crié
tu cries	tu as crié
il crie	il a crié
ns crions	ns avons crié
vs criez	vs avez crié
ils crient	ils ont crié

Imparfait	Plus-que-parfait
je criais	j' avais crié
tu criais	tu avais crié
il criait	il avait crié
ns criions	ns avions crié
vs criiez	vs aviez crié
ils criaient	ils avaient crié

Passé simple	Passé antérieur
je criai	j' eus crié
tu crias	tu eus crié
il cria	il eut crié
ns criâmes	ns eûmes crié
vs criâtes	vs eûtes crié
ils crièrent	ils eurent crié

Futur simple	Futur antérieur
je crierai	j' aurai crié
tu crieras	tu auras crié
il criera	il aura crié
ns crierons	ns aurons crié
vs crierez	vs aurez crié
ils crieront	ils auront crié

SUBJONCTIF

Présent	Imparfait
que je crie	que je criasse
que tu cries	que tu criasses
qu' il crie	qu' il criât
que ns criions	que ns criassions
que vs criiez	que vs criassiez
qu' ils crient	qu' ils criassent

Passé	Plus-que-parfait
que j' aie crié	que j' eusse crié
que tu aies crié	que tu eusses crié
qu' il ait crié	qu' il eût crié
que ns ayons crié	que ns eussions crié
que vs ayez crié	que vs eussiez crié
qu' ils aient crié	qu' ils eussent crié

CONDITIONNEL

Présent	Passé 1re forme	Passé 2e forme
je crierais	j' aurais crié	j' eusse crié
tu crierais	tu aurais crié	tu eusses crié
il crierait	il aurait crié	il eût crié
ns crierions	ns aurions crié	ns eussions crié
vs crieriez	vs auriez crié	vs eussiez crié
ils crieraient	ils auraient crié	ils eussent crié

IMPÉRATIF

Présent			Passé		
crie	crions	criez	aie crié	ayons crié	ayez crié

INFINITIF

Présent	Passé
crier	avoir crié

PARTICIPE

Présent	Passé	Passé composé
criant	crié, e	ayant crié

5 CRÉER — 1er GROUPE

Les verbes en *-éer* sont tout à fait réguliers. Ainsi, certaines formes s'écrivent avec le *é* qui termine le radical *(cré-)* immédiatement suivi d'un *e* de la terminaison (Ex. : *je **crée**, ils **créent***).
Le participe passé masculin s'écrit avec deux *é* : ***créé*** ; le participe féminin avec deux *é* suivis d'un *e* : ***créée***.
Béer s'écrit avec un seul *é* au participe passé : *bouche bée*.

INDICATIF

Présent	Passé composé
je crée	j' ai créé
tu crées	tu as créé
il crée	il a créé
ns créons	ns avons créé
vs créez	vs avez créé
ils créent	ils ont créé

Imparfait	Plus-que-parfait
je créais	j' avais créé
tu créais	tu avais créé
il créait	il avait créé
ns créions	ns avions créé
vs créiez	vs aviez créé
ils créaient	ils avaient créé

Passé simple	Passé antérieur
je créai	j' eus créé
tu créas	tu eus créé
il créa	il eut créé
ns créâmes	ns eûmes créé
vs créâtes	vs eûtes créé
ils créèrent	ils eurent créé

Futur simple	Futur antérieur
je créerai	j' aurai créé
tu créeras	tu auras créé
il créera	il aura créé
ns créerons	ns aurons créé
vs créerez	vs aurez créé
ils créeront	ils auront créé

SUBJONCTIF

Présent	Imparfait
que je crée	que je créasse
que tu crées	que tu créasses
qu' il crée	qu' il créât
que ns créions	que ns créassions
que vs créiez	que vs créassiez
qu' ils créent	qu' ils créassent

Passé	Plus-que-parfait
que j' aie créé	que j' eusse créé
que tu aies créé	que tu eusses créé
qu' il ait créé	qu' il eût créé
que ns ayons créé	que ns eussions créé
que vs ayez créé	que vs eussiez créé
qu' ils aient créé	qu' ils eussent créé

CONDITIONNEL

Présent	Passé 1re forme	Passé 2e forme
je créerais	j' aurais créé	j' eusse créé
tu créerais	tu aurais créé	tu eusses créé
il créerait	il aurait créé	il eût créé
ns créerions	ns aurions créé	ns eussions créé
vs créeriez	vs auriez créé	vs eussiez créé
ils créeraient	ils auraient créé	ils eussent créé

IMPÉRATIF

Présent	Passé
crée créons créez	aie créé ayons créé ayez créé

INFINITIF

Présent	Passé
créer	avoir créé

PARTICIPE

Présent	Passé	Passé composé
créant	créé, créée	ayant créé

6 PLACER

1er GROUPE

Les verbes en *-cer* sont tout à fait réguliers. Mais pour que le *c* garde le son [s] de l'infinitif, on met une cédille devant le *a* et le *o* des terminaisons (Ex. : *nous plaçons, je plaçais, vous plaçâtes, plaçant*).

INDICATIF

Présent	Passé composé
je place	j' ai placé
tu places	tu as placé
il place	il a placé
ns plaçons	ns avons placé
vs placez	vs avez placé
ils placent	ils ont placé
Imparfait	**Plus-que-parfait**
je plaçais	j' avais placé
tu plaçais	tu avais placé
il plaçait	il avait placé
ns placions	ns avions placé
vs placiez	vs aviez placé
ils plaçaient	ils avaient placé
Passé simple	**Passé antérieur**
je plaçai	j' eus placé
tu plaças	tu eus placé
il plaça	il eut placé
ns plaçâmes	ns eûmes placé
vs plaçâtes	vs eûtes placé
ils placèrent	ils eurent placé
Futur simple	**Futur antérieur**
je placerai	j' aurai placé
tu placeras	tu auras placé
il placera	il aura placé
ns placerons	ns aurons placé
vs placerez	vs aurez placé
ils placeront	ils auront placé

SUBJONCTIF

Présent	Imparfait
que je place	que je plaçasse
que tu places	que tu plaçasses
qu' il place	qu' il plaçât
que ns placions	que ns plaçassions
que vs placiez	que vs plaçassiez
qu' ils placent	qu' ils plaçassent
Passé	**Plus-que-parfait**
que j' aie placé	que j' eusse placé
que tu aies placé	que tu eusses placé
qu' il ait placé	qu' il eût placé
que ns ayons placé	que ns eussions placé
que vs ayez placé	que vs eussiez placé
qu' ils aient placé	qu' ils eussent placé

CONDITIONNEL

Présent	Passé 1re forme	Passé 2e forme
je placerais	j' aurais placé	j' eusse placé
tu placerais	tu aurais placé	tu eusses placé
il placerait	il aurait placé	il eût placé
ns placerions	ns aurions placé	ns eussions placé
vs placeriez	vs auriez placé	vs eussiez placé
ils placeraient	ils auraient placé	ils eussent placé

IMPÉRATIF

Présent			Passé		
place	plaçons	placez	aie placé	ayons placé	ayez placé

INFINITIF

Présent	Passé
placer	avoir placé

PARTICIPE

Présent	Passé	Passé composé
plaçant	placé, e	ayant placé

tableaux de conjugaison types

7 MANGER 1er GROUPE

Les verbes en *-ger* sont tout à fait réguliers. Mais pour que le *g* garde le son [ʒ] de l'infinitif, on met un *e* muet devant le *a* et le *o* des terminaisons (Ex. : *nous mangeons, je mangeais, mangeant*).
Remarque : pour les verbes en *-éger*, voir modèle **10**.

INDICATIF

Présent	Passé composé
je mange	j' ai mangé
tu manges	tu as mangé
il mange	il a mangé
ns mangeons	ns avons mangé
vs mangez	vs avez mangé
ils mangent	ils ont mangé
Imparfait	**Plus-que-parfait**
je mangeais	j' avais mangé
tu mangeais	tu avais mangé
il mangeait	il avait mangé
ns mangions	ns avions mangé
vs mangiez	vs aviez mangé
ils mangeaient	ils avaient mangé
Passé simple	**Passé antérieur**
je mangeai	j' eus mangé
tu mangeas	tu eus mangé
il mangea	il eut mangé
ns mangeâmes	ns eûmes mangé
vs mangeâtes	vs eûtes mangé
ils mangèrent	ils eurent mangé
Futur simple	**Futur antérieur**
je mangerai	j' aurai mangé
tu mangeras	tu auras mangé
il mangera	il aura mangé
ns mangerons	ns aurons mangé
vs mangerez	vs aurez mangé
ils mangeront	ils auront mangé

SUBJONCTIF

Présent	Imparfait
que je mange	que je mangeasse
que tu manges	que tu mangeasses
qu' il mange	qu' il mangeât
que ns mangions	que ns mangeassions
que vs mangiez	que vs mangeassiez
qu' ils mangent	qu' ils mangeassent
Passé	**Plus-que-parfait**
que j' aie mangé	que j' eusse mangé
que tu aies mangé	que tu eusses mangé
qu' il ait mangé	qu' il eût mangé
que ns ayons mangé	que ns eussions mangé
que vs ayez mangé	que vs eussiez mangé
qu' ils aient mangé	qu' ils eussent mangé

CONDITIONNEL

Présent	Passé 1re forme	Passé 2e forme
je mangerais	j' aurais mangé	j' eusse mangé
tu mangerais	tu aurais mangé	tu eusses mangé
il mangerait	il aurait mangé	il eût mangé
ns mangerions	ns aurions mangé	ns eussions mangé
vs mangeriez	vs auriez mangé	vs eussiez mangé
ils mangeraient	ils auraient mangé	ils eussent mangé

IMPÉRATIF

Présent	Passé
mange mangeons mangez	aie mangé ayons mangé ayez mangé

INFINITIF

Présent	Passé
manger	avoir mangé

PARTICIPE

Présent	Passé	Passé composé
mangeant	mangé, e	ayant mangé

8 NAVIGUER — 1er GROUPE

Les verbes en *-guer* gardent le *u* qui suit le *g* dans toute la conjugaison, même devant *a* et *o*, car il appartient au radical (Ex. : *nous naviguons, il navigua*).

INDICATIF

Présent	Passé composé
je navigue	j' ai navigué
tu navigues	tu as navigué
il navigue	il a navigué
ns naviguons	ns avons navigué
vs naviguez	vs avez navigué
ils naviguent	ils ont navigué
Imparfait	**Plus-que-parfait**
je naviguais	j' avais navigué
tu naviguais	tu avais navigué
il naviguait	il avait navigué
ns naviguions	ns avions navigué
vs naviguiez	vs aviez navigué
ils naviguaient	ils avaient navigué
Passé simple	**Passé antérieur**
je naviguai	j' eus navigué
tu naviguas	tu eus navigué
il navigua	il eut navigué
ns naviguâmes	ns eûmes navigué
vs naviguâtes	vs eûtes navigué
ils naviguèrent	ils eurent navigué
Futur simple	**Futur antérieur**
je naviguerai	j' aurai navigué
tu navigueras	tu auras navigué
il naviguera	il aura navigué
ns naviguerons	ns aurons navigué
vs naviguerez	vs aurez navigué
ils navigueront	ils auront navigué

SUBJONCTIF

Présent	Imparfait
que je navigue	que je naviguasse
que tu navigues	que tu naviguasses
qu' il navigue	qu' il naviguât
que ns naviguions	que ns naviguassions
que vs naviguiez	que vs naviguassiez
qu' ils naviguent	qu' ils naviguassent
Passé	**Plus-que-parfait**
que j' aie navigué	que j' eusse navigué
que tu aies navigué	que tu eusses navigué
qu' il ait navigué	qu' il eût navigué
que ns ayons navigué	que ns eussions navigué
que vs ayez navigué	que vs eussiez navigué
qu' ils aient navigué	qu' ils eussent navigué

CONDITIONNEL

Présent	Passé 1re forme	Passé 2e forme
je naviguerais	j' aurais navigué	j' eusse navigué
tu naviguerais	tu aurais navigué	tu eusses navigué
il naviguerait	il aurait navigué	il eût navigué
ns naviguerions	ns aurions navigué	ns eussions navigué
vs navigueriez	vs auriez navigué	vs eussiez navigué
ils navigueraient	ils auraient navigué	ils eussent navigué

IMPÉRATIF

Présent			Passé		
navigue	naviguons	naviguez	aie navigué	ayons navigué	ayez navigué

INFINITIF

Présent	Passé
naviguer	avoir navigué

PARTICIPE

Présent	Passé	Passé composé
naviguant	navigué, e	ayant navigué

9 CÉDER

1er GROUPE

Les verbes qui ont un *é* en avant-dernière syllabe changent ce *é* fermé [e] en *è* ouvert [ɛ] lorsque la terminaison contient un *e* muet (Ex. : *je cède, ils cèdent*). Mais au futur simple et au présent du conditionnel, le *é* de l'infinitif se maintient à toutes les personnes (Ex. : *je céderai, nous céderions*).

Remarque : par souci de cohérence, les rectifications orthographiques de 1990 préconisent toutefois les graphies en *è* au lieu de *é* à toutes les personnes du futur simple et du conditionnel présent (Ex. : *je cèderai* comme on écrit *je lèverai*).

INDICATIF

Présent		Passé composé	
je cède		j' ai cédé	
tu cèdes		tu as cédé	
il cède		il a cédé	
ns cédons		ns avons cédé	
vs cédez		vs avez cédé	
ils cèdent		ils ont cédé	
Imparfait		**Plus-que-parfait**	
je cédais		j' avais cédé	
tu cédais		tu avais cédé	
il cédait		il avait cédé	
ns cédions		ns avions cédé	
vs cédiez		vs aviez cédé	
ils cédaient		ils avaient cédé	
Passé simple		**Passé antérieur**	
je cédai		j' eus cédé	
tu cédas		tu eus cédé	
il céda		il eut cédé	
ns cédâmes		ns eûmes cédé	
vs cédâtes		vs eûtes cédé	
ils cédèrent		ils eurent cédé	
Futur simple		**Futur antérieur**	
je céderai	(cèderai)	j' aurai cédé	
tu céderas	(cèderas)	tu auras cédé	
il cédera	(cèdera)	il aura cédé	
ns céderons	(cèderons)	ns aurons cédé	
vs céderez	(cèderez)	vs aurez cédé	
ils céderont	(cèderont)	ils auront cédé	

SUBJONCTIF

Présent	Imparfait
que je cède	que je cédasse
que tu cèdes	que tu cédasses
qu' il cède	qu' il cédât
que ns cédions	que ns cédassions
que vs cédiez	que vs cédassiez
qu' ils cèdent	qu' ils cédassent
Passé	**Plus-que-parfait**
que j' aie cédé	que j' eusse cédé
que tu aies cédé	que tu eusses cédé
qu' il ait cédé	qu' il eût cédé
que ns ayons cédé	que ns eussions cédé
que vs ayez cédé	que vs eussiez cédé
qu' ils aient cédé	qu' ils eussent cédé

CONDITIONNEL

Présent		Passé 1re forme	Passé 2e forme
je céderais	(cèderais)	j' aurais cédé	j' eusse cédé
tu céderais	(cèderais)	tu aurais cédé	tu eusses cédé
il céderait	(cèderait)	il aurait cédé	il eût cédé
ns céderions	(cèderions)	ns aurions cédé	ns eussions cédé
vs céderiez	(cèderiez)	vs auriez cédé	vs eussiez cédé
ils céderaient	(cèderaient)	ils auraient cédé	ils eussent cédé

IMPÉRATIF

Présent			Passé		
cède	cédons	cédez	aie cédé	ayons cédé	ayez cédé

INFINITIF

Présent	Passé
céder	avoir cédé

PARTICIPE

Présent	Passé	Passé composé
cédant	cédé, e	ayant cédé

10 ASSIÉGER — 1er GROUPE

Les verbes en *-éger* se conjuguent comme le verbe *manger* (voir modèle **7**) pour l'alternance *g/ge* et comme le verbe *céder* (voir modèle **9**) pour l'alternance *é/è*.

INDICATIF

Présent	Passé composé
j' assiège	j' ai assiégé
tu assièges	tu as assiégé
il assiège	il a assiégé
ns assiégeons	ns avons assiégé
vs assiégez	vs avez assiégé
ils assiègent	ils ont assiégé

Imparfait	Plus-que-parfait
j' assiégeais	j' avais assiégé
tu assiégeais	tu avais assiégé
il assiégeait	il avait assiégé
ns assiégions	ns avions assiégé
vs assiégiez	vs aviez assiégé
ils assiégeaient	ils avaient assiégé

Passé simple	Passé antérieur
j' assiégeai	j' eus assiégé
tu assiégeas	tu eus assiégé
il assiégea	il eut assiégé
ns assiégeâmes	ns eûmes assiégé
vs assiégeâtes	vs eûtes assiégé
ils assiégèrent	ils eurent assiégé

Futur simple		Futur antérieur
j' assiégerai	(assiègerai)	j' aurai assiégé
tu assiégeras	(assiègeras)	tu auras assiégé
il assiégera	(assiègera)	il aura assiégé
ns assiégerons	(assiègerons)	ns aurons assiégé
vs assiégerez	(assiègerez)	vs aurez assiégé
ils assiégeront	(assiègeront)	ils auront assiégé

SUBJONCTIF

Présent	Imparfait
que j' assiège	que j' assiégeasse
que tu assièges	que tu assiégeasses
qu' il assiège	qu' il assiégeât
que ns assiégions	que ns assiégeassions
que vs assiégiez	que vs assiégeassiez
qu' ils assiègent	qu' ils assiégeassent

Passé	Plus-que-parfait
que j' aie assiégé	que j' eusse assiégé
que tu aies assiégé	que tu eusses assiégé
qu' il ait assiégé	qu' il eût assiégé
que ns ayons assiégé	que ns eussions assiégé
que vs ayez assiégé	que vs eussiez assiégé
qu' ils aient assiégé	qu' ils eussent assiégé

CONDITIONNEL

Présent		Passé 1re forme	Passé 2e forme
j' assiégerais	(assiègerais)	j' aurais assiégé	j' eusse assiégé
tu assiégerais	(assiègerais)	tu aurais assiégé	tu eusses assiégé
il assiégerait	(assiègerait)	il aurait assiégé	il eût assiégé
ns assiégerions	(assiègerions)	ns aurions assiégé	ns eussions assiégé
vs assiégeriez	(assiègeriez)	vs auriez assiégé	vs eussiez assiégé
ils assiégeraient	(assiègeraient)	ils auraient assiégé	ils eussent assiégé

IMPÉRATIF

Présent			Passé		
assiège	assiégeons	assiégez	aie assiégé	ayons assiégé	ayez assiégé

INFINITIF

Présent	Passé
assiéger	avoir assiégé

PARTICIPE

Présent	Passé	Passé composé
assiégeant	assiégé, e	ayant assiégé

11 LEVER 1er GROUPE

Les verbes qui ont un *e* muet dans l'avant-dernière syllabe de l'infinitif changent ce *e* en *è* ouvert [ɛ] lorsque la syllabe qui suit contient un *e* muet (Ex. : *je lève, ils lèvent, nous lèverons*).

INDICATIF

Présent	Passé composé
je lève	j' ai levé
tu lèves	tu as levé
il lève	il a levé
ns levons	ns avons levé
vs levez	vs avez levé
ils lèvent	ils ont levé
Imparfait	**Plus-que-parfait**
je levais	j' avais levé
tu levais	tu avais levé
il levait	il avait levé
ns levions	ns avions levé
vs leviez	vs aviez levé
ils levaient	ils avaient levé
Passé simple	**Passé antérieur**
je levai	j' eus levé
tu levas	tu eus levé
il leva	il eut levé
ns levâmes	ns eûmes levé
vs levâtes	vs eûtes levé
ils levèrent	ils eurent levé
Futur simple	**Futur antérieur**
je lèverai	j' aurai levé
tu lèveras	tu auras levé
il lèvera	il aura levé
ns lèverons	ns aurons levé
vs lèverez	vs aurez levé
ils lèveront	ils auront levé

SUBJONCTIF

Présent	Imparfait
que je lève	que je levasse
que tu lèves	que tu levasses
qu' il lève	qu' il levât
que ns levions	que ns levassions
que vs leviez	que vs levassiez
qu' ils lèvent	qu' ils levassent
Passé	**Plus-que-parfait**
que j' aie levé	que j' eusse levé
que tu aies levé	que tu eusses levé
qu' il ait levé	qu' il eût levé
que ns ayons levé	que ns eussions levé
que vs ayez levé	que vs eussiez levé
qu' ils aient levé	qu' ils eussent levé

CONDITIONNEL

Présent	Passé 1re forme	Passé 2e forme
je lèverais	j' aurais levé	j' eusse levé
tu lèverais	tu aurais levé	tu eusses levé
il lèverait	il aurait levé	il eût levé
ns lèverions	ns aurions levé	ns eussions levé
vs lèveriez	vs auriez levé	vs eussiez levé
ils lèveraient	ils auraient levé	ils eussent levé

IMPÉRATIF

Présent			Passé		
lève	levons	levez	aie levé	ayons levé	ayez levé

INFINITIF

Présent	Passé
lever	avoir levé

PARTICIPE

Présent	Passé	Passé composé
levant	levé, e	ayant levé

12 APPELER — 1er GROUPE

La plupart des verbes en *-eler* doublent le *l* devant un *e* muet (Ex. : *j'appelle, vous appellerez, ils appelleraient*).
Remarque : quelques verbes en *-eler* ne doublent pas le *l*, mais prennent un accent grave. Voir modèle **13**.

INDICATIF

Présent	Passé composé
j' appelle	j' ai appelé
tu appelles	tu as appelé
il appelle	il a appelé
ns appelons	ns avons appelé
vs appelez	vs avez appelé
ils appellent	ils ont appelé
Imparfait	**Plus-que-parfait**
j' appelais	j' avais appelé
tu appelais	tu avais appelé
il appelait	il avait appelé
ns appelions	ns avions appelé
vs appeliez	vs aviez appelé
ils appelaient	ils avaient appelé
Passé simple	**Passé antérieur**
j' appelai	j' eus appelé
tu appelas	tu eus appelé
il appela	il eut appelé
ns appelâmes	ns eûmes appelé
vs appelâtes	vs eûtes appelé
ils appelèrent	ils eurent appelé
Futur simple	**Futur antérieur**
j' appellerai	j' aurai appelé
tu appelleras	tu auras appelé
il appellera	il aura appelé
ns appellerons	ns aurons appelé
vs appellerez	vs aurez appelé
ils appelleront	ils auront appelé

SUBJONCTIF

Présent	Imparfait
que j' appelle	que j' appelasse
que tu appelles	que tu appelasses
qu' il appelle	qu' il appelât
que ns appelions	que ns appelassions
que vs appeliez	que vs appelassiez
qu' ils appellent	qu' ils appelassent
Passé	**Plus-que-parfait**
que j' aie appelé	que j' eusse appelé
que tu aies appelé	que tu eusses appelé
qu' il ait appelé	qu' il eût appelé
que ns ayons appelé	que ns eussions appelé
que vs ayez appelé	que vs eussiez appelé
qu' ils aient appelé	qu' ils eussent appelé

CONDITIONNEL

Présent	Passé 1re forme	Passé 2e forme
j' appellerais	j' aurais appelé	j' eusse appelé
tu appellerais	tu aurais appelé	tu eusses appelé
il appellerait	il aurait appelé	il eût appelé
ns appellerions	ns aurions appelé	ns eussions appelé
vs appelleriez	vs auriez appelé	vs eussiez appelé
ils appelleraient	ils auraient appelé	ils eussent appelé

IMPÉRATIF

Présent			Passé		
appelle	appelons	appelez	aie appelé	ayons appelé	ayez appelé

INFINITIF

Présent	Passé
appeler	avoir appelé

PARTICIPE

Présent	Passé	Passé composé
appelant	appelé, e	ayant appelé

13 GELER — 1er GROUPE

Quelques verbes en *-eler* ne doublent pas le *l* devant un *e* muet ; on change simplement le *e* qui précède le *l* en *è*.
Ainsi se conjuguent *bosseler, celer, ciseler, démanteler, écarteler, geler, marteler, modeler, peler* et les verbes de leur famille.

INDICATIF

Présent	Passé composé
je gèle	j' ai gelé
tu gèles	tu as gelé
il gèle	il a gelé
ns gelons	ns avons gelé
vs gelez	vs avez gelé
ils gèlent	ils ont gelé

Imparfait	Plus-que-parfait
je gelais	j' avais gelé
tu gelais	tu avais gelé
il gelait	il avait gelé
ns gelions	ns avions gelé
vs geliez	vs aviez gelé
ils gelaient	ils avaient gelé

Passé simple	Passé antérieur
je gelai	j' eus gelé
tu gelas	tu eus gelé
il gela	il eut gelé
ns gelâmes	ns eûmes gelé
vs gelâtes	vs eûtes gelé
ils gelèrent	ils eurent gelé

Futur simple	Futur antérieur
je gèlerai	j' aurai gelé
tu gèleras	tu auras gelé
il gèlera	il aura gelé
ns gèlerons	ns aurons gelé
vs gèlerez	vs aurez gelé
ils gèleront	ils auront gelé

SUBJONCTIF

Présent	Imparfait
que je gèle	que je gelasse
que tu gèles	que tu gelasses
qu' il gèle	qu' il gelât
que ns gelions	que ns gelassions
que vs geliez	que vs gelassiez
qu' ils gèlent	qu' ils gelassent

Passé	Plus-que-parfait
que j' aie gelé	que j' eusse gelé
que tu aies gelé	que tu eusses gelé
qu' il ait gelé	qu' il eût gelé
que ns ayons gelé	que ns eussions gelé
que vs ayez gelé	que vs eussiez gelé
qu' ils aient gelé	qu' ils eussent gelé

CONDITIONNEL

Présent	Passé 1re forme	Passé 2e forme
je gèlerais	j' aurais gelé	j' eusse gelé
tu gèlerais	tu aurais gelé	tu eusses gelé
il gèlerait	il aurait gelé	il eût gelé
ns gèlerions	ns aurions gelé	ns eussions gelé
vs gèleriez	vs auriez gelé	vs eussiez gelé
ils gèleraient	ils auraient gelé	ils eussent gelé

IMPÉRATIF

Présent			Passé		
gèle	gelons	gelez	aie gelé	ayons gelé	ayez gelé

INFINITIF

Présent	Passé
geler	avoir gelé

PARTICIPE

Présent	Passé	Passé composé
gelant	gelé, e	ayant gelé

14 JETER 1er GROUPE

La plupart des verbes en *-eter* doublent le *t* devant un *e* muet (Ex. : *je jette, vous jetterez, tu jetterais*).
Remarque : quelques verbes en *-eter* ne doublent pas le *t*, mais prennent un accent grave. Voir modèle **15**.

INDICATIF

Présent	Passé composé
je jette	j' ai jeté
tu jettes	tu as jeté
il jette	il a jeté
ns jetons	ns avons jeté
vs jetez	vs avez jeté
ils jettent	ils ont jeté

Imparfait	Plus-que-parfait
je jetais	j' avais jeté
tu jetais	tu avais jeté
il jetait	il avait jeté
ns jetions	ns avions jeté
vs jetiez	vs aviez jeté
ils jetaient	ils avaient jeté

Passé simple	Passé antérieur
je jetai	j' eus jeté
tu jetas	tu eus jeté
il jeta	il eut jeté
ns jetâmes	ns eûmes jeté
vs jetâtes	vs eûtes jeté
ils jetèrent	ils eurent jeté

Futur simple	Futur antérieur
je jetterai	j' aurai jeté
tu jetteras	tu auras jeté
il jettera	il aura jeté
ns jetterons	ns aurons jeté
vs jetterez	vs aurez jeté
ils jetteront	ils auront jeté

SUBJONCTIF

Présent	Imparfait
que je jette	que je jetasse
que tu jettes	que tu jetasses
qu' il jette	qu' il jetât
que ns jetions	que ns jetassions
que vs jetiez	que vs jetassiez
qu' ils jettent	qu' ils jetassent

Passé	Plus-que-parfait
que j' aie jeté	que j' eusse jeté
que tu aies jeté	que tu eusses jeté
qu' il ait jeté	qu' il eût jeté
que ns ayons jeté	que ns eussions jeté
que vs ayez jeté	que vs eussiez jeté
qu' ils aient jeté	qu' ils eussent jeté

CONDITIONNEL

Présent	Passé 1re forme	Passé 2e forme
je jetterais	j' aurais jeté	j' eusse jeté
tu jetterais	tu aurais jeté	tu eusses jeté
il jetterait	il aurait jeté	il eût jeté
ns jetterions	ns aurions jeté	ns eussions jeté
vs jetteriez	vs auriez jeté	vs eussiez jeté
ils jetteraient	ils auraient jeté	ils eussent jeté

IMPÉRATIF

Présent			Passé		
jette	jetons	jetez	aie jeté	ayons jeté	ayez jeté

INFINITIF

Présent	Passé
jeter	avoir jeté

PARTICIPE

Présent	Passé	Passé composé
jetant	jeté, e	ayant jeté

15 ACHETER — 1er GROUPE

Quelques verbes en *-eter* ne doublent pas le *t* devant un *e* muet ; on change simplement le *e* qui précède le *t* en *è*.
Ainsi se conjuguent *acheter, corseter, crocheter, fileter, fureter, haleter* et les verbes de leur famille.

INDICATIF

Présent	Passé composé
j' achète	j' ai acheté
tu achètes	tu as acheté
il achète	il a acheté
ns achetons	ns avons acheté
vs achetez	vs avez acheté
ils achètent	ils ont acheté

Imparfait	Plus-que-parfait
j' achetais	j' avais acheté
tu achetais	tu avais acheté
il achetait	il avait acheté
ns achetions	ns avions acheté
vs achetiez	vs aviez acheté
ils achetaient	ils avaient acheté

Passé simple	Passé antérieur
j' achetai	j' eus acheté
tu achetas	tu eus acheté
il acheta	il eut acheté
ns achetâmes	ns eûmes acheté
vs achetâtes	vs eûtes acheté
ils achetèrent	ils eurent acheté

Futur simple	Futur antérieur
j' achèterai	j' aurai acheté
tu achèteras	tu auras acheté
il achètera	il aura acheté
ns achèterons	ns aurons acheté
vs achèterez	vs aurez acheté
ils achèteront	ils auront acheté

SUBJONCTIF

Présent	Imparfait
que j' achète	que j' achetasse
que tu achètes	que tu achetasses
qu' il achète	qu' il achetât
que ns achetions	que ns achetassions
que vs achetiez	que vs achetassiez
qu' ils achètent	qu' ils achetassent

Passé	Plus-que-parfait
que j' aie acheté	que j' eusse acheté
que tu aies acheté	que tu eusses acheté
qu' il ait acheté	qu' il eût acheté
que ns ayons acheté	que ns eussions acheté
que vs ayez acheté	que vs eussiez acheté
qu' ils aient acheté	qu' ils eussent acheté

CONDITIONNEL

Présent	Passé 1re forme	Passé 2e forme
j' achèterais	j' aurais acheté	j' eusse acheté
tu achèterais	tu aurais acheté	tu eusses acheté
il achèterait	il aurait acheté	il eût acheté
ns achèterions	ns aurions acheté	ns eussions acheté
vs achèteriez	vs auriez acheté	vs eussiez acheté
ils achèteraient	ils auraient acheté	ils eussent acheté

IMPÉRATIF

Présent			Passé		
achète	achetons	achetez	aie acheté	ayons acheté	ayez acheté

INFINITIF

Présent	Passé
acheter	avoir acheté

PARTICIPE

Présent	Passé	Passé composé
achetant	acheté, e	ayant acheté

16 PAYER 1er GROUPE

Les verbes en *-ayer* changent le *y* de l'infinitif en *i* devant un *e* muet. Dans ce cas, le son [j] ne se fait pas entendre (Ex. : *je paie, ils **paient**, tu paieras*).

Remarques : 1. Les verbes en *-ayer* peuvent conserver le *y* dans toute la conjugaison, même devant un *e* muet (Ex. : *je paye*) ; mais il est préférable d'aligner la conjugaison de tous les verbes en *-yer* sur le même modèle. **2.** Ne pas oublier le *i* de la terminaison qui suit le *y* du radical aux deux premières personnes du pluriel à l'imparfait de l'indicatif et au présent du subjonctif (Ex. : *nous payions*).

INDICATIF

Présent	Passé composé
je paie	j' ai payé
tu paies	tu as payé
il paie	il a payé
ns payons	ns avons payé
vs payez	vs avez payé
ils paient	ils ont payé
Imparfait	**Plus-que-parfait**
je payais	j' avais payé
tu payais	tu avais payé
il payait	il avait payé
ns payions	ns avions payé
vs payiez	vs aviez payé
ils payaient	ils avaient payé
Passé simple	**Passé antérieur**
je payai	j' eus payé
tu payas	tu eus payé
il paya	il eut payé
ns payâmes	ns eûmes payé
vs payâtes	vs eûtes payé
ils payèrent	ils eurent payé
Futur simple	**Futur antérieur**
je paierai	j' aurai payé
tu paieras	tu auras payé
il paiera	il aura payé
ns paierons	ns aurons payé
vs paierez	vs aurez payé
ils paieront	ils auront payé

SUBJONCTIF

Présent	Imparfait
que je paie	que je payasse
que tu paies	que tu payasses
qu' il paie	qu' il payât
que ns payions	que ns payassions
que vs payiez	que vs payassiez
qu' ils paient	qu' ils payassent
Passé	**Plus-que-parfait**
que j' aie payé	que j' eusse payé
que tu aies payé	que tu eusses payé
qu' il ait payé	qu' il eût payé
que ns ayons payé	que ns eussions payé
que vs ayez payé	que vs eussiez payé
qu' ils aient payé	qu' ils eussent payé

CONDITIONNEL

Présent	Passé 1re forme	Passé 2e forme
je paierais	j' aurais payé	j' eusse payé
tu paierais	tu aurais payé	tu eusses payé
il paierait	il aurait payé	il eût payé
ns paierions	ns aurions payé	ns eussions payé
vs paieriez	vs auriez payé	vs eussiez payé
ils paieraient	ils auraient payé	ils eussent payé

IMPÉRATIF

Présent			Passé		
paie	payons	payez	aie payé	ayons payé	ayez payé

INFINITIF

Présent	Passé
payer	avoir payé

PARTICIPE

Présent	Passé	Passé composé
payant	payé, e	ayant payé

17 ESSUYER — 1er GROUPE

Les verbes en *-uyer* changent le *y* de l'infinitif en *i* devant un *e* muet. Dans ce cas, le son [j] ne se fait pas entendre (Ex. : *j'essuie, tu essuieras*).
Remarque : ne pas oublier le *i* de la terminaison qui suit le *y* du radical aux deux premières personnes du pluriel à l'imparfait de l'indicatif et au présent du subjonctif (Ex. : *nous essuyions, vous essuyiez*).

INDICATIF

Présent	Passé composé
j' essuie	j' ai essuyé
tu essuies	tu as essuyé
il essuie	il a essuyé
ns essuyons	ns avons essuyé
vs essuyez	vs avez essuyé
ils essuient	ils ont essuyé
Imparfait	**Plus-que-parfait**
j' essuyais	j' avais essuyé
tu essuyais	tu avais essuyé
il essuyait	il avait essuyé
ns essuyions	ns avions essuyé
vs essuyiez	vs aviez essuyé
ils essuyaient	ils avaient essuyé
Passé simple	**Passé antérieur**
j' essuyai	j' eus essuyé
tu essuyas	tu eus essuyé
il essuya	il eut essuyé
ns essuyâmes	ns eûmes essuyé
vs essuyâtes	vs eûtes essuyé
ils essuyèrent	ils eurent essuyé
Futur simple	**Futur antérieur**
j' essuierai	j' aurai essuyé
tu essuieras	tu auras essuyé
il essuiera	il aura essuyé
ns essuierons	ns aurons essuyé
vs essuierez	vs aurez essuyé
ils essuieront	ils auront essuyé

SUBJONCTIF

Présent	Imparfait
que j' essuie	que j' essuyasse
que tu essuies	que tu essuyasses
qu' il essuie	qu' il essuyât
que ns essuyions	que ns essuyassions
que vs essuyiez	que vs essuyassiez
qu' ils essuient	qu' ils essuyassent
Passé	**Plus-que-parfait**
que j' aie essuyé	que j' eusse essuyé
que tu aies essuyé	que tu eusses essuyé
qu' il ait essuyé	qu' il eût essuyé
que ns ayons essuyé	que ns eussions essuyé
que vs ayez essuyé	que vs eussiez essuyé
qu' ils aient essuyé	qu' ils eussent essuyé

CONDITIONNEL

Présent	Passé 1re forme	Passé 2e forme
j' essuierais	j' aurais essuyé	j' eusse essuyé
tu essuierais	tu aurais essuyé	tu eusses essuyé
il essuierait	il aurait essuyé	il eût essuyé
ns essuierions	ns aurions essuyé	ns eussions essuyé
vs essuieriez	vs auriez essuyé	vs eussiez essuyé
ils essuieraient	ils auraient essuyé	ils eussent essuyé

IMPÉRATIF

Présent			Passé		
essuie	essuyons	essuyez	aie essuyé	ayons essuyé	ayez essuyé

INFINITIF

Présent	Passé
essuyer	avoir essuyé

PARTICIPE

Présent	Passé	Passé composé
essuyant	essuyé, e	ayant essuyé

18 EMPLOYER — 1er GROUPE

Les verbes en *-oyer* changent le *y* de l'infinitif en *i* devant un *e* muet. Dans ce cas, le son [j] ne se fait pas entendre (Ex. : *j'emploierais, ils emploient*).
Remarques : 1. Ne pas oublier le *i* de la terminaison qui suit le *y* du radical aux deux premières personnes du pluriel à l'imparfait de l'indicatif et au présent du subjonctif (Ex. : *nous employions, vous employiez.*) **2.** *Envoyer* est irrégulier. Voir modèle **19**.

INDICATIF

Présent	Passé composé
j' emploie	j' ai employé
tu emploies	tu as employé
il emploie	il a employé
ns employons	ns avons employé
vs employez	vs avez employé
ils emploient	ils ont employé

Imparfait	Plus-que-parfait
j' employais	j' avais employé
tu employais	tu avais employé
il employait	il avait employé
ns employions	ns avions employé
vs employiez	vs aviez employé
ils employaient	ils avaient employé

Passé simple	Passé antérieur
j' employai	j' eus employé
tu employas	tu eus employé
il employa	il eut employé
ns employâmes	ns eûmes employé
vs employâtes	vs eûtes employé
ils employèrent	ils eurent employé

Futur simple	Futur antérieur
j' emploierai	j' aurai employé
tu emploieras	tu auras employé
il emploiera	il aura employé
ns emploierons	ns aurons employé
vs emploierez	vs aurez employé
ils emploieront	ils auront employé

SUBJONCTIF

Présent	Imparfait
que j' emploie	que j' employasse
que tu emploies	que tu employasses
qu' il emploie	qu' il employât
que ns employions	que ns employassions
que vs employiez	que vs employassiez
qu' ils emploient	qu' ils employassent

Passé	Plus-que-parfait
que j' aie employé	que j' eusse employé
que tu aies employé	que tu eusses employé
qu' il ait employé	qu' il eût employé
que ns ayons employé	que ns eussions employé
que vs ayez employé	que vs eussiez employé
qu' ils aient employé	qu' ils eussent employé

CONDITIONNEL

Présent	Passé 1re forme	Passé 2e forme
j' emploierais	j' aurais employé	j' eusse employé
tu emploierais	tu aurais employé	tu eusses employé
il emploierait	il aurait employé	il eût employé
ns emploierions	ns aurions employé	ns eussions employé
vs emploieriez	vs auriez employé	vs eussiez employé
ils emploieraient	ils auraient employé	ils eussent employé

IMPÉRATIF

Présent			Passé		
emploie	employons	employez	aie employé	ayons employé	ayez employé

INFINITIF

Présent	Passé
employer	avoir employé

PARTICIPE

Présent	Passé	Passé composé
employant	employé, e	ayant employé

19 ENVOYER — 1er GROUPE

Envoyer et *renvoyer* sont irréguliers au futur simple et au présent du conditionnel. Les terminaisons s'ajoutent non pas au radical de l'infinitif, mais à un autre radical : *enverr-* (et *renverr-*). Pour les autres temps, ils se conjuguent comme *employer* (voir modèle **18**).
Remarque : ne pas oublier le *i* de la terminaison qui suit le *y* du radical aux deux premières personnes du pluriel à l'imparfait de l'indicatif et au présent du subjonctif (Ex. : *nous envoyions, vous envoyiez*).

INDICATIF

Présent	Passé composé
j' envoie	j' ai envoyé
tu envoies	tu as envoyé
il envoie	il a envoyé
ns envoyons	ns avons envoyé
vs envoyez	vs avez envoyé
ils envoient	ils ont envoyé
Imparfait	**Plus-que-parfait**
j' envoyais	j' avais envoyé
tu envoyais	tu avais envoyé
il envoyait	il avait envoyé
ns envoyions	ns avions envoyé
vs envoyiez	vs aviez envoyé
ils envoyaient	ils avaient envoyé
Passé simple	**Passé antérieur**
j' envoyai	j' eus envoyé
tu envoyas	tu eus envoyé
il envoya	il eut envoyé
ns envoyâmes	ns eûmes envoyé
vs envoyâtes	vs eûtes envoyé
ils envoyèrent	ils eurent envoyé
Futur simple	**Futur antérieur**
j' enverrai	j' aurai envoyé
tu enverras	tu auras envoyé
il enverra	il aura envoyé
ns enverrons	ns aurons envoyé
vs enverrez	vs aurez envoyé
ils enverront	ils auront envoyé

SUBJONCTIF

Présent	Passé
que j' envoie	que j' aie envoyé
que tu envoies	que tu aies envoyé
qu' il envoie	qu' il ait envoyé
que ns envoyions	que ns ayons envoyé
que vs envoyiez	que vs ayez envoyé
qu' ils envoient	qu' ils aient envoyé
Imparfait	**Plus-que-parfait**
que j' envoyasse	que j' eusse envoyé
que tu envoyasses	que tu eusses envoyé
qu' il envoyât	qu' il eût envoyé
que ns envoyassions	que ns eussions envoyé
que vs envoyassiez	que vs eussiez envoyé
qu' ils envoyassent	qu' ils eussent envoyé

CONDITIONNEL

Présent	Passé 1re forme	Passé 2e forme
j' enverrais	j' aurais envoyé	j' eusse envoyé
tu enverrais	tu aurais envoyé	tu eusses envoyé
il enverrait	il aurait envoyé	il eût envoyé
ns enverrions	ns aurions envoyé	ns eussions envoyé
vs enverriez	vs auriez envoyé	vs eussiez envoyé
ils enverraient	ils auraient envoyé	ils eussent envoyé

IMPÉRATIF

Présent			Passé		
envoie	envoyons	envoyez	aie envoyé	ayons envoyé	ayez envoyé

INFINITIF

Présent	Passé
envoyer	avoir envoyé

PARTICIPE

Présent	Passé	Passé composé
envoyant	envoyé, e	ayant envoyé

20 FINIR — 2e GROUPE

Tous les verbes du 2e groupe ont les mêmes terminaisons que le verbe modèle *finir*. On intercale *-iss-* entre le radical et la terminaison pour certaines formes (Ex. : *nous finissons, je finissais, finissant*).

Remarque : bien qu'ayant un infinitif en *-re*, *bruire* et *maudire* se conjuguent comme *finir*. *Bruire* ne s'emploie qu'à la 3e personne *(il bruit)*. Le participe passé de *maudire* s'écrit avec un *t* : *maudit*.

INDICATIF

Présent	Passé composé
je finis	j' ai fini
tu finis	tu as fini
il finit	il a fini
ns finissons	ns avons fini
vs finissez	vs avez fini
ils finissent	ils ont fini

Imparfait	Plus-que-parfait
je finissais	j' avais fini
tu finissais	tu avais fini
il finissait	il avait fini
ns finissions	ns avions fini
vs finissiez	vs aviez fini
ils finissaient	ils avaient fini

Passé simple	Passé antérieur
je finis	j' eus fini
tu finis	tu eus fini
il finit	il eut fini
ns finîmes	ns eûmes fini
vs finîtes	vs eûtes fini
ils finirent	ils eurent fini

Futur simple	Futur antérieur
je finirai	j' aurai fini
tu finiras	tu auras fini
il finira	il aura fini
ns finirons	ns aurons fini
vs finirez	vs aurez fini
ils finiront	ils auront fini

SUBJONCTIF

Présent	Imparfait
que je finisse	que je finisse
que tu finisses	que tu finisses
qu' il finisse	qu' il finît
que ns finissions	que ns finissions
que vs finissiez	que vs finissiez
qu' ils finissent	qu' ils finissent

Passé	Plus-que-parfait
que j' aie fini	que j' eusse fini
que tu aies fini	que tu eusses fini
qu' il ait fini	qu' il eût fini
que ns ayons fini	que ns eussions fini
que vs ayez fini	que vs eussiez fini
qu' ils aient fini	qu' ils eussent fini

CONDITIONNEL

Présent	Passé 1re forme	Passé 2e forme
je finirais	j' aurais fini	j' eusse fini
tu finirais	tu aurais fini	tu eusses fini
il finirait	il aurait fini	il eût fini
ns finirions	ns aurions fini	ns eussions fini
vs finiriez	vs auriez fini	vs eussiez fini
ils finiraient	ils auraient fini	ils eussent fini

IMPÉRATIF

Présent			Passé		
finis	finissons	finissez	aie fini	ayons fini	ayez fini

INFINITIF

Présent	Passé
finir	avoir fini

PARTICIPE

Présent	Passé	Passé composé
finissant	fini, e	ayant fini

21 HAÏR — 2e GROUPE

Haïr garde le tréma dans toute sa conjugaison, sauf aux personnes du singulier du présent de l'indicatif et de l'impératif : *je hais, tu hais, il hait, hais.* C'est le seul verbe du 2e groupe dont le passé simple singulier se distingue du présent de l'indicatif singulier, à la fois par la graphie – présence d'un tréma au passé simple – et la prononciation. La présence du tréma étant incompatible avec celle de l'accent circonflexe, on écrit *nous haïmes, vous haïtes* aux deux premières personnes du pluriel du passé simple et *qu'il haït* à la 3e personne du singulier de l'imparfait du subjonctif.

INDICATIF

Présent	Passé composé
je hais	j' ai haï
tu hais	tu as haï
il hait	il a haï
ns haïssons	ns avons haï
vs haïssez	vs avez haï
ils haïssent	ils ont haï

Imparfait	Plus-que-parfait
je haïssais	j' avais haï
tu haïssais	tu avais haï
il haïssait	il avait haï
ns haïssions	ns avions haï
vs haïssiez	vs aviez haï
ils haïssaient	ils avaient haï

Passé simple	Passé antérieur
je haïs	j' eus haï
tu haïs	tu eus haï
il haït	il eut haï
ns haïmes	ns eûmes haï
vs haïtes	vs eûtes haï
ils haïrent	ils eurent haï

Futur simple	Futur antérieur
je haïrai	j' aurai haï
tu haïras	tu auras haï
il haïra	il aura haï
ns haïrons	ns aurons haï
vs haïrez	vs aurez haï
ils haïront	ils auront haï

SUBJONCTIF

Présent	Imparfait
que je haïsse	que je haïsse
que tu haïsses	que tu haïsses
qu' il haïsse	qu' il haït
que ns haïssions	que ns haïssions
que vs haïssiez	que vs haïssiez
qu' ils haïssent	qu' ils haïssent

Passé	Plus-que-parfait
que j' aie haï	que j' eusse haï
que tu aies haï	que tu eusses haï
qu' il ait haï	qu' il eût haï
que ns ayons haï	que ns eussions haï
que vs ayez haï	que vs eussiez haï
qu' ils aient haï	qu' ils eussent haï

CONDITIONNEL

Présent	Passé 1re forme	Passé 2e forme
je haïrais	j' aurais haï	j' eusse haï
tu haïrais	tu aurais haï	tu eusses haï
il haïrait	il aurait haï	il eût haï
ns haïrions	ns aurions haï	ns eussions haï
vs haïriez	vs auriez haï	vs eussiez haï
ils haïraient	ils auraient haï	ils eussent haï

IMPÉRATIF

Présent			Passé		
hais	haïssons	haïssez	aie haï	ayons haï	ayez haï

INFINITIF

Présent	Passé
haïr	avoir haï

PARTICIPE

Présent	Passé	Passé composé
haïssant	haï, haïe	ayant haï

22 DORMIR 3e GROUPE

Les verbes qui se conjuguent comme *dormir* perdent la consonne finale du radical de l'infinitif aux personnes du singulier du présent de l'indicatif et de l'impératif : *je dors, tu dors, il dort, dors.* Cette consonne est présente à toutes les autres formes.

Remarque : le participe *dormi* est invariable, mais les autres participes s'accordent (*partis, desservie*, etc.).

INDICATIF

Présent	Passé composé
je dors	j' ai dormi
tu dors	tu as dormi
il dort	il a dormi
ns dormons	ns avons dormi
vs dormez	vs avez dormi
ils dorment	ils ont dormi

Imparfait	Plus-que-parfait
je dormais	j' avais dormi
tu dormais	tu avais dormi
il dormait	il avait dormi
ns dormions	ns avions dormi
vs dormiez	vs aviez dormi
ils dormaient	ils avaient dormi

Passé simple	Passé antérieur
je dormis	j' eus dormi
tu dormis	tu eus dormi
il dormit	il eut dormi
ns dormîmes	ns eûmes dormi
vs dormîtes	vs eûtes dormi
ils dormirent	ils eurent dormi

Futur simple	Futur antérieur
je dormirai	j' aurai dormi
tu dormiras	tu auras dormi
il dormira	il aura dormi
ns dormirons	ns aurons dormi
vs dormirez	vs aurez dormi
ils dormiront	ils auront dormi

SUBJONCTIF

Présent	Imparfait
que je dorme	que je dormisse
que tu dormes	que tu dormisses
qu' il dorme	qu' il dormît
que ns dormions	que ns dormissions
que vs dormiez	que vs dormissiez
qu' ils dorment	qu' ils dormissent

Passé	Plus-que-parfait
que j' aie dormi	que j' eusse dormi
que tu aies dormi	que tu eusses dormi
qu' il ait dormi	qu' il eût dormi
que ns ayons dormi	que ns eussions dormi
que vs ayez dormi	que vs eussiez dormi
qu' ils aient dormi	qu' ils eussent dormi

CONDITIONNEL

Présent	Passé 1re forme	Passé 2e forme
je dormirais	j' aurais dormi	j' eusse dormi
tu dormirais	tu aurais dormi	tu eusses dormi
il dormirait	il aurait dormi	il eût dormi
ns dormirions	ns aurions dormi	ns eussions dormi
vs dormiriez	vs auriez dormi	vs eussiez dormi
ils dormiraient	ils auraient dormi	ils eussent dormi

IMPÉRATIF

Présent			Passé		
dors	dormons	dormez	aie dormi	ayons dormi	ayez dormi

INFINITIF

Présent	Passé
dormir	avoir dormi

PARTICIPE

Présent	Passé	Passé composé
dormant	dormi	ayant dormi

tableaux de conjugaison types

23 VÊTIR — 3e GROUPE

Il est recommandé d'appliquer à *vêtir* (*dévêtir* et *revêtir*) ce modèle de conjugaison, même si on le rencontre chez certains auteurs conjugué comme un verbe du 2e groupe.

INDICATIF

Présent	Passé composé
je vêts	j' ai vêtu
tu vêts	tu as vêtu
il vêt	il a vêtu
ns vêtons	ns avons vêtu
vs vêtez	vs avez vêtu
ils vêtent	ils ont vêtu

Imparfait	Plus-que-parfait
je vêtais	j' avais vêtu
tu vêtais	tu avais vêtu
il vêtait	il avait vêtu
ns vêtions	ns avions vêtu
vs vêtiez	vs aviez vêtu
ils vêtaient	ils avaient vêtu

Passé simple	Passé antérieur
je vêtis	j' eus vêtu
tu vêtis	tu eus vêtu
il vêtit	il eut vêtu
ns vêtîmes	ns eûmes vêtu
vs vêtîtes	vs eûtes vêtu
ils vêtirent	ils eurent vêtu

Futur simple	Futur antérieur
je vêtirai	j' aurai vêtu
tu vêtiras	tu auras vêtu
il vêtira	il aura vêtu
ns vêtirons	ns aurons vêtu
vs vêtirez	vs aurez vêtu
ils vêtiront	ils auront vêtu

SUBJONCTIF

Présent	Imparfait
que je vête	que je vêtisse
que tu vêtes	que tu vêtisses
qu' il vête	qu' il vêtît
que ns vêtions	que ns vêtissions
que vs vêtiez	que vs vêtissiez
qu' ils vêtent	qu' ils vêtissent

Passé	Plus-que-parfait
que j' aie vêtu	que j' eusse vêtu
que tu aies vêtu	que tu eusses vêtu
qu' il ait vêtu	qu' il eût vêtu
que ns ayons vêtu	que ns eussions vêtu
que vs ayez vêtu	que vs eussiez vêtu
qu' ils aient vêtu	qu' ils eussent vêtu

CONDITIONNEL

Présent	Passé 1re forme	Passé 2e forme
je vêtirais	j' aurais vêtu	j' eusse vêtu
tu vêtirais	tu aurais vêtu	tu eusses vêtu
il vêtirait	il aurait vêtu	il eût vêtu
ns vêtirions	ns aurions vêtu	ns eussions vêtu
vs vêtiriez	vs auriez vêtu	vs eussiez vêtu
ils vêtiraient	ils auraient vêtu	ils eussent vêtu

IMPÉRATIF

Présent			Passé		
vêts	vêtons	vêtez	aie vêtu	ayons vêtu	ayez vêtu

INFINITIF

Présent	Passé
vêtir	avoir vêtu

PARTICIPE

Présent	Passé	Passé composé
vêtant	vêtu, e	ayant vêtu

24 BOUILLIR — 3e GROUPE

Le verbe *bouillir* perd *-ill* [j] aux personnes du singulier du présent de l'indicatif et de l'impératif : *je bous, tu bous, il bout, bous.* On retrouve *-ill* à toutes les autres formes.

INDICATIF

Présent	Passé composé
je bous	j' ai bouilli
tu bous	tu as bouilli
il bout	il a bouilli
ns bouillons	ns avons bouilli
vs bouillez	vs avez bouilli
ils bouillent	ils ont bouilli
Imparfait	**Plus-que-parfait**
je bouillais	j' avais bouilli
tu bouillais	tu avais bouilli
il bouillait	il avait bouilli
ns bouillions	ns avions bouilli
vs bouilliez	vs aviez bouilli
ils bouillaient	ils avaient bouilli
Passé simple	**Passé antérieur**
je bouillis	j' eus bouilli
tu bouillis	tu eus bouilli
il bouillit	il eut bouilli
ns bouillîmes	ns eûmes bouilli
vs bouillîtes	vs eûtes bouilli
ils bouillirent	ils eurent bouilli
Futur simple	**Futur antérieur**
je bouillirai	j' aurai bouilli
tu bouilliras	tu auras bouilli
il bouillira	il aura bouilli
ns bouillirons	ns aurons bouilli
vs bouillirez	vs aurez bouilli
ils bouilliront	ils auront bouilli

SUBJONCTIF

Présent	Passé
que je bouille	que j' aie bouilli
que tu bouilles	que tu aies bouilli
qu' il bouille	qu' il ait bouilli
que ns bouillions	que ns ayons bouilli
que vs bouilliez	que vs ayez bouilli
qu' ils bouillent	qu' ils aient bouilli
Imparfait	**Plus-que-parfait**
que je bouillisse	que j' eusse bouilli
que tu bouillisses	que tu eusses bouilli
qu' il bouillît	qu' il eût bouilli
que ns bouillissions	que ns eussions bouilli
que vs bouillissiez	que vs eussiez bouilli
qu' ils bouillissent	qu' ils eussent bouilli

CONDITIONNEL

Présent	Passé 1re forme	Passé 2e forme
je bouillirais	j' aurais bouilli	j' eusse bouilli
tu bouillirais	tu aurais bouilli	tu eusses bouilli
il bouillirait	il aurait bouilli	il eût bouilli
ns bouillirions	ns aurions bouilli	ns eussions bouilli
vs bouilliriez	vs auriez bouilli	vs eussiez bouilli
ils bouilliraient	ils auraient bouilli	ils eussent bouilli

IMPÉRATIF

Présent			Passé		
bous	bouillons	bouillez	aie bouilli	ayons bouilli	ayez bouilli

INFINITIF

Présent	Passé
bouillir	avoir bouilli

PARTICIPE

Présent	Passé	Passé composé
bouillant	bouilli, e	ayant bouilli

25 COURIR — 3e GROUPE

Les verbes qui se conjuguent sur ce modèle ont la particularité de former leur futur simple et leur présent du conditionnel sur le radical *courr-*, et non sur celui de l'infinitif (Ex. *je **courr**ai, vous **courr**iez*).

Tous les verbes de la famille de *courir* (*parcourir, encourir*, etc.) se conjuguent sur ce modèle.

Attention aux formes du singulier du présent de l'indicatif et du présent du subjonctif qui sont homophones, mais avec des terminaisons différentes.

INDICATIF

Présent	Passé composé
je cours	j' ai couru
tu cours	tu as couru
il court	il a couru
ns courons	ns avons couru
vs courez	vs avez couru
ils courent	ils ont couru

Imparfait	Plus-que-parfait
je courais	j' avais couru
tu courais	tu avais couru
il courait	il avait couru
ns courions	ns avions couru
vs couriez	vs aviez couru
ils couraient	ils avaient couru

Passé simple	Passé antérieur
je courus	j' eus couru
tu courus	tu eus couru
il courut	il eut couru
ns courûmes	ns eûmes couru
vs courûtes	vs eûtes couru
ils coururent	ils eurent couru

Futur simple	Futur antérieur
je courrai	j' aurai couru
tu courras	tu auras couru
il courra	il aura couru
ns courrons	ns aurons couru
vs courrez	vs aurez couru
ils courront	ils auront couru

SUBJONCTIF

Présent	Imparfait
que je coure	que je courusse
que tu coures	que tu courusses
qu' il coure	qu' il courût
que ns courions	que ns courussions
que vs couriez	que vs courussiez
qu' ils courent	qu' ils courussent

Passé	Plus-que-parfait
que j' aie couru	que j' eusse couru
que tu aies couru	que tu eusses couru
qu' il ait couru	qu' il eût couru
que ns ayons couru	que ns eussions couru
que vs ayez couru	que vs eussiez couru
qu' ils aient couru	qu' ils eussent couru

CONDITIONNEL

Présent	Passé 1re forme	Passé 2e forme
je courrais	j' aurais couru	j' eusse couru
tu courrais	tu aurais couru	tu eusses couru
il courrait	il aurait couru	il eût couru
ns courrions	ns aurions couru	ns eussions couru
vs courriez	vs auriez couru	vs eussiez couru
ils courraient	ils auraient couru	ils eussent couru

IMPÉRATIF

Présent			Passé		
cours	courons	courez	aie couru	ayons couru	ayez couru

INFINITIF

Présent	Passé
courir	avoir couru

PARTICIPE

Présent	Passé	Passé composé
courant	couru, e	ayant couru

26 MOURIR 3e GROUPE

Le verbe *mourir* a la particularité de former son futur simple et son présent du conditionnel sur le radical *mourr-*, et non sur celui de l'infinitif (Ex. *je* ***mourrais***, *ils* ***mourront***). Au présent de l'indicatif, du subjonctif et de l'impératif, l'alternance des sons *eu/ou* [œ/u] se fait selon que la terminaison est muette ou non (Ex. : *je meu****rs***, *nous mou****rons***).
Remarques : 1. *mourir* est le seul verbe à se conjuguer ainsi. **2.** Aux formes composées, il s'emploie toujours avec l'auxiliaire *être* ; participe passé : *mort.*

INDICATIF

Présent	Passé composé
je meurs	je suis mort
tu meurs	tu es mort
il meurt	il est mort
ns mourons	ns sommes morts
vs mourez	vs êtes morts
ils meurent	ils sont morts
Imparfait	**Plus-que-parfait**
je mourais	j' étais mort
tu mourais	tu étais mort
il mourait	il était mort
ns mourions	ns étions morts
vs mouriez	vs étiez morts
ils mouraient	ils étaient morts
Passé simple	**Passé antérieur**
je mourus	je fus mort
tu mourus	tu fus mort
il mourut	il fut mort
ns mourûmes	ns fûmes morts
vs mourûtes	vs fûtes morts
ils moururent	ils furent morts
Futur simple	**Futur antérieur**
je mourrai	je serai mort
tu mourras	tu seras mort
il mourra	il sera mort
ns mourrons	ns serons morts
vs mourrez	vs serez morts
ils mourront	ils seront morts

SUBJONCTIF

Présent
que je meure
que tu meures
qu' il meure
que ns mourions
que vs mouriez
qu' ils meurent
Imparfait
que je mourusse
que tu mourusses
qu' il mourût
que ns mourussions
que vs mourussiez
qu' ils mourussent
Passé
que je sois mort
que tu sois mort
qu' il soit mort
que ns soyons morts
que vs soyez morts
qu' ils soient morts
Plus-que-parfait
que je fusse mort
que tu fusses mort
qu' il fût mort
que ns fussions morts
que vs fussiez morts
qu' ils fussent morts

CONDITIONNEL

Présent	Passé 1re forme	Passé 2e forme
je mourrais	je serais mort	je fusse mort
tu mourrais	tu serais mort	tu fusses mort
il mourrait	il serait mort	il fût mort
ns mourrions	ns serions morts	ns fussions morts
vs mourriez	vs seriez morts	ns fussiez morts
ils mourraient	ils seraient morts	ils fussent morts

IMPÉRATIF

Présent			Passé		
meurs	mourons	mourez	sois mort	soyons morts	soyez morts

INFINITIF

Présent	Passé
mourir	être mort

PARTICIPE

Présent	Passé	Passé composé
mourant	mort, te	étant mort

tableaux de conjugaison types

27 VENIR — 3e GROUPE

Tous les verbes en *-enir* sont de la famille de *venir* ou de *tenir* et se conjuguent sur ce modèle.
Aux deux premières personnes du pluriel du passé simple, ne pas oublier l'accent circonflexe sur le *i* bien qu'il soit placé devant deux consonnes.
Remarque : *advenir* ne s'emploie qu'à la 3e personne du singulier et du pluriel.

INDICATIF

Présent	Passé composé
je viens	je suis venu
tu viens	tu es venu
il vient	il est venu
ns venons	ns sommes venus
vs venez	vs êtes venus
ils viennent	ils sont venus
Imparfait	**Plus-que-parfait**
je venais	j' étais venu
tu venais	tu étais venu
il venait	il était venu
ns venions	ns étions venus
vs veniez	vs étiez venus
ils venaient	ils étaient venus
Passé simple	**Passé antérieur**
je vins	je fus venu
tu vins	tu fus venu
il vint	il fut venu
ns vînmes	ns fûmes venus
vs vîntes	vs fûtes venus
ils vinrent	ils furent venus
Futur simple	**Futur antérieur**
je viendrai	je serai venu
tu viendras	tu seras venu
il viendra	il sera venu
ns viendrons	ns serons venus
vs viendrez	vs serez venus
ils viendront	ils seront venus

SUBJONCTIF

Présent	Imparfait
que je vienne	que je vinsse
que tu viennes	que tu vinsses
qu' il vienne	qu' il vînt
que ns venions	que ns vinssions
que vs veniez	que vs vinssiez
qu' ils viennent	qu' ils vinssent
Passé	**Plus-que-parfait**
que je sois venu	que je fusse venu
que tu sois venu	que tu fusses venu
qu' il soit venu	qu' il fût venu
que ns soyons venus	que ns fussions venus
que vs soyez venus	que vs fussiez venus
qu' ils soient venus	qu' ils fussent venus

CONDITIONNEL

Présent	Passé 1re forme	Passé 2e forme
je viendrais	je serais venu	je fusse venu
tu viendrais	tu serais venu	tu fusses venu
il viendrait	il serait venu	il fût venu
ns viendrions	ns serions venus	ns fussions venus
vs viendriez	vs seriez venus	vs fussiez venus
ils viendraient	ils seraient venus	ils fussent venus

IMPÉRATIF

Présent			Passé		
viens	venons	venez	sois venu	soyons venus	soyez venus

INFINITIF

Présent	Passé
venir	être venu

PARTICIPE

Présent	Passé	Passé composé
venant	venu, e	étant venu

28 ACQUÉRIR 3ᵉ GROUPE

Les formes dont les terminaisons sont muettes se construisent sur le radical *-quier-* (Ex. : *j'ac**quier**s, ils ac**quièr**ent, qu'il ac**quièr**e*) ; celles dont les terminaisons s'entendent se construisent sur le radical *-quér-* (Ex. : *nous ac**quér**ons, j'ac**quer**rai*).
Les verbes se conjuguant sur ce modèle sont *conquérir, s'enquérir* et *requérir*.
Ne pas confondre le participe passé *acquis* (souvent employé comme adjectif : *un avantage acquis*) avec le substantif verbal *acquit (par acquit de conscience, pour acquit)*.

INDICATIF

Présent	Passé composé
j' acquiers	j' ai acquis
tu acquiers	tu as acquis
il acquiert	il a acquis
ns acquérons	ns avons acquis
vs acquérez	vs avez acquis
ils acquièrent	ils ont acquis

Imparfait	Plus-que-parfait
j' acquérais	j' avais acquis
tu acquérais	tu avais acquis
il acquérait	il avait acquis
ns acquérions	ns avions acquis
vs acquériez	vs aviez acquis
ils acquéraient	ils avaient acquis

Passé simple	Passé antérieur
j' acquis	j' eus acquis
tu acquis	tu eus acquis
il acquit	il eut acquis
ns acquîmes	ns eûmes acquis
vs acquîtes	vs eûtes acquis
ils acquirent	ils eurent acquis

Futur simple	Futur antérieur
j' acquerrai	j' aurai acquis
tu acquerras	tu auras acquis
il acquerra	il aura acquis
ns acquerrons	ns aurons acquis
vs acquerrez	vs aurez acquis
ils acquerront	ils auront acquis

SUBJONCTIF

Présent	Imparfait
que j' acquière	que j' acquisse
que tu acquières	que tu acquisses
qu' il acquière	qu' il acquît
que ns acquérions	que ns acquissions
que vs acquériez	que vs acquissiez
qu' ils acquièrent	qu' ils acquissent

Passé	Plus-que-parfait
que j' aie acquis	que j' eusse acquis
que tu aies acquis	que tu eusses acquis
qu' il ait acquis	qu' il eût acquis
que ns ayons acquis	que ns eussions acquis
que vs ayez acquis	que vs eussiez acquis
qu' ils aient acquis	qu' ils eussent acquis

CONDITIONNEL

Présent	Passé 1re forme	Passé 2e forme
j' acquerrais	j' aurais acquis	j' eusse acquis
tu acquerrais	tu aurais acquis	tu eusses acquis
il acquerrait	il aurait acquis	il eût acquis
ns acquerrions	ns aurions acquis	ns eussions acquis
vs acquerriez	vs auriez acquis	vs eussiez acquis
ils acquerraient	ils auraient acquis	ils eussent acquis

IMPÉRATIF

Présent			Passé		
acquiers	acquérons	acquérez	aie acquis	ayons acquis	ayez acquis

INFINITIF

Présent	Passé
acquérir	avoir acquis

PARTICIPE

Présent	Passé	Passé composé
acquérant	acquis, se	ayant acquis

29 OFFRIR — 3e GROUPE

Les verbes qui se conjuguent sur ce modèle ont des terminaisons en *-e* au singulier du présent de l'indicatif et du présent de l'impératif, comme les verbes du 1er groupe.
Se conjuguent sur ce modèle *ouvrir, entrouvrir, rouvrir, couvrir, recouvrir, découvrir, redécouvrir* et *souffrir*.
À noter la forme particulière du participe passé : *offert*.

INDICATIF

Présent	Passé composé
j' offre	j' ai offert
tu offres	tu as offert
il offre	il a offert
ns offrons	ns avons offert
vs offrez	vs avez offert
ils offrent	ils ont offert

Imparfait	Plus-que-parfait
j' offrais	j' avais offert
tu offrais	tu avais offert
il offrait	il avait offert
ns offrions	ns avions offert
vs offriez	vs aviez offert
ils offraient	ils avaient offert

Passé simple	Passé antérieur
j' offris	j' eus offert
tu offris	tu eus offert
il offrit	il eut offert
ns offrîmes	ns eûmes offert
vs offrîtes	vs eûtes offert
ils offrirent	ils eurent offert

Futur simple	Futur antérieur
j' offrirai	j' aurai offert
tu offriras	tu auras offert
il offrira	il aura offert
ns offrirons	ns aurons offert
vs offrirez	vs aurez offert
ils offriront	ils auront offert

SUBJONCTIF

Présent	Imparfait
que j' offre	que j' offrisse
que tu offres	que tu offrisses
qu' il offre	qu' il offrît
que ns offrions	que ns offrissions
que vs offriez	que vs offrissiez
qu' ils offrent	qu' ils offrissent

Passé	Plus-que-parfait
que j' aie offert	que j' eusse offert
que tu aies offert	que tu eusses offert
qu' il ait offert	qu' il eût offert
que ns ayons offert	que ns eussions offert
que vs ayez offert	que vs eussiez offert
qu' ils aient offert	qu' ils eussent offert

CONDITIONNEL

Présent	Passé 1re forme	Passé 2e forme
j' offrirais	j' aurais offert	j' eusse offert
tu offrirais	tu aurais offert	tu eusses offert
il offrirait	il aurait offert	il eût offert
ns offririons	ns aurions offert	ns eussions offert
vs offririez	vs auriez offert	vs eussiez offert
ils offriraient	ils auraient offert	ils eussent offert

IMPÉRATIF

Présent			Passé		
offre	offrons	offrez	aie offert	ayons offert	ayez offert

INFINITIF

Présent	Passé
offrir	avoir offert

PARTICIPE

Présent	Passé	Passé composé
offrant	offert, te	ayant offert

30 CUEILLIR 3e GROUPE

Se conjuguent sur ce modèle *accueillir, recueillir* et *saillir.*

Ces verbes ont des terminaisons en *-e* au singulier du présent de l'indicatif et du présent de l'impératif, comme les verbes du 1er groupe.

Le futur simple et le présent du conditionnel sont formés sur un radical en *-e (je cueillerai)* et non sur la forme de l'infinitif.

INDICATIF

Présent	Passé composé
je cueille	j' ai cueilli
tu cueilles	tu as cueilli
il cueille	il a cueilli
ns cueillons	ns avons cueilli
vs cueillez	vs avez cueilli
ils cueillent	ils ont cueilli
Imparfait	**Plus-que-parfait**
je cueillais	j' avais cueilli
tu cueillais	tu avais cueilli
il cueillait	il avait cueilli
ns cueillions	ns avions cueilli
vs cueilliez	vs aviez cueilli
ils cueillaient	ils avaient cueilli
Passé simple	**Passé antérieur**
je cueillis	j' eus cueilli
tu cueillis	tu eus cueilli
il cueillit	il eut cueilli
ns cueillîmes	ns eûmes cueilli
vs cueillîtes	vs eûtes cueilli
ils cueillirent	ils eurent cueilli
Futur simple	**Futur antérieur**
je cueillerai	j' aurai cueilli
tu cueilleras	tu auras cueilli
il cueillera	il aura cueilli
ns cueillerons	ns aurons cueilli
vs cueillerez	vs aurez cueilli
ils cueilleront	ils auront cueilli

SUBJONCTIF

Présent	Imparfait
que je cueille	que je cueillisse
que tu cueilles	que tu cueillisses
qu' il cueille	qu' il cueillît
que ns cueillions	que ns cueillissions
que vs cueilliez	que vs cueillissiez
qu' ils cueillent	qu' ils cueillissent
Passé	**Plus-que-parfait**
que j' aie cueilli	que j' eusse cueilli
que tu aies cueilli	que tu eusses cueilli
qu' il ait cueilli	qu' il eût cueilli
que ns ayons cueilli	que ns eussions cueilli
que vs ayez cueilli	que vs eussiez cueilli
qu' ils aient cueilli	qu' ils eussent cueilli

CONDITIONNEL

Présent	Passé 1re forme	Passé 2e forme
je cueillerais	j' aurais cueilli	j' eusse cueilli
tu cueillerais	tu aurais cueilli	tu eusses cueilli
il cueillerait	il aurait cueilli	il eût cueilli
ns cueillerions	ns aurions cueilli	ns eussions cueilli
vs cueilleriez	vs auriez cueilli	vs eussiez cueilli
ils cueilleraient	ils auraient cueilli	ils eussent cueilli

IMPÉRATIF

Présent			Passé		
cueille	cueillons	cueillez	aie cueilli	ayons cueilli	ayez cueilli

INFINITIF

Présent	Passé
cueillir	avoir cueilli

PARTICIPE

Présent	Passé	Passé composé
cueillant	cueilli, e	ayant cueilli

31 ASSAILLIR — 3e GROUPE

Se conjuguent sur ce modèle *tressaillir*, *saillir* (au sens de « dépasser ») et *défaillir*. Ces verbes ont la même conjugaison que *cueillir* (voir modèle **30**) sauf au futur simple et au présent du conditionnel qui sont en *-i* (Ex. : *j'assaillirai, je tressaillirai*).

INDICATIF

Présent	Passé composé
j' assaille	j' ai assailli
tu assailles	tu as assailli
il assaille	il a assailli
ns assaillons	ns avons assailli
vs assaillez	vs avez assailli
ils assaillent	ils ont assailli
Imparfait	**Plus-que-parfait**
j' assaillais	j' avais assailli
tu assaillais	tu avais assailli
il assaillait	il avait assailli
ns assaillions	ns avions assailli
vs assailliez	vs aviez assailli
ils assaillaient	ils avaient assailli
Passé simple	**Passé antérieur**
j' assaillis	j' eus assailli
tu assaillis	tu eus assailli
il assaillit	il eut assailli
ns assaillîmes	ns eûmes assailli
vs assaillîtes	vs eûtes assailli
ils assaillirent	ils eurent assailli
Futur simple	**Futur antérieur**
j' assaillirai	j' aurai assailli
tu assailliras	tu auras assailli
il assaillira	il aura assailli
ns assaillirons	ns aurons assailli
vs assaillirez	vs aurez assailli
ils assailliront	ils auront assailli

SUBJONCTIF

Présent	Imparfait
que j' assaille	que j' assaillisse
que tu assailles	que tu assaillisses
qu' il assaille	qu' il assaillît
que ns assaillions	que ns assaillissions
que vs assailliez	que vs assaillissiez
qu' ils assaillent	qu' ils assaillissent
Passé	**Plus-que-parfait**
que j' aie assailli	que j' eusse assailli
que tu aies assailli	que tu eusses assailli
qu' il ait assailli	qu' il eût assailli
que ns ayons assailli	que ns eussions assailli
que vs ayez assailli	que vs eussiez assailli
qu' ils aient assailli	qu' ils eussent assailli

CONDITIONNEL

Présent	Passé 1re forme	Passé 2e forme
j' assaillirais	j' aurais assailli	j' eusse assailli
tu assaillirais	tu aurais assailli	tu eusses assailli
il assaillirait	il aurait assailli	il eût assailli
ns assaillirions	ns aurions assailli	ns eussions assailli
vs assailliriez	vs auriez assailli	vs eussiez assailli
ils assailliraient	ils auraient assailli	ils eussent assailli

IMPÉRATIF

Présent			Passé		
assaille	assaillons	assaillez	aie assailli	ayons assailli	ayez assailli

INFINITIF

Présent	Passé
assaillir	avoir assailli

PARTICIPE

Présent	Passé	Passé composé
assaillant	assailli, e	ayant assailli

32 FAILLIR — 3e GROUPE

La conjugaison d'origine du 3e groupe *(je faux, tu faux, nous faillons, vous faillez...)* n'est plus employée aujourd'hui. Ce verbe se conjugue désormais comme un verbe du 2e groupe.
Le présent et l'imparfait de l'indicatif, le présent du subjonctif et l'impératif ne sont guère utilisés.
Le participe passé *failli* est invariable.

INDICATIF

Présent	Passé composé
je faillis	j' ai failli
tu faillis	tu as failli
il faillit	il a failli
ns faillissons	ns avons failli
vs faillissez	vs avez failli
ils faillissent	ils ont failli

Imparfait	Plus-que-parfait
je faillissais	j' avais failli
tu faillissais	tu avais failli
il faillissait	il avait failli
ns faillissions	ns avions failli
vs faillissiez	vs aviez failli
ils faillissaient	ils avaient failli

Passé simple	Passé antérieur
je faillis	j' eus failli
tu faillis	tu eus failli
il faillit	il eut failli
ns faillîmes	ns eûmes failli
vs faillîtes	vs eûtes failli
ils faillirent	ils eurent failli

Futur simple	Futur antérieur
je faillirai	j' aurai failli
tu failliras	tu auras failli
il faillira	il aura failli
ns faillirons	ns aurons failli
vs faillirez	vs aurez failli
ils failliront	ils auront failli

SUBJONCTIF

Présent	Imparfait
que je faillisse	que je faillisse
que tu faillisses	que tu faillisses
qu' il faillisse	qu' il faillît
que ns faillissions	que ns faillissions
que vs faillissiez	que vs faillissiez
qu' ils faillissent	qu' ils faillissent

Passé	Plus-que-parfait
que j' aie failli	que j' eusse failli
que tu aies failli	que tu eusses failli
qu' il ait failli	qu' il eût failli
que ns ayons failli	que ns eussions failli
que vs ayez failli	que vs eussiez failli
qu' ils aient failli	qu' ils eussent failli

CONDITIONNEL

Présent	Passé 1re forme	Passé 2e forme
je faillirais	j' aurais failli	j' eusse failli
tu faillirais	tu aurais failli	tu eusses failli
il faillirait	il aurait failli	il eût failli
ns faillirions	ns aurions failli	ns eussions failli
vs failliriez	vs auriez failli	vs eussiez failli
ils failliraient	ils auraient failli	ils eussent failli

IMPÉRATIF

Présent			Passé		
faillis	faillissons	faillissez	aie failli	ayons failli	ayez failli

INFINITIF

Présent	Passé
faillir	avoir failli

PARTICIPE

Présent	Passé	Passé composé
faillissant	failli	ayant failli

33 FUIR

3e GROUPE

Seul le verbe *s'enfuir* se conjugue sur ce modèle.
Attention à la 3e personne du passé simple qui a bien une terminaison en *-it* comme les verbes du 3e groupe et non en *-a* comme ceux du 1er groupe.
Aux deux premières personnes du pluriel de l'imparfait de l'indicatif et du présent du subjonctif, ne pas oublier le *i* après le *y*.

INDICATIF

Présent
je fuis
tu fuis
il fuit
ns fuyons
vs fuyez
ils fuient

Imparfait
je fuyais
tu fuyais
il fuyait
ns fuyions
vs fuyiez
ils fuyaient

Passé simple
je fuis
tu fuis
il fuit
ns fuîmes
vs fuîtes
ils fuirent

Futur simple
je fuirai
tu fuiras
il fuira
ns fuirons
vs fuirez
ils fuiront

Passé composé
j' ai fui
tu as fui
il a fui
ns avons fui
vs avez fui
ils ont fui

Plus-que-parfait
j' avais fui
tu avais fui
il avait fui
ns avions fui
vs aviez fui
ils avaient fui

Passé antérieur
j' eus fui
tu eus fui
il eut fui
ns eûmes fui
vs eûtes fui
ils eurent fui

Futur antérieur
j' aurai fui
tu auras fui
il aura fui
ns aurons fui
vs aurez fui
ils auront fui

SUBJONCTIF

Présent
que je fuie
que tu fuies
qu' il fuie
que ns fuyions
que vs fuyiez
qu' ils fuient

Imparfait
que je fuisse
que tu fuisses
qu' il fuît
que ns fuissions
que vs fuissiez
qu' ils fuissent

Passé
que j' aie fui
que tu aies fui
qu' il ait fui
que ns ayons fui
que vs ayez fui
qu' ils aient fui

Plus-que-parfait
que j' eusse fui
que tu eusses fui
qu' il eût fui
que ns eussions fui
que vs eussiez fui
qu' ils eussent fui

CONDITIONNEL

Présent
je fuirais
tu fuirais
il fuirait
ns fuirions
vs fuiriez
ils fuiraient

Passé 1re forme
j' aurais fui
tu aurais fui
il aurait fui
ns aurions fui
vs auriez fui
ils auraient fui

Passé 2e forme
j' eusse fui
tu eusses fui
il eût fui
ns eussions fui
vs eussiez fui
ils eussent fui

IMPÉRATIF

Présent
fuis fuyons fuyez

Passé
aie fui ayons fui ayez fui

INFINITIF

Présent
fuir

Passé
avoir fui

PARTICIPE

Présent
fuyant

Passé
fui, e

Passé composé
ayant fui

34 GÉSIR 3e GROUPE

Le verbe *gésir* ne se conjugue qu'au présent et à l'imparfait de l'indicatif. On trouve également le participe présent et l'infinitif. L'emploi le plus connu du verbe est dans l'expression *ci-gît*.

Remarque : afin d'harmoniser l'usage de l'accent circonflexe dans la conjugaison, les rectifications de l'orthographe de 1990 proposent de supprimer l'accent circonflexe sur le *i* à la 3e personne du singulier de l'indicatif.

INDICATIF

Présent

je gis
tu gis
il gît
ns gisons
vs gisez
ils gisent

Passé composé

inusité

Imparfait

je gisais
tu gisais
il gisait
ns gisions
vs gisiez
ils gisaient

Plus-que-parfait

inusité

Passé simple

inusité

Passé antérieur

inusité

Futur simple

inusité

Futur antérieur

inusité

SUBJONCTIF

inusité

CONDITIONNEL

inusité

IMPÉRATIF

inusité

INFINITIF

Présent
gésir

Passé
inusité

PARTICIPE

Présent
gisant

Passé
inusité

Passé composé
inusité

35 OUÏR 3ᵉ GROUPE

Le verbe *ouïr* n'est plus en usage (sauf dans un registre quelque peu affecté...) ; il est désormais remplacé par le verbe *entendre*.
Seuls subsistent parfois les temps composés utilisés avec l'infinitif *dire* : *j'ai ouï dire*.
À noter l'expression *par ouï-dire*.

INDICATIF

Présent	Passé composé
j' ois	j' ai ouï
tu ois	tu as ouï
il oit	il a ouï
ns oyons	ns avons ouï
vs oyez	vs avez ouï
ils oient	ils ont ouï
Imparfait	**Plus-que-parfait**
j' oyais	j' avais ouï
tu oyais	tu avais ouï
il oyait	il avait ouï
ns oyions	ns avions ouï
vs oyiez	vs aviez ouï
ils oyaient	ils avaient ouï
Passé simple	**Passé antérieur**
j' ouïs	j' eus ouï
tu ouïs	tu eus ouï
il ouït	il eut ouï
ns ouïmes	ns eûmes ouï
vs ouïtes	vs eûtes ouï
ils ouïrent	ils eurent ouï
Futur simple	**Futur antérieur**
j' ouïrai	j' aurai ouï
tu ouïras	tu auras ouï
il ouïra	il aura ouï
ns ouïrons	ns aurons ouï
vs ouïrez	vs aurez ouï
ils ouïront	ils auront ouï

SUBJONCTIF

Présent	Imparfait
que j' oie	que j' ouïsse
que tu oies	que tu ouïsses
qu' il oie	qu' il ouït
que ns oyions	que ns ouïssions
que vs oyiez	que vs ouïssiez
qu' ils oient	qu' ils ouïssent
Passé	**Plus-que-parfait**
que j' aie ouï	que j' eusse ouï
que tu aies ouï	que tu eusses ouï
qu' il ait ouï	qu' il eût ouï
que ns ayons ouï	que ns eussions ouï
que vs ayez ouï	que vs eussiez ouï
qu' ils aient ouï	qu' ils eussent ouï

CONDITIONNEL

Présent	Passé 1re forme	Passé 2e forme
j' ouïrais	j' aurais ouï	j' eusse ouï
tu ouïrais	tu aurais ouï	tu eusses ouï
il ouïrait	il aurait ouï	il eût ouï
ns ouïrions	ns aurions ouï	ns eussions ouï
vs ouïriez	vs auriez ouï	vs eussiez ouï
ils ouïraient	ils auraient ouï	ils eussent ouï

IMPÉRATIF

Présent			Passé		
ois	oyons	oyez	aie ouï	ayons ouï	ayez ouï

INFINITIF

Présent	Passé
ouïr	avoir ouï

PARTICIPE

Présent	Passé	Passé composé
oyant	ouï, ouïe	ayant ouï

36 RECEVOIR 3e GROUPE

Ainsi se conjuguent tous les verbes dont l'infinitif se termine par *-cevoir*. Ils prennent une cédille devant *u* et *o* pour que le *c* garde sa valeur de [s]. (Ex. : *je reçois, je reçus*).

INDICATIF

Présent	Passé composé
je reçois	j' ai reçu
tu reçois	tu as reçu
il reçoit	il a reçu
ns recevons	ns avons reçu
vs recevez	vs avez reçu
ils reçoivent	ils ont reçu
Imparfait	**Plus-que-parfait**
je recevais	j' avais reçu
tu recevais	tu avais reçu
il recevait	il avait reçu
ns recevions	ns avions reçu
vs receviez	vs aviez reçu
ils recevaient	ils avaient reçu
Passé simple	**Passé antérieur**
je reçus	j' eus reçu
tu reçus	tu eus reçu
il reçut	il eut reçu
ns reçûmes	ns eûmes reçu
vs reçûtes	vs eûtes reçu
ils reçurent	ils eurent reçu
Futur simple	**Futur antérieur**
je recevrai	j' aurai reçu
tu recevras	tu auras reçu
il recevra	il aura reçu
ns recevrons	ns aurons reçu
vs recevrez	vs aurez reçu
ils recevront	ils auront reçu

SUBJONCTIF

Présent
que je reçoive
que tu reçoives
qu' il reçoive
que ns recevions
que vs receviez
qu' ils reçoivent
Imparfait
que je reçusse
que tu reçusses
qu' il reçût
que ns reçussions
que vs reçussiez
qu' ils reçussent
Passé
que j' aie reçu
que tu aies reçu
qu' il ait reçu
que ns ayons reçu
que vs ayez reçu
qu' ils aient reçu
Plus-que-parfait
que j' eusse reçu
que tu eusses reçu
qu' il eût reçu
que ns eussions reçu
que vs eussiez reçu
qu' ils eussent reçu

CONDITIONNEL

Présent	Passé 1re forme	Passé 2e forme
je recevrais	j' aurais reçu	j' eusse reçu
tu recevrais	tu aurais reçu	tu eusses reçu
il recevrait	il aurait reçu	il eût reçu
ns recevrions	ns aurions reçu	ns eussions reçu
vs recevriez	vs auriez reçu	vs eussiez reçu
ils recevraient	ils auraient reçu	ils eussent reçu

IMPÉRATIF

Présent			Passé		
reçois	recevons	recevez	aie reçu	ayons reçu	ayez reçu

INFINITIF

Présent	Passé
recevoir	avoir reçu

PARTICIPE

Présent	Passé	Passé composé
recevant	reçu, e	ayant reçu

37 VOIR 3e GROUPE

Ainsi se conjuguent *entrevoir* et *revoir.*

Remarques : 1. *Prévoir* a une conjugaison différente de *voir* au futur simple et au présent du conditionnel (voir modèle **38**). **2.** Ne pas oublier le *i* de la terminaison qui suit le *y* du radical aux deux premières personnes du pluriel de l'imparfait de l'indicatif et du présent du subjonctif *(nous voyions, vous voyiez).* **3.** À la 3e personne du pluriel du présent de l'indicatif et du présent du subjonctif, on doit placer un *i* et non un *y* ; erreur très fréquente, surtout à l'oral.

INDICATIF

Présent	Passé composé
je vois	j' ai vu
tu vois	tu as vu
il voit	il a vu
ns voyons	ns avons vu
vs voyez	vs avez vu
ils voient	ils ont vu

Imparfait	Plus-que-parfait
je voyais	j' avais vu
tu voyais	tu avais vu
il voyait	il avait vu
ns voyions	ns avions vu
vs voyiez	vs aviez vu
ils voyaient	ils avaient vu

Passé simple	Passé antérieur
je vis	j' eus vu
tu vis	tu eus vu
il vit	il eut vu
ns vîmes	ns eûmes vu
vs vîtes	vs eûtes vu
ils virent	ils eurent vu

Futur simple	Futur antérieur
je **verrai**	j' aurai vu
tu **verras**	tu auras vu
il **verra**	il aura vu
ns **verrons**	ns aurons vu
vs **verrez**	vs aurez vu
ils **verront**	ils auront vu

SUBJONCTIF

Présent	Imparfait
que je voie	que je visse
que tu voies	que tu visses
qu' il voie	qu' il vît
que ns voyions	que ns vissions
que vs voyiez	que vs vissiez
qu' ils voient	qu' ils vissent

Passé	Plus-que-parfait
que j' aie vu	que j' eusse vu
que tu aies vu	que tu eusses vu
qu' il ait vu	qu' il eût vu
que ns ayons vu	que ns eussions vu
que vs ayez vu	que vs eussiez vu
qu' ils aient vu	qu' ils eussent vu

CONDITIONNEL

Présent	Passé 1re forme	Passé 2e forme
je **verrais**	j' aurais vu	j' eusse vu
tu **verrais**	tu aurais vu	tu eusses vu
il **verrait**	il aurait vu	il eût vu
ns **verrions**	ns aurions vu	ns eussions vu
vs **verriez**	vs auriez vu	vs eussiez vu
ils **verraient**	ils auraient vu	ils eussent vu

IMPÉRATIF

Présent			Passé		
vois	voyons	voyez	aie vu	ayons vu	ayez vu

INFINITIF

Présent	Passé
voir	avoir vu

PARTICIPE

Présent	Passé	Passé composé
voyant	vu, e	ayant vu

38 PRÉVOIR 3e GROUPE

Prévoir a la même conjugaison que *voir* (voir modèle **37**) sauf au futur simple et au présent du conditionnel.
Aux deux premières personnes du pluriel de l'imparfait de l'indicatif et du présent du subjonctif, ne pas oublier le *i* après le *y*.

INDICATIF

Présent	Passé composé
je prévois	j' ai prévu
tu prévois	tu as prévu
il prévoit	il a prévu
ns prévoyons	ns avons prévu
vs prévoyez	vs avez prévu
ils prévoient	ils ont prévu
Imparfait	**Plus-que-parfait**
je prévoyais	j' avais prévu
tu prévoyais	tu avais prévu
il prévoyait	il avait prévu
ns prévoyions	ns avions prévu
vs prévoyiez	vs aviez prévu
ils prévoyaient	ils avaient prévu
Passé simple	**Passé antérieur**
je prévis	j' eus prévu
tu prévis	tu eus prévu
il prévit	il eut prévu
ns prévîmes	ns eûmes prévu
vs prévîtes	vs eûtes prévu
ils prévirent	ils eurent prévu
Futur simple	**Futur antérieur**
je prévoirai	j' aurai prévu
tu prévoiras	tu auras prévu
il prévoira	il aura prévu
ns prévoirons	ns aurons prévu
vs prévoirez	vs aurez prévu
ils prévoiront	ils auront prévu

SUBJONCTIF

Présent	Imparfait
que je prévoie	que je prévisse
que tu prévoies	que tu prévisses
qu' il prévoie	qu' il prévît
que ns prévoyions	que ns prévissions
que vs prévoyiez	que vs prévissiez
qu' ils prévoient	qu' ils prévissent
Passé	**Plus-que-parfait**
que j' aie prévu	que j' eusse prévu
que tu aies prévu	que tu eusses prévu
qu' il ait prévu	qu' il eût prévu
que ns ayons prévu	que ns eussions prévu
que vs ayez prévu	que vs eussiez prévu
qu' ils aient prévu	qu' ils eussent prévu

CONDITIONNEL

Présent	Passé 1re forme	Passé 2e forme
je prévoirais	j' aurais prévu	j' eusse prévu
tu prévoirais	tu aurais prévu	tu eusses prévu
il prévoirait	il aurait prévu	il eût prévu
ns prévoirions	ns aurions prévu	ns eussions prévu
vs prévoiriez	vs auriez prévu	vs eussiez prévu
ils prévoiraient	ils auraient prévu	ils eussent prévu

IMPÉRATIF

Présent			Passé		
prévois	prévoyons	prévoyez	aie prévu	ayons prévu	ayez prévu

INFINITIF

Présent	Passé
prévoir	avoir prévu

PARTICIPE

Présent	Passé	Passé composé
prévoyant	prévu, e	ayant prévu

39 POURVOIR 3e GROUPE

Pourvoir a la même conjugaison que *prévoir* (voir modèle **38**) sauf au passé simple et à l'imparfait du subjonctif qui sont en *-u-* et non en *-i-*.

Même si des grammaires et des dictionnaires mentionnent le verbe *dépourvoir* (se conjuguant sur le modèle de *pourvoir*), il est désormais inusité ; seul le participe passé *dépourvu* est attesté.

INDICATIF

Présent	Passé composé
je pourvois	j' ai pourvu
tu pourvois	tu as pourvu
il pourvoit	il a pourvu
ns pourvoyons	ns avons pourvu
vs pourvoyez	vs avez pourvu
ils pourvoient	ils ont pourvu

Imparfait	Plus-que-parfait
je pourvoyais	j' avais pourvu
tu pourvoyais	tu avais pourvu
il pourvoyait	il avait pourvu
ns pourvoyions	ns avions pourvu
vs pourvoyiez	vs aviez pourvu
ils pourvoyaient	ils avaient pourvu

Passé simple	Passé antérieur
je pourvus	j' eus pourvu
tu pourvus	tu eus pourvu
il pourvut	il eut pourvu
ns pourvûmes	ns eûmes pourvu
vs pourvûtes	vs eûtes pourvu
ils pourvurent	ils eurent pourvu

Futur simple	Futur antérieur
je pourvoirai	j' aurai pourvu
tu pourvoiras	tu auras pourvu
il pourvoira	il aura pourvu
ns pourvoirons	ns aurons pourvu
vs pourvoirez	vs aurez pourvu
ils pourvoiront	ils auront pourvu

SUBJONCTIF

Présent	Imparfait
que je pourvoie	que je pourvusse
que tu pourvoies	que tu pourvusses
qu' il pourvoie	qu' il pourvût
que ns pourvoyions	que ns pourvussions
que vs pourvoyiez	que vs pourvussiez
qu' ils pourvoient	qu' ils pourvussent

Passé	Plus-que-parfait
que j' aie pourvu	que j' eusse pourvu
que tu aies pourvu	que tu eusses pourvu
qu' il ait pourvu	qu' il eût pourvu
que ns ayons pourvu	que ns eussions pourvu
que vs ayez pourvu	que vs eussiez pourvu
qu' ils aient pourvu	qu' ils eussent pourvu

CONDITIONNEL

Présent	Passé 1re forme	Passé 2e forme
je pourvoirais	j' aurais pourvu	j' eusse pourvu
tu pourvoirais	tu aurais pourvu	tu eusses pourvu
il pourvoirait	il aurait pourvu	il eût pourvu
ns pourvoirions	ns aurions pourvu	ns eussions pourvu
vs pourvoiriez	vs auriez pourvu	vs eussiez pourvu
ils pourvoiraient	ils auraient pourvu	ils eussent pourvu

IMPÉRATIF

Présent			Passé		
pourvois	pourvoyons	pourvoyez	aie pourvu	ayons pourvu	ayez pourvu

INFINITIF

Présent	Passé
pourvoir	avoir pourvu

PARTICIPE

Présent	Passé	Passé composé
pourvoyant	pourvu, e	ayant pourvu

40 ASSEOIR

3e GROUPE

La conjugaison en *-oi-/-oy-* est moins fréquente à l'écrit que la conjugaison en *-ie-/-ey-*. **Remarques : 1.** L'infinitif est la seule forme présentant le *e* muet. Aussi les rectifications de l'orthographe de 1990 préconisent-elles la graphie *assoir*. **2.** Le verbe *surseoir* n'a qu'une seule conjugaison en *-oi-/-oy-* (voir modèle **41**). **3.** *Seoir* au sens de « convenir » et *messeoir* n'ont qu'une conjugaison en *-ie-/-ey-* mais seulement à la 3e personne du présent de l'indicatif, du subjonctif et du conditionnel ainsi qu'à l'imparfait de l'indicatif et au futur simple.

INDICATIF

Présent	*ou*	Passé composé	
j' assieds	assois	j' ai	assis
tu assieds	assois	tu as	assis
il assied	assoit	il a	assis
ns asseyons	assoyons	ns avons	assis
vs asseyez	assoyez	vs avez	assis
ils asseyent	assoient	ils ont	assis
Imparfait	*ou*	**Plus-que-parfait**	
j' asseyais	assoyais	j' avais	assis
tu asseyais	assoyais	tu avais	assis
il asseyait	assoyait	il avait	assis
ns asseyions	assoyions	ns avions	assis
vs asseyiez	assoyiez	vs aviez	assis
ils asseyaient	assoyaient	ils avaient	assis
Passé simple		**Passé antérieur**	
j' assis		j' eus	assis
tu assis		tu eus	assis
il assit		il eut	assis
ns assîmes		ns eûmes	assis
vs assîtes		vs eûtes	assis
ils assirent		ils eurent	assis
Futur simple	*ou*	**Futur antérieur**	
j' assiérai	assoirai	j' aurai	assis
tu assiéras	assoiras	tu auras	assis
il assiéra	assoira	il aura	assis
ns assiérons	assoirons	ns aurons	assis
vs assiérez	assoirez	vs aurez	assis
ils assiéront	assoiront	ils auront	assis

SUBJONCTIF

Présent	*ou*
que j' asseye	assoie
que tu asseyes	assoies
qu' il asseye	assoie
que ns asseyions	assoyions
que vs asseyiez	assoyiez
qu' ils asseyent	assoient
Imparfait	
que j' assisse	
que tu assisses	
qu' il assît	
que ns assissions	
que vs assissiez	
qu' ils assissent	
Passé	
que j' aie	assis
que tu aies	assis
qu' il ait	assis
que ns ayons	assis
que vs ayez	assis
qu' ils aient	assis
Plus-que-parfait	
que j' eusse	assis
que tu eusses	assis
qu' il eût	assis
que ns eussions	assis
que vs eussiez	assis
qu' ils eussent	assis

CONDITIONNEL

Présent	*ou*	Passé 1re forme		Passé 2e forme	
j' assiérais	assoirais	j' aurais	assis	j' eusse	assis
tu assiérais	assoirais	tu aurais	assis	tu eusses	assis
il assiérait	assoirait	il aurait	assis	il eût	assis
ns assiérions	assoirions	ns aurions	assis	ns eussions	assis
vs assiériez	assoiriez	vs auriez	assis	vs eussiez	assis
ils assiéraient	assoiraient	ils auraient	assis	ils eussent	assis

IMPÉRATIF

Présent			Passé		
assieds *ou* assois	asseyons *ou* assoyons	asseyez *ou* assoyez	aie assis	ayons assis	ayez assis

INFINITIF

Présent	Passé
asseoir	avoir assis

PARTICIPE

Présent	Passé	Passé composé
asseyant *ou* assoyant	assis, se	ayant assis

tableaux de conjugaison types

41 SURSEOIR 3ᵉ GROUPE

Le *e* de l'infinitif disparaît dans la conjugaison sauf au futur simple et au présent du conditionnel.

Remarque : les rectifications de l'orthographe de 1990 conseillent l'emploi des graphies sans *e* (Ex. *je sursoirai, sursoir*).

INDICATIF

Présent	Passé composé
je sursois	j' ai sursis
tu sursois	tu as sursis
il sursoit	il a sursis
ns sursoyons	ns avons sursis
vs sursoyez	vs avez sursis
ils sursoient	ils ont sursis

Imparfait	Plus-que-parfait
je sursoyais	j' avais sursis
tu sursoyais	tu avais sursis
il sursoyait	il avait sursis
ns sursoyions	ns avions sursis
vs sursoyiez	vs aviez sursis
ils sursoyaient	ils avaient sursis

Passé simple	Passé antérieur
je sursis	j' eus sursis
tu sursis	tu eus sursis
il sursit	il eut sursis
ns sursîmes	ns eûmes sursis
vs sursîtes	vs eûtes sursis
ils sursirent	ils eurent sursis

Futur simple	Futur antérieur
je surseoirai	j' aurai sursis
tu surseoiras	tu auras sursis
il surseoira	il aura sursis
ns surseoirons	ns aurons sursis
vs surseoirez	vs aurez sursis
ils surseoiront	ils auront sursis

SUBJONCTIF

Présent	Imparfait
que je sursoie	que je sursisse
que tu sursoies	que tu sursisses
qu' il sursoie	qu' il sursît
que ns sursoyions	que ns sursissions
que vs sursoyiez	que vs sursissiez
qu' ils sursoient	qu' ils sursissent

Passé	Plus-que-parfait
que j' aie sursis	que j' eusse sursis
que tu aies sursis	que tu eusses sursis
qu' il ait sursis	qu' il eût sursis
que ns ayons sursis	que ns eussions sursis
que vs ayez sursis	que vs eussiez sursis
qu' ils aient sursis	qu' ils eussent sursis

CONDITIONNEL

Présent	Passé 1ʳᵉ forme	Passé 2ᵉ forme
je surseoirais	j' aurais sursis	j' eusse sursis
tu surseoirais	tu aurais sursis	tu eusses sursis
il surseoirait	il aurait sursis	il eût sursis
ns surseoirions	ns aurions sursis	ns eussions sursis
vs surseoiriez	vs auriez sursis	vs eussiez sursis
ils surseoiraient	ils auraient sursis	ils eussent sursis

IMPÉRATIF

Présent			Passé		
sursois	sursoyons	sursoyez	aie sursis	ayons sursis	ayez sursis

INFINITIF

Présent	Passé
surseoir	avoir sursis

PARTICIPE

Présent	Passé	Passé composé
sursoyant	sursis, se	ayant sursis

42 SAVOIR — 3e GROUPE

Savoir est le seul verbe à se conjuguer ainsi.

Remarque : 1. L'emploi de l'expression *je ne sache pas* où le subjonctif est employé sans *que* est en recul devant *que je sache*. **2.** Ne pas confondre les formes du futur simple et du présent du conditionnel avec celles, presque homophones, du verbe *être* *(je serai, tu serais)*.

INDICATIF

Présent	Passé composé
je sais	j' ai su
tu sais	tu as su
il sait	il a su
ns savons	ns avons su
vs savez	vs avez su
ils savent	ils ont su
Imparfait	**Plus-que-parfait**
je savais	j' avais su
tu savais	tu avais su
il savait	il avait su
ns savions	ns avions su
vs saviez	vs aviez su
ils savaient	ils avaient su
Passé simple	**Passé antérieur**
je sus	j' eus su
tu sus	tu eus su
il sut	il eut su
ns sûmes	ns eûmes su
vs sûtes	vs eûtes su
ils surent	ils eurent su
Futur simple	**Futur antérieur**
je saurai	j' aurai su
tu sauras	tu auras su
il saura	il aura su
ns saurons	ns aurons su
vs saurez	vs aurez su
ils sauront	ils auront su

SUBJONCTIF

Présent	Imparfait
que je sache	que je susse
que tu saches	que tu susses
qu' il sache	qu' il sût
que ns sachions	que ns sussions
que vs sachiez	que vs sussiez
qu' ils sachent	qu' ils sussent
Passé	**Plus-que-parfait**
que j' aie su	que j' eusse su
que tu aies su	que tu eusses su
qu' il ait su	qu' il eût su
que ns ayons su	que ns eussions su
que vs ayez su	que vs eussiez su
qu' ils aient su	qu' ils eussent su

CONDITIONNEL

Présent	Passé 1re forme	Passé 2e forme
je saurais	j' aurais su	j' eusse su
tu saurais	tu aurais su	tu eusses su
il saurait	il aurait su	il eût su
ns saurions	ns aurions su	ns eussions su
vs sauriez	vs auriez su	vs eussiez su
ils sauraient	ils auraient su	ils eussent su

IMPÉRATIF

Présent			Passé		
sache	sachons	sachez	aie su	ayons su	ayez su

INFINITIF

Présent	Passé
savoir	avoir su

PARTICIPE

Présent	Passé	Passé composé
sachant	su, e	ayant su

43 DEVOIR — 3e GROUPE

L'accent circonflexe sur le *u* du participe passé disparaît au féminin et au pluriel : *dû, due, dus, dues.*
Seul le verbe *redevoir* se conjugue sur ce modèle.
Remarque : le participe passé *redû* n'ayant pas d'homonyme, les rectifications de l'orthographe de 1990 proposent la suppression de l'accent circonflexe : *redu.*

INDICATIF

Présent	Passé composé
je dois	j' ai dû
tu dois	tu as dû
il doit	il a dû
ns devons	ns avons dû
vs devez	vs avez dû
ils doivent	ils ont dû
Imparfait	**Plus-que-parfait**
je devais	j' avais dû
tu devais	tu avais dû
il devait	il avait dû
ns devions	ns avions dû
vs deviez	vs aviez dû
ils devaient	ils avaient dû
Passé simple	**Passé antérieur**
je dus	j' eus dû
tu dus	tu eus dû
il dut	il eut dû
ns dûmes	ns eûmes dû
vs dûtes	vs eûtes dû
ils durent	ils eurent dû
Futur simple	**Futur antérieur**
je devrai	j' aurai dû
tu devras	tu auras dû
il devra	il aura dû
ns devrons	ns aurons dû
vs devrez	vs aurez dû
ils devront	ils auront dû

SUBJONCTIF

Présent	Imparfait	Passé	Plus-que-parfait
que je doive	que je dusse	que j' aie dû	que j' eusse dû
que tu doives	que tu dusses	que tu aies dû	que tu eusses dû
qu' il doive	qu' il dût	qu' il ait dû	qu' il eût dû
que ns devions	que ns dussions	que ns ayons dû	que ns eussions dû
que vs deviez	que vs dussiez	que vs ayez dû	que vs eussiez dû
qu' ils doivent	qu' ils dussent	qu' ils aient dû	qu' ils eussent dû

CONDITIONNEL

Présent	Passé 1re forme	Passé 2e forme
je devrais	j' aurais dû	j' eusse dû
tu devrais	tu aurais dû	tu eusses dû
il devrait	il aurait dû	il eût dû
ns devrions	ns aurions dû	ns eussions dû
vs devriez	vs auriez dû	vs eussiez dû
ils devraient	ils auraient dû	ils eussent dû

IMPÉRATIF

inusité

INFINITIF

Présent	Passé
devoir	avoir dû

PARTICIPE

Présent	Passé	Passé composé
devant	dû, due	ayant dû

44 POUVOIR — 3e GROUPE

Au présent de l'indicatif, *je peux* est plus courant, *je puis* plus littéraire. Lorsque le pronom sujet est inversé, seul *puis-je* est possible.
Au présent du subjonctif, lorsque le pronom sujet est inversé, on a *puissé-je*.
Le participe passé *pu* est toujours invariable et ne prend pas d'accent circonflexe.
Remarque : noter les terminaisons du présent de l'indicatif en *x* et non en *s* comme les verbes du 3e groupe.

INDICATIF

Présent *ou*		Passé composé
je peux	je puis	j' ai pu
tu peux		tu as pu
il peut		il a pu
ns pouvons		ns avons pu
vs pouvez		vs avez pu
ils peuvent		ils ont pu

Imparfait	Plus-que-parfait
je pouvais	j' avais pu
tu pouvais	tu avais pu
il pouvait	il avait pu
ns pouvions	ns avions pu
vs pouviez	vs aviez pu
ils pouvaient	ils avaient pu

Passé simple	Passé antérieur
je pus	j' eus pu
tu pus	tu eus pu
il put	il eut pu
ns pûmes	ns eûmes pu
vs pûtes	vs eûtes pu
ils purent	ils eurent pu

Futur simple	Futur antérieur
je pourrai	j' aurai pu
tu pourras	tu auras pu
il pourra	il aura pu
ns pourrons	ns aurons pu
vs pourrez	vs aurez pu
ils pourront	ils auront pu

SUBJONCTIF

Présent	Imparfait	Passé	Plus-que-parfait
que je puisse	que je pusse	que j' aie pu	que j' eusse pu
que tu puisses	que tu pusses	que tu aies pu	que tu eusses pu
qu' il puisse	qu' il pût	qu' il ait pu	qu' il eût pu
que ns puissions	que ns pussions	que ns ayons pu	que ns eussions pu
que vs puissiez	que vs pussiez	que vs ayez pu	que vs eussiez pu
qu' ils puissent	qu' ils pussent	qu' ils aient pu	qu' ils eussent pu

CONDITIONNEL

Présent	Passé 1re forme	Passé 2e forme
je pourrais	j' aurais pu	j' eusse pu
tu pourrais	tu aurais pu	tu eusses pu
il pourrait	il aurait pu	il eût pu
ns pourrions	ns aurions pu	ns eussions pu
vs pourriez	vs auriez pu	vs eussiez pu
ils pourraient	ils auraient pu	ils eussent pu

IMPÉRATIF

inusité

INFINITIF

Présent	Passé
pouvoir	avoir pu

PARTICIPE

Présent	Passé	Passé composé
pouvant	pu	ayant pu

45 VOULOIR 3e GROUPE

L'impératif présent est rare en dehors des expressions *ne m'en veux pas, ne m'en voulez pas* que l'on trouve aussi sous la forme *ne m'en veuille pas, ne m'en veuillez pas.* La 2e personne du pluriel de l'impératif présent est employée couramment dans les formules de politesse *(veuillez agréer, veuillez recevoir...).*
Le participe passé du verbe *s'en vouloir (ils s'en sont voulu)* demeure invariable.
Remarque : noter les terminaisons du présent de l'indicatif en *x* et non en *s* comme les verbes du 3e groupe.

INDICATIF

Présent	Passé composé
je veux	j' ai voulu
tu veux	tu as voulu
il veut	il a voulu
ns voulons	ns avons voulu
vs voulez	vs avez voulu
ils veulent	ils ont voulu

Imparfait	Plus-que-parfait
je voulais	j' avais voulu
tu voulais	tu avais voulu
il voulait	il avait voulu
ns voulions	ns avions voulu
vs vouliez	vs aviez voulu
ils voulaient	ils avaient voulu

Passé simple	Passé antérieur
je voulus	j' eus voulu
tu voulus	tu eus voulu
il voulut	il eut voulu
ns voulûmes	ns eûmes voulu
vs voulûtes	vs eûtes voulu
ils voulurent	ils eurent voulu

Futur simple	Futur antérieur
je voudrai	j' aurai voulu
tu voudras	tu auras voulu
il voudra	il aura voulu
ns voudrons	ns aurons voulu
vs voudrez	vs aurez voulu
ils voudront	ils auront voulu

SUBJONCTIF

Présent	Imparfait
que je veuille	que je voulusse
que tu veuilles	que tu voulusses
qu' il veuille	qu' il voulût
que ns voulions	que ns voulussions
que vs vouliez	que vs voulussiez
qu' ils veuillent	qu' ils voulussent

Passé	Plus-que-parfait
que j' aie voulu	que j' eusse voulu
que tu aies voulu	que tu eusses voulu
qu' il ait voulu	qu' il eût voulu
que ns ayons voulu	que ns eussions voulu
que vs ayez voulu	que vs eussiez voulu
qu' ils aient voulu	qu' ils eussent voulu

CONDITIONNEL

Présent	Passé 1re forme	Passé 2e forme
je voudrais	j' aurais voulu	j' eusse voulu
tu voudrais	tu aurais voulu	tu eusses voulu
il voudrait	il aurait voulu	il eût voulu
ns voudrions	ns aurions voulu	ns eussions voulu
vs voudriez	vs auriez voulu	vs eussiez voulu
ils voudraient	ils auraient voulu	ils eussent voulu

IMPÉRATIF

Présent			Passé		
veux *ou* veuille	voulons	voulez *ou* veuillez	aie voulu	ayons voulu	ayez voulu

INFINITIF

Présent	Passé
vouloir	avoir voulu

PARTICIPE

Présent	Passé	Passé composé
voulant	voulu, e	ayant voulu

46 VALOIR — 3e GROUPE

L'impératif est rare.
Ainsi se conjuguent *équivaloir* et *revaloir*.
Remarques : 1. Noter les terminaisons du présent de l'indicatif en *x* et non en *s* comme les verbes du 3e groupe. **2.** *Prévaloir* est différent de *valoir* au présent du subjonctif (voir modèle **47**).

INDICATIF

Présent	Passé composé
je vaux	j' ai valu
tu vaux	tu as valu
il vaut	il a valu
ns valons	ns avons valu
vs valez	vs avez valu
ils valent	ils ont valu

Imparfait	Plus-que-parfait
je valais	j' avais valu
tu valais	tu avais valu
il valait	il avait valu
ns valions	ns avions valu
vs valiez	vs aviez valu
ils valaient	ils avaient valu

Passé simple	Passé antérieur
je valus	j' eus valu
tu valus	tu eus valu
il valut	il eut valu
ns valûmes	ns eûmes valu
vs valûtes	vs eûtes valu
ils valurent	ils eurent valu

Futur simple	Futur antérieur
je vaudrai	j' aurai valu
tu vaudras	tu auras valu
il vaudra	il aura valu
ns vaudrons	ns aurons valu
vs vaudrez	vs aurez valu
ils vaudront	ils auront valu

SUBJONCTIF

Présent	Imparfait
que je vaille	que je valusse
que tu vailles	que tu valusses
qu' il vaille	qu' il valût
que ns valions	que ns valussions
que vs valiez	que vs valussiez
qu' ils vaillent	qu' ils valussent

Passé	Plus-que-parfait
que j' aie valu	que j' eusse valu
que tu aies valu	que tu eusses valu
qu' il ait valu	qu' il eût valu
que ns ayons valu	que ns eussions valu
que vs ayez valu	que vs eussiez valu
qu' ils aient valu	qu' ils eussent valu

CONDITIONNEL

Présent	Passé 1re forme	Passé 2e forme
je vaudrais	j' aurais valu	j' eusse valu
tu vaudrais	tu aurais valu	tu eusses valu
il vaudrait	il aurait valu	il eût valu
ns vaudrions	ns aurions valu	ns eussions valu
vs vaudriez	vs auriez valu	vs eussiez valu
ils vaudraient	ils auraient valu	ils eussent valu

IMPÉRATIF

Présent			Passé		
vaux	valons	valez	aie valu	ayons valu	ayez valu

INFINITIF

Présent	Passé
valoir	avoir valu

PARTICIPE

Présent	Passé	Passé composé
valant	valu, e	ayant valu

47 PRÉVALOIR — 3e GROUPE

Prévaloir se distingue de *valoir* uniquement au présent du subjonctif.

INDICATIF

Présent	Passé composé
je prévaux	j' ai prévalu
tu prévaux	tu as prévalu
il prévaut	il a prévalu
ns prévalons	ns avons prévalu
vs prévalez	vs avez prévalu
ils prévalent	ils ont prévalu
Imparfait	**Plus-que-parfait**
je prévalais	j' avais prévalu
tu prévalais	tu avais prévalu
il prévalait	il avait prévalu
ns prévalions	ns avions prévalu
vs prévaliez	vs aviez prévalu
ils prévalaient	ils avaient prévalu
Passé simple	**Passé antérieur**
je prévalus	j' eus prévalu
tu prévalus	tu eus prévalu
il prévalut	il eut prévalu
ns prévalûmes	ns eûmes prévalu
vs prévalûtes	vs eûtes prévalu
ils prévalurent	ils eurent prévalu
Futur simple	**Futur antérieur**
je prévaudrai	j' aurai prévalu
tu prévaudras	tu auras prévalu
il prévaudra	il aura prévalu
ns prévaudrons	ns aurons prévalu
vs prévaudrez	vs aurez prévalu
ils prévaudront	ils auront prévalu

SUBJONCTIF

Présent	Imparfait
que je prévale	que je prévalusse
que tu prévales	que tu prévalusses
qu' il prévale	qu' il prévalût
que ns prévalions	que ns prévalussions
que vs prévaliez	que vs prévalussiez
qu' ils prévalent	qu' ils prévalussent
Passé	**Plus-que-parfait**
que j' aie prévalu	que j' eusse prévalu
que tu aies prévalu	que tu eusses prévalu
qu' il ait prévalu	qu' il eût prévalu
que ns ayons prévalu	que ns eussions prévalu
que vs ayez prévalu	que vs eussiez prévalu
qu' ils aient prévalu	qu' ils eussent prévalu

CONDITIONNEL

Présent	Passé 1re forme	Passé 2e forme
je prévaudrais	j' aurais prévalu	j' eusse prévalu
tu prévaudrais	tu aurais prévalu	tu eusses prévalu
il prévaudrait	il aurait prévalu	il eût prévalu
ns prévaudrions	ns aurions prévalu	ns eussions prévalu
vs prévaudriez	vs auriez prévalu	vs eussiez prévalu
ils prévaudraient	ils auraient prévalu	ils eussent prévalu

IMPÉRATIF

Présent			Passé		
prévaux	prévalons	prévalez	aie prévalu	ayons prévalu	ayez prévalu

INFINITIF

Présent	Passé
prévaloir	avoir prévalu

PARTICIPE

Présent	Passé	Passé composé
prévalant	prévalu, e	ayant prévalu

48 MOUVOIR

3e GROUPE

L'accent circonflexe sur le *u* du participe passé disparaît au féminin et au pluriel : *mû, mue, mus, mues.* Ainsi se conjuguent *émouvoir* et *promouvoir*, mais leur participe passé ne prend pas d'accent circonflexe : *ému, promu.*
Les rectifications de l'orthographe de 1990 acceptent la suppression de l'accent circonflexe sur le participe passé masculin singulier : *mu.*
Remarque : en raison de leur conjugaison irrégulière, *émouvoir* et *promouvoir* sont souvent en concurrence avec *émotionner* et *promotionner.*

INDICATIF

Présent	Passé composé
je meus	j' ai mû
tu meus	tu as mû
il meut	il a mû
ns mouvons	ns avons mû
vs mouvez	vs avez mû
ils meuvent	ils ont mû

Imparfait	Plus-que-parfait
je mouvais	j' avais mû
tu mouvais	tu avais mû
il mouvait	il avait mû
ns mouvions	ns avions mû
vs mouviez	vs aviez mû
ils mouvaient	ils avaient mû

Passé simple	Passé antérieur
je mus	j' eus mû
tu mus	tu eus mû
il mut	il eut mû
ns mûmes	ns eûmes mû
vs mûtes	vs eûtes mû
ils murent	ils eurent mû

Futur simple	Futur antérieur
je mouvrai	j' aurai mû
tu mouvras	tu auras mû
il mouvra	il aura mû
ns mouvrons	ns aurons mû
vs mouvrez	vs aurez mû
ils mouvront	ils auront mû

SUBJONCTIF

Présent	Imparfait	Passé	Plus-que-parfait
que je meuve	que je musse	que j' aie mû	que j' eusse mû
que tu meuves	que tu musses	que tu aies mû	que tu eusses mû
qu' il meuve	qu' il mût	qu' il ait mû	qu' il eût mû
que ns mouvions	que ns mussions	que ns ayons mû	que ns eussions mû
que vs mouviez	que vs mussiez	que vs ayez mû	que vs eussiez mû
qu' ils meuvent	qu' ils mussent	qu' ils aient mû	qu' ils eussent mû

CONDITIONNEL

Présent	Passé 1re forme	Passé 2e forme
je mouvrais	j' aurais mû	j' eusse mû
tu mouvrais	tu aurais mû	tu eusses mû
il mouvrait	il aurait mû	il eût mû
ns mouvrions	ns aurions mû	ns eussions mû
vs mouvriez	vs auriez mû	vs eussiez mû
ils mouvraient	ils auraient mû	ils eussent mû

IMPÉRATIF

Présent			Passé		
meus	mouvons	mouvez	aie mû	ayons mû	ayez mû

INFINITIF

Présent	Passé
mouvoir	avoir mû

PARTICIPE

Présent	Passé	Passé composé
mouvant	mû, mue	ayant mû

49 FALLOIR — 3e GROUPE

Falloir est un verbe impersonnel qui ne se conjugue donc qu'à la 3e personne du singulier. Il n'a pas de participe présent ni d'impératif.

INDICATIF

Présent il faut	**Passé composé** il a fallu
Imparfait il fallait	**Plus-que-parfait** il avait fallu
Passé simple il fallut	**Passé antérieur** il eut fallu
Futur simple il faudra	**Futur antérieur** il aura fallu

SUBJONCTIF

Présent
qu'il faille

Imparfait
qu'il fallût

Passé
qu'il ait fallu

Plus-que-parfait
qu'il eût fallu

CONDITIONNEL

Présent	**Passé 1re forme**	**Passé 2e forme**
il faudrait	il aurait fallu	il eût fallu

IMPÉRATIF

inusité

INFINITIF

Présent	**Passé**
falloir	avoir fallu

PARTICIPE

Présent	**Passé**	**Passé composé**
inusité	fallu	ayant fallu

50 PLEUVOIR 3e GROUPE

Pleuvoir se conjugue à la 3e personne du singulier au sens concret et à la 3e personne du pluriel au sens figuré (Ex. : *les coups pleuvent*).

INDICATIF

Présent
il pleut
ils pleuvent

Imparfait
il pleuvait
ils pleuvaient

Passé simple
il plut
ils plurent

Futur simple
il pleuvra
ils pleuvront

Passé composé
il a plu
ils ont plu

Plus-que-parfait
il avait plu
ils avaient plu

Passé antérieur
il eut plu
ils eurent plu

Futur antérieur
il aura plu
ils auront plu

SUBJONCTIF

Présent
qu' il pleuve
qu' ils pleuvent

Imparfait
qu' il plût
qu' ils plussent

Passé
qu' il ait plu
qu' ils aient plu

Plus-que-parfait
qu' il eût plu
qu' ils eussent plu

CONDITIONNEL

Présent
il pleuvrait
ils pleuvraient

Passé 1re forme
il aurait plu
ils auraient plu

Passé 2e forme
il eût plu
ils eussent plu

IMPÉRATIF

inusité

INFINITIF

Présent
pleuvoir

Passé
avoir plu

PARTICIPE

Présent
pleuvant

Passé
plu

Passé composé
ayant plu

51 DÉCHOIR

3e GROUPE

Ainsi se conjuguent *choir* et *échoir.*
Choir et *déchoir* n'ont pas d'imparfait de l'indicatif et *choir* n'a pas de subjonctif présent. *Échoir* se trouve parfois à l'imparfait *(il échéait, il échoyait)*. Les formes en *-err-* du futur simple et du présent du conditionnel sont rares. *Choir* se conjugue aujourd'hui plus souvent avec *avoir* qu'avec *être*. *Échoir* se conjugue avec *être* et *déchoir* avec *être* ou *avoir.*
Le participe présent de *échoir (échéant)* apparaît dans la locution *le cas échéant.*

INDICATIF

Présent	*ou*	Passé composé
je déchois		j' ai déchu
tu déchois		tu as déchu
il déchoit	déchet	il a déchu
ns déchoyons		ns avons déchu
vs déchoyez		vs avez déchu
ils déchoient		ils ont déchu

Imparfait	Plus-que-parfait
inusité	j' avais déchu
	tu avais déchu
	il avait déchu
	ns avions déchu
	vs aviez déchu
	ils avaient déchu

Passé simple	Passé antérieur
je déchus	j' eus déchu
tu déchus	tu eus déchu
il déchut	il eut déchu
ns déchûmes	ns eûmes déchu
vs déchûtes	vs eûtes déchu
ils déchurent	ils eurent déchu

Futur simple	*ou*	Futur antérieur
je déchoirai	décherrai	j' aurai déchu
tu déchoiras	décherras	tu auras déchu
il déchoira	décherra	il aura déchu
ns déchoirons	décherrons	ns aurons déchu
vs déchoirez	décherrez	vs aurez déchu
ils déchoiront	décherront	ils auront déchu

SUBJONCTIF

Présent	Imparfait
que je déchoie	que je déchusse
que tu déchoies	que tu déchusses
qu' il déchoie	qu' il déchût
que ns déchoyions	que ns déchussions
que vs déchoyiez	que vs déchussiez
qu' ils déchoient	qu' ils déchussent

Passé	Plus-que-parfait
que j' aie déchu	que j' eusse déchu
que tu aies déchu	que tu eusses déchu
qu' il ait déchu	qu' il eût déchu
que ns ayons déchu	que ns eussions déchu
que vs ayez déchu	que vs eussiez déchu
qu' ils aient déchu	qu' ils eussent déchu

CONDITIONNEL

Présent	*ou*	Passé 1re forme	Passé 2e forme
je déchoirais	décherrais	j' aurais déchu	j' eusse déchu
tu déchoirais	décherrais	tu aurais déchu	tu eusses déchu
il déchoirait	décherrait	il aurait déchu	il eût déchu
ns déchoirions	décherrions	ns aurions déchu	ns eussions déchu
vs déchoiriez	décherriez	vs auriez déchu	vs eussiez déchu
ils déchoiraient	décherraient	ils auraient déchu	ils eussent déchu

IMPÉRATIF

inusité

INFINITIF

Présent	Passé
déchoir	avoir déchu

PARTICIPE

Présent	Passé	Passé composé
déchéant *(rare)*	déchu, e	ayant déchu

52 RENDRE — 3ᵉ GROUPE

Les verbes en *-dre,* sauf les verbes formés sur le radical *prendre* (voir modèle **53**), les verbes en *-indre* (voir modèles **54**, **55** et **56**) et les verbes en *-soudre* (voir modèle **57**) gardent le *d* de l'infinitif au singulier du présent de l'indicatif et de l'impératif. À la 3ᵉ personne du singulier de l'indicatif, ce *d* exclut la terminaison *t* *(il rend)*.

INDICATIF

Présent	Passé composé
je rends	j' ai rendu
tu rends	tu as rendu
il rend	il a rendu
ns rendons	ns avons rendu
vs rendez	vs avez rendu
ils rendent	ils ont rendu

Imparfait	Plus-que-parfait
je rendais	j' avais rendu
tu rendais	tu avais rendu
il rendait	il avait rendu
ns rendions	ns avions rendu
vs rendiez	vs aviez rendu
ils rendaient	ils avaient rendu

Passé simple	Passé simple
je rendis	j' eus rendu
tu rendis	tu eus rendu
il rendit	il eut rendu
ns rendîmes	ns eûmes rendu
vs rendîtes	vs eûtes rendu
ils rendirent	ils eurent rendu

Futur simple	Futur antérieur
je rendrai	j' aurai rendu
tu rendras	tu auras rendu
il rendra	il aura rendu
ns rendrons	ns aurons rendu
vs rendrez	vs aurez rendu
ils rendront	ils auront rendu

SUBJONCTIF

Présent	Imparfait	Passé	Plus-que-parfait
que je rende	que je rendisse	que j' aie rendu	que j' eusse rendu
que tu rendes	que tu rendisses	que tu aies rendu	que tu eusses rendu
qu' il rende	qu' il rendît	qu' il ait rendu	qu' il eût rendu
que ns rendions	que ns rendissions	que ns ayons rendu	que ns eussions rendu
que vs rendiez	que vs rendissiez	que vs ayez rendu	que vs eussiez rendu
qu' ils rendent	qu' ils rendissent	qu' ils aient rendu	qu' ils eussent rendu

CONDITIONNEL

Présent	Passé 1ʳᵉ forme	Passé 2ᵉ forme
je rendrais	j' aurais rendu	j' eusse rendu
tu rendrais	tu aurais rendu	tu eusses rendu
il rendrait	il aurait rendu	il eût rendu
ns rendrions	ns aurions rendu	ns eussions rendu
vs rendriez	vs auriez rendu	vs eussiez rendu
ils rendraient	ils auraient rendu	ils eussent rendu

IMPÉRATIF

Présent			Passé		
rends	rendons	rendez	aie rendu	ayons rendu	ayez rendu

INFINITIF

Présent	Passé
rendre	avoir rendu

PARTICIPE

Présent	Passé	Passé composé
rendant	rendu, e	ayant rendu

53 PRENDRE — 3e GROUPE

Ainsi se conjuguent les verbes qui se terminent par *-prendre* (*apprendre, se méprendre, surprendre,* etc.).

INDICATIF

Présent	Passé composé
je prends	j' ai pris
tu prends	tu as pris
il prend	il a pris
ns prenons	ns avons pris
vs prenez	vs avez pris
ils prennent	ils ont pris

Imparfait	Plus-que-parfait
je prenais	j' avais pris
tu prenais	tu avais pris
il prenait	il avait pris
ns prenions	ns avions pris
vs preniez	vs aviez pris
ils prenaient	ils avaient pris

Passé simple	Passé antérieur
je pris	j' eus pris
tu pris	tu eus pris
il prit	il eut pris
ns prîmes	ns eûmes pris
vs prîtes	vs eûtes pris
ils prirent	ils eurent pris

Futur simple	Futur antérieur
je prendrai	j' aurai pris
tu prendras	tu auras pris
il prendra	il aura pris
ns prendrons	ns aurons pris
vs prendrez	vs aurez pris
ils prendront	ils auront pris

SUBJONCTIF

Présent	Imparfait
que je prenne	que je prisse
que tu prennes	que tu prisses
qu' il prenne	qu' il prît
que ns prenions	que ns prissions
que vs preniez	que vs prissiez
qu' ils prennent	qu' ils prissent

Passé	Plus-que-parfait
que j' aie pris	que j' eusse pris
que tu aies pris	que tu eusses pris
qu' il ait pris	qu' il eût pris
que ns ayons pris	que ns eussions pris
que vs ayez pris	que vs eussiez pris
qu' ils aient pris	qu' ils eussent pris

CONDITIONNEL

Présent	Passé 1re forme	Passé 2e forme
je prendrais	j' aurais pris	j' eusse pris
tu prendrais	tu aurais pris	tu eusses pris
il prendrait	il aurait pris	il eût pris
ns prendrions	ns aurions pris	ns eussions pris
vs prendriez	vs auriez pris	vs eussiez pris
ils prendraient	ils auraient pris	ils eussent pris

IMPÉRATIF

Présent			Passé		
prends	prenons	prenez	aie pris	ayons pris	ayez pris

INFINITIF

Présent	Passé
prendre	avoir pris

PARTICIPE

Présent	Passé	Passé composé
prenant	pris, se	ayant pris

54 CRAINDRE — 3e GROUPE

Contrairement aux autres verbes en *-dre* (voir modèle **52**), les verbes qui se conjuguent sur ce modèle perdent le *d* de l'infinitif, sauf au futur simple et au présent du conditionnel. Ces verbes prennent donc la terminaison *t* à la 3e personne du singulier du présent de l'indicatif *(il craint)*.

Ainsi se conjuguent *contraindre* et *plaindre*.

Aux deux premières personnes du pluriel de l'imparfait de l'indicatif et du présent du subjonctif, ne pas oublier le *i* après *gn*.

INDICATIF

Présent	Passé composé
je crains	j' ai craint
tu crains	tu as craint
il craint	il a craint
ns craignons	ns avons craint
vs craignez	vs avez craint
ils craignent	ils ont craint

Imparfait	Plus-que-parfait
je craignais	j' avais craint
tu craignais	tu avais craint
il craignait	il avait craint
ns craignions	ns avions craint
vs craigniez	vs aviez craint
ils craignaient	ils avaient craint

Passé simple	Passé antérieur
je craignis	j' eus craint
tu craignis	tu eus craint
il craignit	il eut craint
ns craignîmes	ns eûmes craint
vs craignîtes	vs eûtes craint
ils craignirent	ils eurent craint

Futur simple	Futur antérieur
je craindrai	j' aurai craint
tu craindras	tu auras craint
il craindra	il aura craint
ns craindrons	ns aurons craint
vs craindrez	vs aurez craint
ils craindront	ils auront craint

SUBJONCTIF

Présent	Imparfait
que je craigne	que je craignisse
que tu craignes	que tu craignisses
qu' il craigne	qu' il craignît
que ns craignions	que ns craignissions
que vs craigniez	que vs craignissiez
qu' ils craignent	qu' ils craignissent

Passé	Plus-que-parfait
que j' aie craint	que j' eusse craint
que tu aies craint	que tu eusses craint
qu' il ait craint	qu' il eût craint
que ns ayons craint	que ns eussions craint
que vs ayez craint	que vs eussiez craint
qu' ils aient craint	qu' ils eussent craint

CONDITIONNEL

Présent	Passé 1re forme	Passé 2e forme
je craindrais	j' aurais craint	j' eusse craint
tu craindrais	tu aurais craint	tu eusses craint
il craindrait	il aurait craint	il eût craint
ns craindrions	ns aurions craint	ns eussions craint
vs craindriez	vs auriez craint	vs eussiez craint
ils craindraient	ils auraient craint	ils eussent craint

IMPÉRATIF

Présent			Passé		
crains	craignons	craignez	aie craint	ayons craint	ayez craint

INFINITIF

Présent	Passé
craindre	avoir craint

PARTICIPE

Présent	Passé	Passé composé
craignant	craint, te	ayant craint

55 PEINDRE 3e GROUPE

Contrairement aux autres verbes en *-dre* (voir modèle **52**), les verbes qui se conjuguent sur ce modèle perdent le *d* de l'infinitif, sauf au futur simple et au présent du conditionnel. Ces verbes prennent donc la terminaison *t* à la 3e personne du singulier du présent de l'indicatif *(il peint)*.
Ainsi se conjuguent tous les verbes qui se terminent par *-eindre.*
Aux deux premières personnes du pluriel de l'imparfait de l'indicatif et du présent du subjonctif, ne pas oublier le *i* après *gn.*

INDICATIF

Présent	Passé composé
je peins	j' ai peint
tu peins	tu as peint
il peint	il a peint
ns peignons	ns avons peint
vs peignez	vs avez peint
ils peignent	ils ont peint

Imparfait	Plus-que-parfait
je peignais	j' avais peint
tu peignais	tu avais peint
il peignait	il avait peint
ns peignions	ns avions peint
vs peigniez	vs aviez peint
ils peignaient	ils avaient peint

Passé simple	Passé antérieur
je peignis	j' eus peint
tu peignis	tu eus peint
il peignit	il eut peint
ns peignîmes	ns eûmes peint
vs peignîtes	vs eûtes peint
ils peignirent	ils eurent peint

Futur simple	Futur antérieur
je peindrai	j' aurai peint
tu peindras	tu auras peint
il peindra	il aura peint
ns peindrons	ns aurons peint
vs peindrez	vs aurez peint
ils peindront	ils auront peint

SUBJONCTIF

Présent	Imparfait
que je peigne	que je peignisse
que tu peignes	que tu peignisses
qu' il peigne	qu' il peignît
que ns peignions	que ns peignissions
que vs peigniez	que vs peignissiez
qu' ils peignent	qu' ils peignissent

Passé	Plus-que-parfait
que j' aie peint	que j' eusse peint
que tu aies peint	que tu eusses peint
qu' il ait peint	qu' il eût peint
que ns ayons peint	que ns eussions peint
que vs ayez peint	que vs eussiez peint
qu' ils aient peint	qu' ils eussent peint

CONDITIONNEL

Présent	Passé 1re forme	Passé 2e forme
je peindrais	j' aurais peint	j' eusse peint
tu peindrais	tu aurais peint	tu eusses peint
il peindrait	il aurait peint	il eût peint
ns peindrions	ns aurions peint	ns eussions peint
vs peindriez	vs auriez peint	vs eussiez peint
ils peindraient	ils auraient peint	ils eussent peint

IMPÉRATIF

Présent			Passé		
peins	peignons	peignez	aie peint	ayons peint	ayez peint

INFINITIF

Présent	Passé
peindre	avoir peint

PARTICIPE

Présent	Passé	Passé composé
peignant	peint, te	ayant peint

56 JOINDRE 3e GROUPE

Ainsi se conjuguent les verbes *adjoindre, conjoindre, disjoindre, enjoindre, rejoindre* et aussi *oindre* et *poindre,* rares aujourd'hui.
Contrairement aux autres verbes en *-dre* (voir modèle **52**), ces verbes perdent le *d* de l'infinitif sauf au futur simple et au présent du conditionnel. Ces verbes prennent donc la terminaison *t* à la 3e personne du singulier du présent de l'indicatif *(je joins, il joint).*
Aux deux premières personnes du pluriel de l'imparfait de l'indicatif et du présent du subjonctif, ne pas oublier le *i* après *gn.*

INDICATIF

Présent	Passé composé
je joins	j' ai joint
tu joins	tu as joint
il joint	il a joint
ns joignons	ns avons joint
vs joignez	vs avez joint
ils joignent	ils ont joint

Imparfait	Plus-que-parfait
je joignais	j' avais joint
tu joignais	tu avais joint
il joignait	il avait joint
ns joignions	ns avions joint
vs joigniez	vs aviez joint
ils joignaient	ils avaient joint

Passé simple	Passé antérieur
je joignis	j' eus joint
tu joignis	tu eus joint
il joignit	il eut joint
ns joignîmes	ns eûmes joint
vs joignîtes	vs eûtes joint
ils joignirent	ils eurent joint

Futur simple	Futur antérieur
je joindrai	j' aurai joint
tu joindras	tu auras joint
il joindra	il aura joint
ns joindrons	ns aurons joint
vs joindrez	vs aurez joint
ils joindront	ils auront joint

SUBJONCTIF

Présent	Imparfait
que je joigne	que je joignisse
que tu joignes	que tu joignisses
qu' il joigne	qu' il joignît
que ns joignions	que ns joignissions
que vs joigniez	que vs joignissiez
qu' ils joignent	qu' ils joignissent

Passé	Plus-que-parfait
que j' aie joint	que j' eusse joint
que tu aies joint	que tu eusses joint
qu' il ait joint	qu' il eût joint
que ns ayons joint	que ns eussions joint
que vs ayez joint	que vs eussiez joint
qu' ils aient joint	qu' ils eussent joint

CONDITIONNEL

Présent	Passé 1re forme	Passé 2e forme
je joindrais	j' aurais joint	j' eusse joint
tu joindrais	tu aurais joint	tu eusses joint
il joindrait	il aurait joint	il eût joint
ns joindrions	ns aurions joint	ns eussions joint
vs joindriez	vs auriez joint	vs eussiez joint
ils joindraient	ils auraient joint	ils eussent joint

IMPÉRATIF

Présent			Passé		
joins	joignons	joignez	aie joint	ayons joint	ayez joint

INFINITIF

Présent	Passé
joindre	avoir joint

PARTICIPE

Présent	Passé	Passé composé
joignant	joint, te	ayant joint

57 RÉSOUDRE 3e GROUPE

Contrairement aux autres verbes en -*dre* (voir modèle **52**), les verbes qui se conjuguent sur ce modèle perdent le *d* de l'infinitif sauf au futur simple et au présent du conditionnel. Ces verbes prennent donc la terminaison *t* à la 3e personne du singulier du présent de l'indicatif *(il résout)*.

Ainsi se conjuguent *absoudre* et *dissoudre*. Mais leur participe passé est *absous, absoute* et *dissous, dissoute* (et non pas en -*u*).

INDICATIF

Présent

je résous
tu résous
il résout
ns résolvons
vs résolvez
ils résolvent

Passé composé

j' ai résolu
tu as résolu
il a résolu
ns avons résolu
vs avez résolu
ils ont résolu

Imparfait

je résolvais
tu résolvais
il résolvait
ns résolvions
vs résolviez
ils résolvaient

Plus-que-parfait

j' avais résolu
tu avais résolu
il avait résolu
ns avions résolu
vs aviez résolu
ils avaient résolu

Passé simple

je résolus
tu résolus
il résolut
ns résolûmes
vs résolûtes
ils résolurent

Passé antérieur

j' eus résolu
tu eus résolu
il eut résolu
ns eûmes résolu
vs eûtes résolu
ils eurent résolu

Futur simple

je résoudrai
tu résoudras
il résoudra
ns résoudrons
vs résoudrez
ils résoudront

Futur antérieur

j' aurai résolu
tu auras résolu
il aura résolu
ns aurons résolu
vs aurez résolu
ils auront résolu

SUBJONCTIF

Présent

que je résolve
que tu résolves
qu' il résolve
que ns résolvions
que vs résolviez
qu' ils résolvent

Imparfait

que je résolusse
que tu résolusses
qu' il résolût
que ns résolussions
que vs résolussiez
qu' ils résolussent

Passé

que j' aie résolu
que tu aies résolu
qu' il ait résolu
que ns ayons résolu
que vs ayez résolu
qu' ils aient résolu

Plus-que-parfait

que j' eusse résolu
que tu eusses résolu
qu' il eût résolu
que ns eussions résolu
que vs eussiez résolu
qu' ils eussent résolu

CONDITIONNEL

Présent

je résoudrais
tu résoudrais
il résoudrait
ns résoudrions
vs résoudriez
ils résoudraient

Passé 1re forme

j' aurais résolu
tu aurais résolu
il aurait résolu
ns aurions résolu
vs auriez résolu
ils auraient résolu

Passé 2e forme

j' eusse résolu
tu eusses résolu
il eût résolu
ns eussions résolu
vs eussiez résolu
ils eussent résolu

IMPÉRATIF

Présent

résous résolvons résolvez

Passé

aie résolu ayons résolu ayez résolu

INFINITIF

Présent

résoudre

Passé

avoir résolu

PARTICIPE

Présent

résolvant

Passé

résolu, e

Passé composé

ayant résolu

58 COUDRE 3e GROUPE

Ainsi se conjuguent *découdre* et *recoudre*.
Ces verbes gardent le *d* de l'infinitif au singulier du présent de l'indicatif et de l'impératif. À la 3e personne du singulier, ce *d* exclut la terminaison *t* (*il coud*).

INDICATIF

Présent	Passé composé
je couds	j' ai cousu
tu couds	tu as cousu
il coud	il a cousu
ns cousons	ns avons cousu
vs cousez	vs avez cousu
ils cousent	ils ont cousu

Imparfait	Plus-que-parfait
je cousais	j' avais cousu
tu cousais	tu avais cousu
il cousait	il avait cousu
ns cousions	ns avions cousu
vs cousiez	vs aviez cousu
ils cousaient	ils avaient cousu

Passé simple	Passé antérieur
je cousis	j' eus cousu
tu cousis	tu eus cousu
il cousit	il eut cousu
ns cousîmes	ns eûmes cousu
vs cousîtes	vs eûtes cousu
ils cousirent	ils eurent cousu

Futur simple	Futur antérieur
je coudrai	j' aurai cousu
tu coudras	tu auras cousu
il coudra	il aura cousu
ns coudrons	ns aurons cousu
vs coudrez	vs aurez cousu
ils coudront	ils auront cousu

SUBJONCTIF

Présent	Imparfait
que je couse	que je cousisse
que tu couses	que tu cousisses
qu' il couse	qu' il cousît
que ns cousions	que ns cousissions
que vs cousiez	que vs cousissiez
qu' ils cousent	qu' ils cousissent

Passé	Plus-que-parfait
que j' aie cousu	que j' eusse cousu
que tu aies cousu	que tu eusses cousu
qu' il ait cousu	qu' il eût cousu
que ns ayons cousu	que ns eussions cousu
que vs ayez cousu	que vs eussiez cousu
qu' ils aient cousu	qu' ils eussent cousu

CONDITIONNEL

Présent	Passé 1re forme	Passé 2e forme
je coudrais	j' aurais cousu	j' eusse cousu
tu coudrais	tu aurais cousu	tu eusses cousu
il coudrait	il aurait cousu	il eût cousu
ns coudrions	ns aurions cousu	ns eussions cousu
vs coudriez	vs auriez cousu	vs eussiez cousu
ils coudraient	ils auraient cousu	ils eussent cousu

IMPÉRATIF

Présent			Passé		
couds	cousons	cousez	aie cousu	ayons cousu	ayez cousu

INFINITIF

Présent	Passé
coudre	avoir cousu

PARTICIPE

Présent	Passé	Passé composé
cousant	cousu, e	ayant cousu

59 MOUDRE — 3e GROUPE

Ainsi se conjuguent *émoudre* (rare) et *remoudre*.
Ces verbes gardent le *d* de l'infinitif au singulier du présent de l'indicatif et de l'impératif. À la 3e personne du singulier, ce *d* exclut la terminaison *t (il moud)*.
Certaines formes en *-l-* sont homonymes des formes correspondantes du verbe du 1er groupe *mouler*.

INDICATIF

Présent	Passé composé
je mouds	j' ai moulu
tu mouds	tu as moulu
il moud	il a moulu
ns moulons	ns avons moulu
vs moulez	vs avez moulu
ils moulent	ils ont moulu

Imparfait	Plus-que-parfait
je moulais	j' avais moulu
tu moulais	tu avais moulu
il moulait	il avait moulu
ns moulions	ns avions moulu
vs mouliez	vs aviez moulu
ils moulaient	ils avaient moulu

Passé simple	Passé antérieur
je moulus	j' eus moulu
tu moulus	tu eus moulu
il moulut	il eut moulu
ns moulûmes	ns eûmes moulu
vs moulûtes	vs eûtes moulu
ils moulurent	ils eurent moulu

Futur simple	Futur antérieur
je moudrai	j' aurai moulu
tu moudras	tu auras moulu
il moudra	il aura moulu
ns moudrons	ns aurons moulu
vs moudrez	vs aurez moulu
ils moudront	ils auront moulu

SUBJONCTIF

Présent	Imparfait
que je moule	que je moulusse
que tu moules	que tu moulusses
qu' il moule	qu' il moulût
que ns moulions	que ns moulussions
que vs mouliez	que vs moulussiez
qu' ils moulent	qu' ils moulussent

Passé	Plus-que-parfait
que j' aie moulu	que j' eusse moulu
que tu aies moulu	que tu eusses moulu
qu' il ait moulu	qu' il eût moulu
que ns ayons moulu	que ns eussions moulu
que vs ayez moulu	que vs eussiez moulu
qu' ils aient moulu	qu' ils eussent moulu

CONDITIONNEL

Présent	Passé 1re forme	Passé 2e forme
je moudrais	j' aurais moulu	j' eusse moulu
tu moudrais	tu aurais moulu	tu eusses moulu
il moudrait	il aurait moulu	il eût moulu
ns moudrions	ns aurions moulu	ns eussions moulu
vs moudriez	vs auriez moulu	vs eussiez moulu
ils moudraient	ils auraient moulu	ils eussent moulu

IMPÉRATIF

Présent	Passé
mouds moulons moulez	aie moulu ayons moulu ayez moulu

INFINITIF

Présent	Passé
moudre	avoir moulu

PARTICIPE

Présent	Passé	Passé composé
moulant	moulu, e	ayant moulu

60 ROMPRE — 3e GROUPE

Ces verbes gardent le *p* de l'infinitif dans toute leur conjugaison. Mais à la différence des verbes en *-dre* (voir modèle **52**), le *p* est compatible avec la terminaison *t* de la 3e personne du singulier *(il rom**pt**)*.
Ainsi se conjuguent *corrompre* et *interrompre*.

INDICATIF

Présent	Passé composé
je romps	j' ai rompu
tu romps	tu as rompu
il rompt	il a rompu
ns rompons	ns avons rompu
vs rompez	vs avez rompu
ils rompent	ils ont rompu

Imparfait	Plus-que-parfait
je rompais	j' avais rompu
tu rompais	tu avais rompu
il rompait	il avait rompu
ns rompions	ns avions rompu
vs rompiez	vs aviez rompu
ils rompaient	ils avaient rompu

Passé simple	Passé antérieur
je rompis	j' eus rompu
tu rompis	tu eus rompu
il rompit	il eut rompu
ns rompîmes	ns eûmes rompu
vs rompîtes	vs eûtes rompu
ils rompirent	ils eurent rompu

Futur simple	Futur antérieur
je romprai	j' aurai rompu
tu rompras	tu auras rompu
il rompra	il aura rompu
ns romprons	ns aurons rompu
vs romprez	vs aurez rompu
ils rompront	ils auront rompu

SUBJONCTIF

Présent	Imparfait
que je rompe	que je rompisse
que tu rompes	que tu rompisses
qu' il rompe	qu' il rompît
que ns rompions	que ns rompissions
que vs rompiez	que vs rompissiez
qu' ils rompent	qu' ils rompissent

Passé	Plus-que-parfait
que j' aie rompu	que j' eusse rompu
que tu aies rompu	que tu eusses rompu
qu' il ait rompu	qu' il eût rompu
que ns ayons rompu	que ns eussions rompu
que vs ayez rompu	que vs eussiez rompu
qu' ils aient rompu	qu' ils eussent rompu

CONDITIONNEL

Présent	Passé 1re forme	Passé 2e forme
je romprais	j' aurais rompu	j' eusse rompu
tu romprais	tu aurais rompu	tu eusses rompu
il romprait	il aurait rompu	il eût rompu
ns romprions	ns aurions rompu	ns eussions rompu
vs rompriez	vs auriez rompu	vs eussiez rompu
ils rompraient	ils auraient rompu	ils eussent rompu

IMPÉRATIF

Présent
romps rompons rompez

Passé
aie rompu ayons rompu ayez rompu

INFINITIF

Présent
rompre

Passé
avoir rompu

PARTICIPE

Présent
rompant

Passé
rompu, e

Passé composé
ayant rompu

tableaux de conjugaison types

61 VAINCRE — 3e GROUPE

Le *c* de l'infinitif se change en *qu* devant une voyelle autre que *u (il vainquit, que je vainque).*
À la 3e personne du singulier du présent de l'indicatif, le maintien du *c* de l'infinitif exclut la terminaison *t (il vainc).*
Ainsi se conjugue *convaincre.*

INDICATIF

Présent	Passé composé
je vaincs	j' ai vaincu
tu vaincs	tu as vaincu
il vainc	il a vaincu
ns vainquons	ns avons vaincu
vs vainquez	vs avez vaincu
ils vainquent	ils ont vaincu

Imparfait	Plus-que-parfait
je vainquais	j' avais vaincu
tu vainquais	tu avais vaincu
il vainquait	il avait vaincu
ns vainquions	ns avions vaincu
vs vainquiez	vs aviez vaincu
ils vainquaient	ils avaient vaincu

Passé simple	Passé antérieur
je vainquis	j' eus vaincu
tu vainquis	tu eus vaincu
il vainquit	il eut vaincu
ns vainquîmes	ns eûmes vaincu
vs vainquîtes	vs eûtes vaincu
ils vainquirent	ils eurent vaincu

Futur simple	Futur antérieur
je vaincrai	j' aurai vaincu
tu vaincras	tu auras vaincu
il vaincra	il aura vaincu
ns vaincrons	ns aurons vaincu
vs vaincrez	vs aurez vaincu
ils vaincront	ils auront vaincu

SUBJONCTIF

Présent	Imparfait
que je vainque	que je vainquisse
que tu vainques	que tu vainquisses
qu' il vainque	qu' il vainquît
que ns vainquions	que ns vainquissions
que vs vainquiez	que vs vainquissiez
qu' ils vainquent	qu' ils vainquissent

Passé	Plus-que-parfait
que j' aie vaincu	que j' eusse vaincu
que tu aies vaincu	que tu eusses vaincu
qu' il ait vaincu	qu' il eût vaincu
que ns ayons vaincu	que ns eussions vaincu
que vs ayez vaincu	que vs eussiez vaincu
qu' ils aient vaincu	qu' ils eussent vaincu

CONDITIONNEL

Présent	Passé 1re forme	Passé 2e forme
je vaincrais	j' aurais vaincu	j' eusse vaincu
tu vaincrais	tu aurais vaincu	tu eusses vaincu
il vaincrait	il aurait vaincu	il eût vaincu
ns vaincrions	ns aurions vaincu	ns eussions vaincu
vs vaincriez	vs auriez vaincu	vs eussiez vaincu
ils vaincraient	ils auraient vaincu	ils eussent vaincu

IMPÉRATIF

Présent			Passé		
vaincs	vainquons	vainquez	aie vaincu	ayons vaincu	ayez vaincu

INFINITIF

Présent	Passé
vaincre	avoir vaincu

PARTICIPE

Présent	Passé	Passé composé
vainquant	vaincu, e	ayant vaincu

62 BATTRE — 3e GROUPE

Tous les verbes de la famille de *battre* se conjuguent sur ce modèle (*combattre, rabattre*, etc.). Les formes du singulier du présent de l'indicatif et de l'impératif ne prennent qu'un seul *t*.
Les formes du singulier du présent de l'indicatif et de l'impératif perdent un *t* du radical.
Foutre et *se contrefoutre* (familiers) se conjuguent sur ce modèle.

INDICATIF

Présent	Passé composé
je bats	j' ai battu
tu bats	tu as battu
il bat	il a battu
ns battons	ns avons battu
vs battez	vs avez battu
ils battent	ils ont battu

Imparfait	Plus-que-parfait
je battais	j' avais battu
tu battais	tu avais battu
il battait	il avait battu
ns battions	ns avions battu
vs battiez	vs aviez battu
ils battaient	ils avaient battu

Passé simple	Passé antérieur
je battis	j' eus battu
tu battis	tu eus battu
il battit	il eut battu
ns battîmes	ns eûmes battu
vs battîtes	vs eûtes battu
ils battirent	ils eurent battu

Futur simple	Futur antérieur
je battrai	j' aurai battu
tu battras	tu auras battu
il battra	il aura battu
ns battrons	ns aurons battu
vs battrez	vs aurez battu
ils battront	ils auront battu

SUBJONCTIF

Présent	Imparfait
que je batte	que je battisse
que tu battes	que tu battisses
qu' il batte	qu' il battît
que ns battions	que ns battissions
que vs battiez	que vs battissiez
qu' ils battent	qu' ils battissent

Passé	Plus-que-parfait
que j' aie battu	que j' eusse battu
que tu aies battu	que tu eusses battu
qu' il ait battu	qu' il eût battu
que ns ayons battu	que ns eussions battu
que vs ayez battu	que vs eussiez battu
qu' ils aient battu	qu' ils eussent battu

CONDITIONNEL

Présent	Passé 1re forme	Passé 2e forme
je battrais	j' aurais battu	j' eusse battu
tu battrais	tu aurais battu	tu eusses battu
il battrait	il aurait battu	il eût battu
ns battrions	ns aurions battu	ns eussions battu
vs battriez	vs auriez battu	vs eussiez battu
ils battraient	ils auraient battu	ils eussent battu

IMPÉRATIF

Présent			Passé		
bats	battons	battez	aie battu	ayons battu	ayez battu

INFINITIF

Présent	Passé
battre	avoir battu

PARTICIPE

Présent	Passé	Passé composé
battant	battu, e	ayant battu

63 METTRE — 3e GROUPE

Tous les verbes de la famille de *mettre* se conjuguent sur ce modèle (*commettre, remettre*, etc.).
Les formes du singulier du présent de l'indicatif et de l'impératif ne prennent qu'un seul *t*.

INDICATIF

Présent	Passé composé
je mets	j' ai mis
tu mets	tu as mis
il met	il a mis
ns mettons	ns avons mis
vs mettez	vs avez mis
ils mettent	ils ont mis

Imparfait	Plus-que-parfait
je mettais	j' avais mis
tu mettais	tu avais mis
il mettait	il avait mis
ns mettions	ns avions mis
vs mettiez	vs aviez mis
ils mettaient	ils avaient mis

Passé simple	Passé antérieur
je mis	j' eus mis
tu mis	tu eus mis
il mit	il eut mis
ns mîmes	ns eûmes mis
vs mîtes	vs eûtes mis
ils mirent	ils eurent mis

Futur simple	Futur antérieur
je mettrai	j' aurai mis
tu mettras	tu auras mis
il mettra	il aura mis
ns mettrons	ns aurons mis
vs mettrez	vs aurez mis
ils mettront	ils auront mis

SUBJONCTIF

Présent	Imparfait	Passé	Plus-que-parfait
que je mette	que je misse	que j' aie mis	que j' eusse mis
que tu mettes	que tu misses	que tu aies mis	que tu eusses mis
qu' il mette	qu' il mît	qu' il ait mis	qu' il eût mis
que ns mettions	que ns missions	que ns ayons mis	que ns eussions mis
que vs mettiez	que vs missiez	que vs ayez mis	que vs eussiez mis
qu' ils mettent	qu' ils missent	qu' ils aient mis	qu' ils eussent mis

CONDITIONNEL

Présent	Passé 1re forme	Passé 2e forme
je mettrais	j' aurais mis	j' eusse mis
tu mettrais	tu aurais mis	tu eusses mis
il mettrait	il aurait mis	il eût mis
ns mettrions	ns aurions mis	ns eussions mis
vs mettriez	vs auriez mis	vs eussiez mis
ils mettraient	ils auraient mis	ils eussent mis

IMPÉRATIF

Présent			Passé		
mets	mettons	mettez	aie mis	ayons mis	ayez mis

INFINITIF

Présent	Passé
mettre	avoir mis

PARTICIPE

Présent	Passé	Passé composé
mettant	mis, se	ayant mis

64 CONNAÎTRE — 3e GROUPE

Se conjuguent sur ce modèle *connaître, paraître, paître* et les verbes de leur famille. Tous les verbes en *-aître* prennent un accent circonflexe sur le *i* du radical qui précède un *t* (*il connaît, il paraîtra*).

Remarques : 1. Les rectifications de l'orthographe de 1990 proposent d'harmoniser la conjugaison de ces verbes en écrivant *i* sans accent à toutes les formes (*il connait, il paraitra*). **2.** *Paître* n'est employé ni aux temps composés ni au passé simple ni à l'imparfait du subjonctif.

INDICATIF

Présent	Passé composé
je connais	j' ai connu
tu connais	tu as connu
il connaît	il a connu
ns connaissons	ns avons connu
vs connaissez	vs avez connu
ils connaissent	ils ont connu

Imparfait	Plus-que-parfait
je connaissais	j' avais connu
tu connaissais	tu avais connu
il connaissait	il avait connu
ns connaissions	ns avions connu
vs connaissiez	vs aviez connu
ils connaissaient	ils avaient connu

Passé simple	Passé antérieur
je connus	j' eus connu
tu connus	tu eus connu
il connut	il eut connu
ns connûmes	ns eûmes connu
vs connûtes	vs eûtes connu
ils connurent	ils eurent connu

Futur simple	Futur antérieur
je connaîtrai	j' aurai connu
tu connaîtras	tu auras connu
il connaîtra	il aura connu
ns connaîtrons	ns aurons connu
vs connaîtrez	vs aurez connu
ils connaîtront	ils auront connu

SUBJONCTIF

Présent	Imparfait
que je connaisse	que je connusse
que tu connaisses	que tu connusses
qu' il connaisse	qu' il connût
que ns connaissions	que ns connussions
que vs connaissiez	que vs connussiez
qu' ils connaissent	qu' ils connussent

Passé	Plus-que-parfait
que j' aie connu	que j' eusse connu
que tu aies connu	que tu eusses connu
qu' il ait connu	qu' il eût connu
que ns ayons connu	que ns eussions connu
que vs ayez connu	que vs eussiez connu
qu' ils aient connu	qu' ils eussent connu

CONDITIONNEL

Présent	Passé 1re forme	Passé 2e forme
je connaîtrais	j' aurais connu	j' eusse connu
tu connaîtrais	tu aurais connu	tu eusses connu
il connaîtrait	il aurait connu	il eût connu
ns connaîtrions	ns aurions connu	ns eussions connu
vs connaîtriez	vs auriez connu	vs eussiez connu
ils connaîtraient	ils auraient connu	ils eussent connu

IMPÉRATIF

Présent			Passé		
connais	connaissons	connaissez	aie connu	ayons connu	ayez connu

INFINITIF / PARTICIPE

Infinitif Présent	Infinitif Passé	Participe Présent	Participe Passé	Participe Passé composé
connaître	avoir connu	connaissant	connu, e	ayant connu

tableaux de conjugaison types

65 NAÎTRE — 3e GROUPE

Naître et *renaître* prennent un accent circonflexe sur le *i* du radical qui précède un *t* *(il naît, il renaîtra).*

Remarque : les rectifications de l'orthographe de 1990 proposent d'harmoniser la conjugaison de ces verbes en écrivant *i* sans accent à toutes les formes *(il nait, il renaitra).* À noter la forme particulière du participe passé *né.*

INDICATIF

Présent	Passé composé
je nais	je suis né
tu nais	tu es né
il naît	il est né
ns naissons	ns sommes nés
vs naissez	vs êtes nés
ils naissent	ils sont nés

Imparfait	Plus-que-parfait
je naissais	j' étais né
tu naissais	tu étais né
il naissait	il était né
ns naissions	ns étions nés
vs naissiez	vs étiez nés
ils naissaient	ils étaient nés

Passé simple	Passé antérieur
je naquis	je fus né
tu naquis	tu fus né
il naquit	il fut né
ns naquîmes	ns fûmes nés
vs naquîtes	vs fûtes nés
ils naquirent	ils furent nés

Futur simple	Futur antérieur
je naîtrai	je serai né
tu naîtras	tu seras né
il naîtra	il sera né
ns naîtrons	ns serons nés
vs naîtrez	vs serez nés
ils naîtront	ils seront nés

SUBJONCTIF

Présent	Imparfait
que je naisse	que je naquisse
que tu naisses	que tu naquisses
qu' il naisse	qu' il naquît
que ns naissions	que ns naquissions
que vs naissiez	que vs naquissiez
qu' ils naissent	qu' ils naquissent

Passé	Plus-que-parfait
que je sois né	que je fusse né
que tu sois né	que tu fusses né
qu' il soit né	qu' il fût né
que ns soyons nés	que ns fussions nés
que vs soyez nés	que vs fussiez nés
qu' ils soient nés	qu' ils fussent nés

CONDITIONNEL

Présent	Passé 1re forme	Passé 2e forme
je naîtrais	je serais né	je fusse né
tu naîtrais	tu serais né	tu fusses né
il naîtrait	il serait né	il fût né
ns naîtrions	ns serions nés	ns fussions nés
vs naîtriez	vs seriez nés	vs fussiez nés
ils naîtraient	ils seraient nés	ils fussent nés

IMPÉRATIF

Présent			Passé		
nais	naissons	naissez	sois né	soyons nés	soyez nés

INFINITIF

Présent	Passé
naître	être né

PARTICIPE

Présent	Passé	Passé composé
naissant	né, e	étant né

66 CROÎTRE — 3e GROUPE

Le verbe *croître* maintient l'accent circonflexe sur le *i* pour toutes les formes homonymes de celles de *croire (croître / il croît, il a crû – croire / il croit, il a cru).*
Ainsi se conjuguent les composés de *croître* : *accroître, décroître* et *recroître.* Mais ces verbes ne prennent un accent circonflexe sur le *i* du radical que s'il précède un *t* *(il accroî**t**).*
Le participe passé de *accroître* et *décroître* s'écrit sans accent circonflexe *(accru, décru).*

INDICATIF

Présent	Passé composé
je croîs	j' ai crû
tu croîs	tu as crû
il croît	il a crû
ns croissons	ns avons crû
vs croissez	vs avez crû
ils croissent	ils ont crû

Imparfait	Plus-que-parfait
je croissais	j' avais crû
tu croissais	tu avais crû
il croissait	il avait crû
ns croissions	ns avions crû
vs croissiez	vs aviez crû
ils croissaient	ils avaient crû

Passé simple	Passé antérieur
je crûs	j' eus crû
tu crûs	tu eus crû
il crût	il eut crû
ns crûmes	ns eûmes crû
vs crûtes	vs eûtes crû
ils crûrent	ils eurent crû

Futur simple	Futur antérieur
je croîtrai	j' aurai crû
tu croîtras	tu auras crû
il croîtra	il aura crû
ns croîtrons	ns aurons crû
vs croîtrez	vs aurez crû
ils croîtront	ils auront crû

SUBJONCTIF

Présent	Imparfait
que je croisse	que je crûsse
que tu croisses	que tu crûsses
qu' il croisse	qu' il crût
que ns croissions	que ns crûssions
que vs croissiez	que vs crûssiez
qu' ils croissent	qu' ils crûssent

Passé	Plus-que-parfait
que j' aie crû	que j' eusse crû
que tu aies crû	que tu eusses crû
qu' il ait crû	qu' il eût crû
que ns ayons crû	que ns eussions crû
que vs ayez crû	que vs eussiez crû
qu' ils aient crû	qu' ils eussent crû

CONDITIONNEL

Présent	Passé 1re forme	Passé 2e forme
je croîtrais	j' aurais crû	j' eusse crû
tu croîtrais	tu aurais crû	tu eusses crû
il croîtrait	il aurait crû	il eût crû
ns croîtrions	ns aurions crû	ns eussions crû
vs croîtriez	vs auriez crû	vs eussiez crû
ils croîtraient	ils auraient crû	ils eussent crû

IMPÉRATIF

Présent			Passé		
croîs	croissons	croissez	aie crû	ayons crû	ayez crû

INFINITIF

Présent	Passé
croître	avoir crû

PARTICIPE

Présent	Passé	Passé composé
croissant	crû, crue	ayant crû

67 CROIRE — 3e GROUPE

Seul le verbe *croire* se conjugue sur ce modèle.
On ne place jamais d'accent circonflexe sur les formes de ce verbe, sauf aux deux premières personnes du pluriel du passé simple et à la 3e personne du singulier de l'imparfait du subjonctif qui sont alors homonymes de celles du verbe *croître*.
À la 3e personne du pluriel du présent de l'indicatif et du présent du subjonctif, on doit placer un *i* et non un *y* ; erreur très fréquente, surtout à l'oral.
Accroire ne s'utilise qu'à l'infinitif.

INDICATIF

Présent	Passé composé
je crois	j' ai cru
tu crois	tu as cru
il croit	il a cru
ns croyons	ns avons cru
vs croyez	vs avez cru
ils croient	ils ont cru

Imparfait	Plus-que-parfait
je croyais	j' avais cru
tu croyais	tu avais cru
il croyait	il avait cru
ns croyions	ns avions cru
vs croyiez	vs aviez cru
ils croyaient	ils avaient cru

Passé simple	Passé antérieur
je crus	j' eus cru
tu crus	tu eus cru
il crut	il eut cru
ns crûmes	ns eûmes cru
vs crûtes	vs eûtes cru
ils crurent	ils eurent cru

Futur simple	Futur antérieur
je croirai	j' aurai cru
tu croiras	tu auras cru
il croira	il aura cru
ns croirons	ns aurons cru
vs croirez	vs aurez cru
ils croiront	ils auront cru

SUBJONCTIF

Présent	Imparfait
que je croie	que je crusse
que tu croies	que tu crusses
qu' il croie	qu' il crût
que ns croyions	que ns crussions
que vs croyiez	que vs crussiez
qu' ils croient	qu' ils crussent

Passé	Plus-que-parfait
que j' aie cru	que j' eusse cru
que tu aies cru	que tu eusses cru
qu' il ait cru	qu' il eût cru
que ns ayons cru	que ns eussions cru
que vs ayez cru	que vs eussiez cru
qu' ils aient cru	qu' ils eussent cru

CONDITIONNEL

Présent	Passé 1re forme	Passé 2e forme
je croirais	j' aurais cru	j' eusse cru
tu croirais	tu aurais cru	tu eusses cru
il croirait	il aurait cru	il eût cru
ns croirions	ns aurions cru	ns eussions cru
vs croiriez	vs auriez cru	vs eussiez cru
ils croiraient	ils auraient cru	ils eussent cru

IMPÉRATIF

Présent			Passé		
crois	croyons	croyez	aie cru	ayons cru	ayez cru

INFINITIF

Présent	Passé
croire	avoir cru

PARTICIPE

Présent	Passé	Passé composé
croyant	cru, e	ayant cru

68 PLAIRE — 3ᵉ GROUPE

Ainsi se conjuguent *complaire, déplaire* et *taire*. Ce dernier ne prend pas d'accent circonflexe à la 3ᵉ personne du singulier du présent de l'indicatif *(il tait)* et a un participe passé variable *(elles se sont tues)*, alors que celui de *plaire, déplaire, complaire* est invariable *(elles se sont plu)*.

Remarque : les rectifications de l'orthographe de 1990 proposent d'écrire *i* sans accent *(il plait)*.

INDICATIF

Présent	Passé composé
je plais	j' ai plu
tu plais	tu as plu
il plaît	il a plu
ns plaisons	ns avons plu
vs plaisez	vs avez plu
ils plaisent	ils ont plu
Imparfait	**Plus-que-parfait**
je plaisais	j' avais plu
tu plaisais	tu avais plu
il plaisait	il avait plu
ns plaisions	ns avions plu
vs plaisiez	vs aviez plu
ils plaisaient	ils avaient plu
Passé simple	**Passé antérieur**
je plus	j' eus plu
tu plus	tu eus plu
il plut	il eut plu
ns plûmes	ns eûmes plu
vs plûtes	vs eûtes plu
ils plurent	ils eurent plu
Futur simple	**Futur antérieur**
je plairai	j' aurai plu
tu plairas	tu auras plu
il plaira	il aura plu
ns plairons	ns aurons plu
vs plairez	vs aurez plu
ils plairont	ils auront plu

SUBJONCTIF

Présent	Imparfait
que je plaise	que je plusse
que tu plaises	que tu plusses
qu' il plaise	qu' il plût
que ns plaisions	que ns plussions
que vs plaisiez	que vs plussiez
qu' ils plaisent	qu' ils plussent
Passé	**Plus-que-parfait**
que j' aie plu	que j' eusse plu
que tu aies plu	que tu eusses plu
qu' il ait plu	qu' il eût plu
que ns ayons plu	que ns eussions plu
que vs ayez plu	que vs eussiez plu
qu' ils aient plu	qu' ils eussent plu

CONDITIONNEL

Présent	Passé 1ʳᵉ forme	Passé 2ᵉ forme
je plairais	j' aurais plu	j' eusse plu
tu plairais	tu aurais plu	tu eusses plu
il plairait	il aurait plu	il eût plu
ns plairions	ns aurions plu	ns eussions plu
vs plairiez	vs auriez plu	vs eussiez plu
ils plairaient	ils auraient plu	ils eussent plu

IMPÉRATIF

Présent			Passé		
plais	plaisons	plaisez	aie plu	ayons plu	ayez plu

INFINITIF

Présent	Passé
plaire	avoir plu

PARTICIPE

Présent	Passé	Passé composé
plaisant	plu	ayant plu

69 TRAIRE — 3e GROUPE

Ainsi se conjuguent les verbes de la famille de *traire* (*extraire*, *abstraire*, etc.) et *braire*, qui ne s'emploie qu'aux troisièmes personnes du présent de l'indicatif, du futur simple et du conditionnel présent.
À la 3e personne du pluriel du présent de l'indicatif et du présent du subjonctif, on doit placer un *i* et non un *y*.

INDICATIF

Présent	Passé composé
je trais	j' ai trait
tu trais	tu as trait
il trait	il a trait
ns trayons	ns avons trait
vs trayez	vs avez trait
ils traient	ils ont trait

Imparfait	Plus-que-parfait
je trayais	j' avais trait
tu trayais	tu avais trait
il trayait	il avait trait
ns trayions	ns avions trait
vs trayiez	vs aviez trait
ils trayaient	ils avaient trait

Passé simple	Passé antérieur
inusité	j' eus trait
	tu eus trait
	il eut trait
	ns eûmes trait
	vs eûtes trait
	ils eurent trait

Futur simple	Futur antérieur
je trairai	j' aurai trait
tu trairas	tu auras trait
il traira	il aura trait
ns trairons	ns aurons trait
vs trairez	vs aurez trait
ils trairont	ils auront trait

SUBJONCTIF

Présent
que je traie
que tu traies
qu' il traie
que ns trayions
que vs trayiez
qu' ils traient

Imparfait
inusité

Passé
que j' aie trait
que tu aies trait
qu' il ait trait
que ns ayons trait
que vs ayez trait
qu' ils aient trait

Plus-que-parfait
que j' eusse trait
que tu eusses trait
qu' il eût trait
que ns eussions trait
que vs eussiez trait
qu' ils eussent trait

CONDITIONNEL

Présent	Passé 1re forme	Passé 2e forme
je trairais	j' aurais trait	j' eusse trait
tu trairais	tu aurais trait	tu eusses trait
il trairait	il aurait trait	il eût trait
ns trairions	ns aurions trait	ns eussions trait
vs trairiez	vs auriez trait	vs eussiez trait
ils trairaient	ils auraient trait	ils eussent trait

IMPÉRATIF

Présent
trais — trayons — trayez

Passé
aie trait — ayons trait — ayez trait

INFINITIF

Présent traire
Passé avoir trait

PARTICIPE

Présent trayant
Passé trait, te
Passé composé ayant trait

70 SUIVRE — 3e GROUPE

Se conjuguent sur ce modèle *poursuivre* et *s'ensuivre*.

Remarques : 1. La forme *je suis* est homonyme de la 1re personne du singulier du présent de l'indicatif du verbe *être*. **2.** *s'ensuivre* ne se conjugue qu'à la 3e personne (du singulier ou du pluriel) et plus particulièrement dans l'expression *et tout ce qui s'ensuit*.

INDICATIF

Présent	Passé composé
je suis	j' ai suivi
tu suis	tu as suivi
il suit	il a suivi
ns suivons	ns avons suivi
vs suivez	vs avez suivi
ils suivent	ils ont suivi

Imparfait	Plus-que-parfait
je suivais	j' avais suivi
tu suivais	tu avais suivi
il suivait	il avait suivi
ns suivions	ns avions suivi
vs suiviez	vs aviez suivi
ils suivaient	ils avaient suivi

Passé simple	Passé antérieur
je suivis	j' eus suivi
tu suivis	tu eus suivi
il suivit	il eut suivi
ns suivîmes	ns eûmes suivi
vs suivîtes	vs eûtes suivi
ils suivirent	ils eurent suivi

Futur simple	Futur antérieur
je suivrai	j' aurai suivi
tu suivras	tu auras suivi
il suivra	il aura suivi
ns suivrons	ns aurons suivi
vs suivrez	vs aurez suivi
ils suivront	ils auront suivi

SUBJONCTIF

Présent	Imparfait
que je suive	que je suivisse
que tu suives	que tu suivisses
qu' il suive	qu' il suivît
que ns suivions	que ns suivissions
que vs suiviez	que vs suivissiez
qu' ils suivent	qu' ils suivissent

Passé	Plus-que-parfait
que j' aie suivi	que j' eusse suivi
que tu aies suivi	que tu eusses suivi
qu' il ait suivi	qu' il eût suivi
que ns ayons suivi	que ns eussions suivi
que vs ayez suivi	que vs eussiez suivi
qu' ils aient suivi	qu' ils eussent suivi

CONDITIONNEL

Présent	Passé 1re forme	Passé 2e forme
je suivrais	j' aurais suivi	j' eusse suivi
tu suivrais	tu aurais suivi	tu eusses suivi
il suivrait	il aurait suivi	il eût suivi
ns suivrions	ns aurions suivi	ns eussions suivi
vs suivriez	vs auriez suivi	vs eussiez suivi
ils suivraient	ils auraient suivi	ils eussent suivi

IMPÉRATIF

Présent			Passé		
suis	suivons	suivez	aie suivi	ayons suivi	ayez suivi

INFINITIF

Présent	Passé
suivre	avoir suivi

PARTICIPE

Présent	Passé	Passé composé
suivant	suivi, e	ayant suivi

71 VIVRE — 3ᵉ GROUPE

Ainsi se conjuguent *revivre* et *survivre*.
Le participe passé de *survivre (survécu)* est invariable.

INDICATIF

Présent	Passé composé
je vis	j' ai vécu
tu vis	tu as vécu
il vit	il a vécu
ns vivons	ns avons vécu
vs vivez	vs avez vécu
ils vivent	ils ont vécu
Imparfait	**Plus-que-parfait**
je vivais	j' avais vécu
tu vivais	tu avais vécu
il vivait	il avait vécu
ns vivions	ns avions vécu
vs viviez	vs aviez vécu
ils vivaient	ils avaient vécu
Passé simple	**Passé antérieur**
je vécus	j' eus vécu
tu vécus	tu eus vécu
il vécut	il eut vécu
ns vécûmes	ns eûmes vécu
vs vécûtes	vs eûtes vécu
ils vécurent	ils eurent vécu
Futur simple	**Futur antérieur**
je vivrai	j' aurai vécu
tu vivras	tu auras vécu
il vivra	il aura vécu
ns vivrons	ns aurons vécu
vs vivrez	vs aurez vécu
ils vivront	ils auront vécu

SUBJONCTIF

Présent	Imparfait
que je vive	que je vécusse
que tu vives	que tu vécusses
qu' il vive	qu' il vécût
que ns vivions	que ns vécussions
que vs viviez	que vs vécussiez
qu' ils vivent	qu' ils vécussent
Passé	**Plus-que-parfait**
que j' aie vécu	que j' eusse vécu
que tu aies vécu	que tu eusses vécu
qu' il ait vécu	qu' il eût vécu
que ns ayons vécu	que ns eussions vécu
que vs ayez vécu	que vs eussiez vécu
qu' ils aient vécu	qu' ils eussent vécu

CONDITIONNEL

Présent	Passé 1ʳᵉ forme	Passé 2ᵉ forme
je vivrais	j' aurais vécu	j' eusse vécu
tu vivrais	tu aurais vécu	tu eusses vécu
il vivrait	il aurait vécu	il eût vécu
ns vivrions	ns aurions vécu	ns eussions vécu
vs vivriez	vs auriez vécu	vs eussiez vécu
ils vivraient	ils auraient vécu	ils eussent vécu

IMPÉRATIF

Présent			Passé		
vis	vivons	vivez	aie vécu	ayons vécu	ayez vécu

INFINITIF

Présent	Passé
vivre	avoir vécu

PARTICIPE

Présent	Passé	Passé composé
vivant	vécu, e	ayant vécu

72 SUFFIRE — 3e GROUPE

Se conjuguent sur ce modèle *confire* et *frire*, mais leur participe passé est en *-it (confit, confite ; frit, frite)* et *circoncire*, mais son participe passé est en *-is (circoncis, circoncise)*.
Remarque : *frire* ne s'emploie couramment qu'à l'infinitif et au participe passé. On trouve parfois le présent de l'indicatif (mais seulement au singulier), le futur simple et les temps composés.
Le participe passé *suffi* est invariable, même à la forme pronominale : *ils se sont suffi à eux-mêmes.*

INDICATIF

Présent	Passé composé
je suffis	j' ai suffi
tu suffis	tu as suffi
il suffit	il a suffi
ns suffisons	ns avons suffi
vs suffisez	vs avez suffi
ils suffisent	ils ont suffi

Imparfait	Plus-que-parfait
je suffisais	j' avais suffi
tu suffisais	tu avais suffi
il suffisait	il avait suffi
ns suffisions	ns avions suffi
vs suffisiez	vs aviez suffi
ils suffisaient	ils avaient suffi

Passé simple	Passé antérieur
je suffis	j' eus suffi
tu suffis	tu eus suffi
il suffit	il eut suffi
ns suffîmes	ns eûmes suffi
vs suffîtes	vs eûtes suffi
ils suffirent	ils eurent suffi

Futur simple	Futur antérieur
je suffirai	j' aurai suffi
tu suffiras	tu auras suffi
il suffira	il aura suffi
ns suffirons	ns aurons suffi
vs suffirez	vs aurez suffi
ils suffiront	ils auront suffi

SUBJONCTIF

Présent	Imparfait
que je suffise	que je suffisse
que tu suffises	que tu suffisses
qu' il suffise	qu' il suffît
que ns suffisions	que ns suffissions
que vs suffisiez	que vs suffissiez
qu' ils suffisent	qu' ils suffissent

Passé	Plus-que-parfait
que j' aie suffi	que j' eusse suffi
que tu aies suffi	que tu eusses suffi
qu' il ait suffi	qu' il eût suffi
que ns ayons suffi	que ns eussions suffi
que vs ayez suffi	que vs eussiez suffi
qu' ils aient suffi	qu' ils eussent suffi

CONDITIONNEL

Présent	Passé 1re forme	Passé 2e forme
je suffirais	j' aurais suffi	j' eusse suffi
tu suffirais	tu aurais suffi	tu eusses suffi
il suffirait	il aurait suffi	il eût suffi
ns suffirions	ns aurions suffi	ns eussions suffi
vs suffiriez	vs auriez suffi	vs eussiez suffi
ils suffiraient	ils auraient suffi	ils eussent suffi

IMPÉRATIF

Présent			Passé		
suffis	suffisons	suffisez	aie suffi	ayons suffi	ayez suffi

INFINITIF

Présent	Passé
suffire	avoir suffi

PARTICIPE

Présent	Passé	Passé composé
suffisant	suffi	ayant suffi

73 DIRE — 3e GROUPE

Dire (et *redire*) ont la particularité d'avoir leur 2e personne du pluriel du présent de l'indicatif et de l'impératif en *-tes*, et non en *-ez*.

Les autres verbes qui se conjuguent sur ce modèle *(contredire, dédire, interdire, médire* et *prédire)* font bien leur 2e personne du pluriel en *-ez* (Ex. : *vous contredisez, vous prédisez*).

INDICATIF

Présent	Passé composé
je dis	j' ai dit
tu dis	tu as dit
il dit	il a dit
ns disons	ns avons dit
vs dites	vs avez dit
ils disent	ils ont dit

Imparfait	Plus-que-parfait
je disais	j' avais dit
tu disais	tu avais dit
il disait	il avait dit
ns disions	ns avions dit
vs disiez	vs aviez dit
ils disaient	ils avaient dit

Passé simple	Passé antérieur
je dis	j' eus dit
tu dis	tu eus dit
il dit	il eut dit
ns dîmes	ns eûmes dit
vs dîtes	vs eûtes dit
ils dirent	ils eurent dit

Futur simple	Futur antérieur
je dirai	j' aurai dit
tu diras	tu auras dit
il dira	il aura dit
ns dirons	ns aurons dit
vs direz	vs aurez dit
ils diront	ils auront dit

SUBJONCTIF

Présent	Imparfait
que je dise	que je disse
que tu dises	que tu disses
qu' il dise	qu' il dît
que ns disions	que ns dissions
que vs disiez	que vs dissiez
qu' ils disent	qu' ils dissent

Passé	Plus-que-parfait
que j' aie dit	que j' eusse dit
que tu aies dit	que tu eusses dit
qu' il ait dit	qu' il eût dit
que ns ayons dit	que ns eussions dit
que vs ayez dit	que vs eussiez dit
qu' ils aient dit	qu' ils eussent dit

CONDITIONNEL

Présent	Passé 1re forme	Passé 2e forme
je dirais	j' aurais dit	j' eusse dit
tu dirais	tu aurais dit	tu eusses dit
il dirait	il aurait dit	il eût dit
ns dirions	ns aurions dit	ns eussions dit
vs diriez	vs auriez dit	vs eussiez dit
ils diraient	ils auraient dit	ils eussent dit

IMPÉRATIF

Présent			Passé		
dis	disons	dites	aie dit	ayons dit	ayez dit

INFINITIF

Présent	Passé
dire	avoir dit

PARTICIPE

Présent	Passé	Passé composé
disant	dit, te	ayant dit

74 MAUDIRE — 3e GROUPE

Bien que construit sur *dire*, *maudire* ne garde de ce verbe que l'infinitif et le participe passé. Tout le reste de sa conjugaison se fait sur le modèle des verbes du 2e groupe (voir modèle **20**) : *nous maudissons, maudissant.*

INDICATIF

Présent	Passé composé
je maudis	j' ai maudit
tu maudis	tu as maudit
il maudit	il a maudit
ns maudissons	ns avons maudit
vs maudissez	vs avez maudit
ils maudissent	ils ont maudit

Imparfait	Plus-que-parfait
je maudissais	j' avais maudit
tu maudissais	tu avais maudit
il maudissait	il avait maudit
ns maudissions	ns avions maudit
vs maudissiez	vs aviez maudit
ils maudissaient	ils avaient maudit

Passé simple	Passé antérieur
je maudis	j' eus maudit
tu maudis	tu eus maudit
il maudit	il eut maudit
ns maudîmes	ns eûmes maudit
vs maudîtes	vs eûtes maudit
ils maudirent	ils eurent maudit

Futur simple	Futur antérieur
je maudirai	j' aurai maudit
tu maudiras	tu auras maudit
il maudira	il aura maudit
ns maudirons	ns aurons maudit
vs maudirez	vs aurez maudit
ils maudiront	ils auront maudit

SUBJONCTIF

Présent	Imparfait
que je maudisse	que je maudisse
que tu maudisses	que tu maudisses
qu' il maudisse	qu' il maudît
que ns maudissions	que ns maudissions
que vs maudissiez	que vs maudissiez
qu' ils maudissent	qu' ils maudissent

Passé	Plus-que-parfait
que j' aie maudit	que j' eusse maudit
que tu aies maudit	que tu eusses maudit
qu' il ait maudit	qu' il eût maudit
que ns ayons maudit	que ns eussions maudit
que vs ayez maudit	que vs eussiez maudit
qu' ils aient maudit	qu' ils eussent maudit

CONDITIONNEL

Présent	Passé 1re forme	Passé 2e forme
je maudirais	j' aurais maudit	j' eusse maudit
tu maudirais	tu aurais maudit	tu eusses maudit
il maudirait	il aurait maudit	il eût maudit
ns maudirions	ns aurions maudit	ns eussions maudit
vs maudiriez	vs auriez maudit	vs eussiez maudit
ils maudiraient	ils auraient maudit	ils eussent maudit

IMPÉRATIF

Présent			Passé		
maudis	maudissons	maudissez	aie maudit	ayons maudit	ayez maudit

INFINITIF

Présent	Passé
maudire	avoir maudit

PARTICIPE

Présent	Passé	Passé composé
maudissant	maudit, te	ayant maudit

75 LIRE — 3e GROUPE

Ainsi se conjuguent *relire*, *élire* et *réélire*.
Remarque : *élire* et *réélire* ont bien un passé simple en *-u- (ils élurent)* et non pas en *-i-* comme on le rencontre parfois, peut-être par confusion avec son synonyme *choisir*.

INDICATIF

Présent	Passé composé
je lis	j' ai lu
tu lis	tu as lu
il lit	il a lu
ns lisons	ns avons lu
vs lisez	vs avez lu
ils lisent	ils ont lu

Imparfait	Plus-que-parfait
je lisais	j' avais lu
tu lisais	tu avais lu
il lisait	il avait lu
ns lisions	ns avions lu
vs lisiez	vs aviez lu
ils lisaient	ils avaient lu

Passé simple	Passé antérieur
je lus	j' eus lu
tu lus	tu eus lu
il lut	il eut lu
ns lûmes	ns eûmes lu
vs lûtes	vs eûtes lu
ils lurent	ils eurent lu

Futur simple	Futur antérieur
je lirai	j' aurai lu
tu liras	tu auras lu
il lira	il aura lu
ns lirons	ns aurons lu
vs lirez	vs aurez lu
ils liront	ils auront lu

SUBJONCTIF

Présent	Imparfait	Passé	Plus-que-parfait
que je lise	que je lusse	que j' aie lu	que j' eusse lu
que tu lises	que tu lusses	que tu aies lu	que tu eusses lu
qu' il lise	qu' il lût	qu' il ait lu	qu' il eût lu
que ns lisions	que ns lussions	que ns ayons lu	que ns eussions lu
que vs lisiez	que vs lussiez	que vs ayez lu	que vs eussiez lu
qu' ils lisent	qu' ils lussent	qu' ils aient lu	qu' ils eussent lu

CONDITIONNEL

Présent	Passé 1re forme	Passé 2e forme
je lirais	j' aurais lu	j' eusse lu
tu lirais	tu aurais lu	tu eusses lu
il lirait	il aurait lu	il eût lu
ns lirions	ns aurions lu	ns eussions lu
vs liriez	vs auriez lu	vs eussiez lu
ils liraient	ils auraient lu	ils eussent lu

IMPÉRATIF

Présent			Passé		
lis	lisons	lisez	aie lu	ayons lu	ayez lu

INFINITIF

Présent	Passé
lire	avoir lu

PARTICIPE

Présent	Passé	Passé composé
lisant	lu, e	ayant lu

76 ÉCRIRE — 3e GROUPE

Ainsi se conjuguent tous les verbes qui se terminent par *-crire.*

INDICATIF

Présent	Passé composé
j' écris	j' ai écrit
tu écris	tu as écrit
il écrit	il a écrit
ns écrivons	ns avons écrit
vs écrivez	vs avez écrit
ils écrivent	ils ont écrit

Imparfait	Plus-que-parfait
j' écrivais	j' avais écrit
tu écrivais	tu avais écrit
il écrivait	il avait écrit
ns écrivions	ns avions écrit
vs écriviez	vs aviez écrit
ils écrivaient	ils avaient écrit

Passé simple	Passé antérieur
j' écrivis	j' eus écrit
tu écrivis	tu eus écrit
il écrivit	il eut écrit
ns écrivîmes	ns eûmes écrit
vs écrivîtes	vs eûtes écrit
ils écrivirent	ils eurent écrit

Futur simple	Futur antérieur
j' écrirai	j' aurai écrit
tu écriras	tu auras écrit
il écrira	il aura écrit
ns écrirons	ns aurons écrit
vs écrirez	vs aurez écrit
ils écriront	ils auront écrit

SUBJONCTIF

Présent	Imparfait
que j' écrive	que j' écrivisse
que tu écrives	que tu écrivisses
qu' il écrive	qu' il écrivît
que ns écrivions	que ns écrivissions
que vs écriviez	que vs écrivissiez
qu' ils écrivent	qu' ils écrivissent

Passé	Plus-que-parfait
que j' aie écrit	que j' eusse écrit
que tu aies écrit	que tu eusses écrit
qu' il ait écrit	qu' il eût écrit
que ns ayons écrit	que ns eussions écrit
que vs ayez écrit	que vs eussiez écrit
qu' ils aient écrit	qu' ils eussent écrit

CONDITIONNEL

Présent	Passé 1re forme	Passé 2e forme
j' écrirais	j' aurais écrit	j' eusse écrit
tu écrirais	tu aurais écrit	tu eusses écrit
il écrirait	il aurait écrit	il eût écrit
ns écririons	ns aurions écrit	ns eussions écrit
vs écririez	vs auriez écrit	vs eussiez écrit
ils écriraient	ils auraient écrit	ils eussent écrit

IMPÉRATIF

Présent			Passé		
écris	écrivons	écrivez	aie écrit	ayons écrit	ayez écrit

INFINITIF

Présent	Passé
écrire	avoir écrit

PARTICIPE

Présent	Passé	Passé composé
écrivant	écrit, te	ayant écrit

77 RIRE — 3e GROUPE

Ainsi se conjugue le verbe *sourire.*
Remarque : noter le participe passé invariable des deux verbes *(elles se sont souri en se reconnaissant* et *ils se sont ri des difficultés).*
Aux deux premières personnes du pluriel de l'imparfait de l'indicatif et du présent du subjonctif, ne pas oublier les deux *i*, un pour le radical et un pour la terminaison.

INDICATIF

Présent	Passé composé
je ris	j' ai ri
tu ris	tu as ri
il rit	il a ri
ns rions	ns avons ri
vs riez	vs avez ri
ils rient	ils ont ri
Imparfait	**Plus-que-parfait**
je riais	j' avais ri
tu riais	tu avais ri
il riait	il avait ri
ns riions	ns avions ri
vs riiez	vs aviez ri
ils riaient	ils avaient ri
Passé simple	**Passé antérieur**
je ris	j' eus ri
tu ris	tu eus ri
il rit	il eut ri
ns rîmes	ns eûmes ri
vs rîtes	vs eûtes ri
ils rirent	ils eurent ri
Futur simple	**Futur antérieur**
je rirai	j' aurai ri
tu riras	tu auras ri
il rira	il aura ri
ns rirons	ns aurons ri
vs rirez	vs aurez ri
ils riront	ils auront ri

SUBJONCTIF

Présent	Imparfait	Passé	Plus-que-parfait
que je rie	que je risse	que j' aie ri	que j' eusse ri
que tu ries	que tu risses	que tu aies ri	que tu eusses ri
qu' il rie	qu' il rît	qu' il ait ri	qu' il eût ri
que ns riions	que ns rissions	que ns ayons ri	que ns eussions ri
que vs riiez	que vs rissiez	que vs ayez ri	que vs eussiez ri
qu' ils rient	qu' ils rissent	qu' ils aient ri	qu' ils eussent ri

CONDITIONNEL

Présent	Passé 1re forme	Passé 2e forme
je rirais	j' aurais ri	j' eusse ri
tu rirais	tu aurais ri	tu eusses ri
il rirait	il aurait ri	il eût ri
ns ririons	ns aurions ri	ns eussions ri
vs ririez	vs auriez ri	vs eussiez ri
ils riraient	ils auraient ri	ils eussent ri

IMPÉRATIF

Présent			Passé		
ris	rions	riez	aie ri	ayons ri	ayez ri

INFINITIF

Présent	Passé
rire	avoir ri

PARTICIPE

Présent	Passé	Passé composé
riant	ri	ayant ri

78 CONDUIRE — 3e GROUPE

Ainsi se conjuguent tous les verbes en *-uire*, sauf *bruire* (voir remarque modèle **20**).
Luire, reluire, nuire ont un participe passé invariable en *-ui (lui, relui, nui)*.

INDICATIF

Présent	Passé composé
je conduis	j' ai conduit
tu conduis	tu as conduit
il conduit	il a conduit
ns conduisons	ns avons conduit
vs conduisez	vs avez conduit
ils conduisent	ils ont conduit
Imparfait	**Plus-que-parfait**
je conduisais	j' avais conduit
tu conduisais	tu avais conduit
il conduisait	il avait conduit
ns conduisions	ns avions conduit
vs conduisiez	vs aviez conduit
ils conduisaient	ils avaient conduit
Passé simple	**Passé antérieur**
je conduisis	j' eus conduit
tu conduisis	tu eus conduit
il conduisit	il eut conduit
ns conduisîmes	ns eûmes conduit
vs conduisîtes	vs eûtes conduit
ils conduisirent	ils eurent conduit
Futur simple	**Futur antérieur**
je conduirai	j' aurai conduit
tu conduiras	tu auras conduit
il conduira	il aura conduit
ns conduirons	ns aurons conduit
vs conduirez	vs aurez conduit
ils conduiront	ils auront conduit

SUBJONCTIF

Présent	Imparfait
que je conduise	que je conduisisse
que tu conduises	que tu conduisisses
qu' il conduise	qu' il conduisît
que ns conduisions	que ns conduisissions
que vs conduisiez	que vs conduisissiez
qu' ils conduisent	qu' ils conduisissent
Passé	**Plus-que-parfait**
que j' aie conduit	que j' eusse conduit
que tu aies conduit	que tu eusses conduit
qu' il ait conduit	qu' il eût conduit
que ns ayons conduit	que ns eussions conduit
que vs ayez conduit	que vs eussiez conduit
qu' ils aient conduit	qu' ils eussent conduit

CONDITIONNEL

Présent	Passé 1re forme	Passé 2e forme
je conduirais	j' aurais conduit	j' eusse conduit
tu conduirais	tu aurais conduit	tu eusses conduit
il conduirait	il aurait conduit	il eût conduit
ns conduirions	ns aurions conduit	ns eussions conduit
vs conduiriez	vs auriez conduit	vs eussiez conduit
ils conduiraient	ils auraient conduit	ils eussent conduit

IMPÉRATIF

Présent			Passé		
conduis	conduisons	conduisez	aie conduit	ayons conduit	ayez conduit

INFINITIF

Présent	Passé
conduire	avoir conduit

PARTICIPE

Présent	Passé	Passé composé
conduisant	conduit, te	ayant conduit

79 BOIRE — 3e GROUPE

Boire est le seul verbe à se conjuguer sur ce modèle.

INDICATIF

Présent	Passé composé
je bois	j' ai bu
tu bois	tu as bu
il boit	il a bu
ns buvons	ns avons bu
vs buvez	vs avez bu
ils boivent	ils ont bu
Imparfait	**Plus-que-parfait**
je buvais	j' avais bu
tu buvais	tu avais bu
il buvait	il avait bu
ns buvions	ns avions bu
vs buviez	vs aviez bu
ils buvaient	ils avaient bu
Passé simple	**Passé antérieur**
je bus	j' eus bu
tu bus	tu eus bu
il but	il eut bu
ns bûmes	ns eûmes bu
vs bûtes	vs eûtes bu
ils burent	ils eurent bu
Futur simple	**Futur antérieur**
je boirai	j' aurai bu
tu boiras	tu auras bu
il boira	il aura bu
ns boirons	ns aurons bu
vs boirez	vs aurez bu
ils boiront	ils auront bu

SUBJONCTIF

Présent	Imparfait
que je boive	que je busse
que tu boives	que tu busses
qu' il boive	qu' il bût
que ns buvions	que ns bussions
que vs buviez	que vs bussiez
qu' ils boivent	qu' ils bussent
Passé	**Plus-que-parfait**
que j' aie bu	que j' eusse bu
que tu aies bu	que tu eusses bu
qu' il ait bu	qu' il eût bu
que ns ayons bu	que ns eussions bu
que vs ayez bu	que vs eussiez bu
qu' ils aient bu	qu' ils eussent bu

CONDITIONNEL

Présent	Passé 1re forme	Passé 2e forme
je boirais	j' aurais bu	j' eusse bu
tu boirais	tu aurais bu	tu eusses bu
il boirait	il aurait bu	il eût bu
ns boirions	ns aurions bu	ns eussions bu
vs boiriez	vs auriez bu	vs eussiez bu
ils boiraient	ils auraient bu	ils eussent bu

IMPÉRATIF

Présent			Passé		
bois	buvons	buvez	aie bu	ayons bu	ayez bu

INFINITIF

Présent	Passé
boire	avoir bu

PARTICIPE

Présent	Passé	Passé composé
buvant	bu, e	ayant bu

80 CONCLURE — 3e GROUPE

Ainsi se conjuguent *exclure* et *inclure*, mais ce dernier a un participe passé en *-us* : *inclus, incluse.*

Remarque : au futur simple, veiller à ne pas conjuguer ces verbes comme des verbes en *-uer* du 1er groupe *(diluer → vous diluerez / conclure → vous conclurez).*

INDICATIF

Présent	Passé composé
je conclus	j' ai conclu
tu conclus	tu as conclu
il conclut	il a conclu
ns concluons	ns avons conclu
vs concluez	vs avez conclu
ils concluent	ils ont conclu

Imparfait	Plus-que-parfait
je concluais	j' avais conclu
tu concluais	tu avais conclu
il concluait	il avait conclu
ns concluions	ns avions conclu
vs concluiez	vs aviez conclu
ils concluaient	ils avaient conclu

Passé simple	Passé antérieur
je conclus	j' eus conclu
tu conclus	tu eus conclu
il conclut	il eut conclu
ns conclûmes	ns eûmes conclu
vs conclûtes	vs eûtes conclu
ils conclurent	ils eurent conclu

Futur simple	Futur antérieur
je conclurai	j' aurai conclu
tu concluras	tu auras conclu
il conclura	il aura conclu
ns conclurons	ns aurons conclu
vs conclurez	vs aurez conclu
ils concluront	ils auront conclu

SUBJONCTIF

Présent	Imparfait
que je conclue	que je conclusse
que tu conclues	que tu conclusses
qu' il conclue	qu' il conclût
que ns concluions	que ns conclussions
que vs concluiez	que vs conclussiez
qu' ils concluent	qu' ils conclussent

Passé	Plus-que-parfait
que j' aie conclu	que j' eusse conclu
que tu aies conclu	que tu eusses conclu
qu' il ait conclu	qu' il eût conclu
que ns ayons conclu	que ns eussions conclu
que vs ayez conclu	que vs eussiez conclu
qu' ils aient conclu	qu' ils eussent conclu

CONDITIONNEL

Présent	Passé 1re forme	Passé 2e forme
je conclurais	j' aurais conclu	j' eusse conclu
tu conclurais	tu aurais conclu	tu eusses conclu
il conclurait	il aurait conclu	il eût conclu
ns conclurions	ns aurions conclu	ns eussions conclu
vs concluriez	vs auriez conclu	vs eussiez conclu
ils concluraient	ils auraient conclu	ils eussent conclu

IMPÉRATIF

Présent			Passé		
conclus	concluons	concluez	aie conclu	ayons conclu	ayez conclu

INFINITIF

Présent	Passé
conclure	avoir conclu

PARTICIPE

Présent	Passé	Passé composé
concluant	conclu, e	ayant conclu

tableaux de conjugaison types

81 CLORE 3e GROUPE

Clore prend un accent circonflexe sur le *o* qui précède *t*. Pour les verbes *éclore* et *enclore* qui se conjuguent sur ce modèle, certains dictionnaires donnent les formes avec un accent circonflexe, d'autres sans. Pour mettre fin à ces hésitations, les rectifications de l'orthographe de 1990 proposent d'écrire toutes les formes sans accent circonflexe.

Remarque : *éclore* ne s'emploie qu'à la 3e personne alors que *enclore* se rencontre aux deux premières personnes du pluriel *(nous enclosons, vous enclosez)*.

INDICATIF

Présent	Passé composé
je clos	j' ai clos
tu clos	tu as clos
il clôt	il a clos
inusité	ns avons clos
inusité	vs avez clos
ils closent	ils ont clos

Imparfait	Plus-que-parfait
inusité	j' avais clos
	tu avais clos
	il avait clos
	ns avions clos
	vs aviez clos
	ils avaient clos

Passé simple	Passé antérieur
inusité	j' eus clos
	tu eus clos
	il eut clos
	ns eûmes clos
	vs eûtes clos
	ils eurent clos

Futur simple	Futur antérieur
je clorai	j' aurai clos
tu cloras	tu auras clos
il clora	il aura clos
ns clorons	ns aurons clos
vs clorez	vs aurez clos
ils cloront	ils auront clos

SUBJONCTIF

Présent	Imparfait
que je close	*inusité*
que tu closes	
qu' il close	
que ns closions	
que vs closiez	
qu' ils closent	

Passé	Plus-que-parfait
que j' aie clos	que j' eusse clos
que tu aies clos	que tu eusses clos
qu' il ait clos	qu' il eût clos
que ns ayons clos	que ns eussions clos
que vs ayez clos	que vs eussiez clos
qu' ils aient clos	qu' ils eussent clos

CONDITIONNEL

Présent	Passé 1re forme	Passé 2e forme
je clorais	j' aurais clos	j' eusse clos
tu clorais	tu aurais clos	tu eusses clos
il clorait	il aurait clos	il eût clos
ns clorions	ns aurions clos	ns eussions clos
vs cloriez	vs auriez clos	vs eussiez clos
ils cloraient	ils auraient clos	ils eussent clos

IMPÉRATIF

Présent		Passé		
clos	*inusité*	aie clos	ayons clos	ayez clos

INFINITIF

Présent	Passé
clore	avoir clos

PARTICIPE

Présent	Passé	Passé composé
closant	clos, se	ayant clos

82 FAIRE — 3e GROUPE

Faire et les verbes de sa famille ont la particularité d'avoir leur 2e personne du pluriel du présent de l'indicatif et de l'impératif en *-tes*, et non en *-ez*.

Remarque : noter la prononciation [fə] pour la 1re personne du pluriel du présent de l'indicatif, pour toutes les formes de l'imparfait de l'indicatif, pour la 1re personne du pluriel de l'impératif et pour le participe présent.

INDICATIF

Présent	Passé composé
je fais	j' ai fait
tu fais	tu as fait
il fait	il a fait
ns faisons	ns avons fait
vs faites	vs avez fait
ils font	ils ont fait

Imparfait	Plus-que-parfait
je faisais	j' avais fait
tu faisais	tu avais fait
il faisait	il avait fait
ns faisions	ns avions fait
vs faisiez	vs aviez fait
ils faisaient	ils avaient fait

Passé simple	Passé antérieur
je fis	j' eus fait
tu fis	tu eus fait
il fit	il eut fait
ns fîmes	ns eûmes fait
vs fîtes	vs eûtes fait
ils firent	ils eurent fait

Futur simple	Futur antérieur
je ferai	j' aurai fait
tu feras	tu auras fait
il fera	il aura fait
ns ferons	ns aurons fait
vs ferez	vs aurez fait
ils feront	ils auront fait

SUBJONCTIF

Présent	Imparfait
que je fasse	que je fisse
que tu fasses	que tu fisses
qu' il fasse	qu' il fît
que ns fassions	que ns fissions
que vs fassiez	que vs fissiez
qu' ils fassent	qu' ils fissent

Passé	Plus-que-parfait
que j' aie fait	que j' eusse fait
que tu aies fait	que tu eusses fait
qu' il ait fait	qu' il eût fait
que ns ayons fait	que ns eussions fait
que vs ayez fait	que vs eussiez fait
qu' ils aient fait	qu' ils eussent fait

CONDITIONNEL

Présent	Passé 1re forme	Passé 2e forme
je ferais	j' aurais fait	j' eusse fait
tu ferais	tu aurais fait	tu eusses fait
il ferait	il aurait fait	il eût fait
ns ferions	ns aurions fait	ns eussions fait
vs feriez	vs auriez fait	vs eussiez fait
ils feraient	ils auraient fait	ils eussent fait

IMPÉRATIF

Présent
fais faisons faites

Passé
aie fait ayons fait ayez fait

INFINITIF

Présent
faire

Passé
avoir fait

PARTICIPE

Présent
faisant

Passé
fait, te

Passé composé
ayant fait

83 ALLER — 3e GROUPE

L'impératif singulier s'écrit sans *s* *(va)* sauf si le verbe est suivi du pronom complément *y* *(vas-y)*.
S'en aller se conjugue comme *aller*. Noter la 2e personne du singulier de l'impératif présent avec élision du pronom réfléchi : *va-t'en*.

INDICATIF

Présent	Passé composé
je vais	je suis allé
tu vas	tu es allé
il va	il est allé
ns allons	ns sommes allés
vs allez	vs êtes allés
ils vont	ils sont allés

Imparfait	Plus-que-parfait
j' allais	j' étais allé
tu allais	tu étais allé
il allait	il était allé
ns allions	ns étions allés
vs alliez	vs étiez allés
ils allaient	ils étaient allés

Passé simple	Passé antérieur
j' allai	je fus allé
tu allas	tu fus allé
il alla	il fut allé
ns allâmes	ns fûmes allés
vs allâtes	vs fûtes allés
ils allèrent	ils furent allés

Futur simple	Futur antérieur
j' irai	je serai allé
tu iras	tu seras allé
il ira	il sera allé
ns irons	ns serons allés
vs irez	vs serez allés
ils iront	ils seront allés

SUBJONCTIF

Présent	Imparfait
que j' aille	que j' allasse
que tu ailles	que tu allasses
qu' il aille	qu' il allât
que ns allions	que ns allassions
que vs alliez	que vs allassiez
qu' ils aillent	qu' ils allassent

Passé	Plus-que-parfait
que je sois allé	que je fusse allé
que tu sois allé	que tu fusses allé
qu' il soit allé	qu' il fût allé
que ns soyons allés	que ns fussions allés
que vs soyez allés	que vs fussiez allés
qu' ils soient allés	qu' ils fussent allés

CONDITIONNEL

Présent	Passé 1re forme	Passé 2e forme
j' irais	je serais allé	je fusse allé
tu irais	tu serais allé	tu fusses allé
il irait	il serait allé	il fût allé
ns irions	ns serions allés	ns fussions allés
vs iriez	vs seriez allés	vs fussiez allés
ils iraient	ils seraient allés	ils fussent allés

IMPÉRATIF

Présent			Passé		
va	allons	allez	sois allé	soyons allés	soyez allés

INFINITIF

Présent	Passé
aller	être allé

PARTICIPE

Présent	Passé	Passé composé
allant	allé, e	étant allé

INDEX DES VERBES

Les nombres indiqués ici en couleur correspondent aux numéros des tableaux de conjugaison types.
Les verbes en gras sont les verbes modèles.

A

Index des verbes

C

D

index des verbes

E

M

N

O

P

Q

R

S

T

U

V

Alphabet phonétique

12 voyelles

[a]	***a**mi ; m**a**t*	[ɔ]	*s**o**rt ; d**o**nner*
[ɑ]	*m**â**t ; b**a**s*	[ø]	*bl**eu** ; n**œu**d*
[e]	*caf**é** ; parl**er***	[œ]	*b**eu**rre ; **œu**f*
[ɛ]	*m**è**re ; b**e**lle ; f**ê**te*	[ə]	*ch**e**min ; r**e**voir*
[i]	***i**c**i** ; pl**i***	[u]	*f**ou** ; g**oû**t*
[o]	*s**o**t ; **eau** ; r**ô**le*	[y]	***u**ser ; m**û**r*

4 voyelles nasales

[ɑ̃]	*bl**an**c ; v**en**dre*	[œ̃]	*br**un** ; parf**um***
[ɛ̃]	*f**in** ; pl**ein** ; p**ain***	[ɔ̃]	*m**on**de ; s**om**bre*

3 semi-consonnes (ou semi-voyelles)

[j]	***y**aourt ; ra**il** ; r**i**en*	[ɥ]	*n**u**it ; l**u**i*
[w]	***ou**i ; r**ou**age*		

17 consonnes

[b]	***b**ar**b**e ; ta**b**le*	[ʀ]	***r**a**r**e ; pou**r***
[k]	***c**ave ; mar**qu**er ; s**k**i*	[s]	***s**ur ; tra**c**e ; le**ç**on*
[d]	***d**ur ; su**d***	[t]	***t**ous ; re**t**ard*
[f]	***f**eu ; **ph**oto*	[v]	***v**i**v**re ; **w**agon*
[g]	***g**ant ; va**gu**e*	[z]	*ro**s**e ; **z**éro*
[l]	***l**une ; rou**l**er ; vi**ll**e*	[ʃ]	***ch**at ; ri**ch**e*
[m]	***m**ain ; per**m**is*	[ʒ]	***j**eton ; man**g**er*
[n]	***n**avire ; fari**n**e*	[ɲ]	*vi**gn**e ; a**gn**eau*
[p]	***p**oule ; ta**p**er*		

Remarque : les deux phonèmes [ɛ̃] et [œ̃] tendent à être confondus dans beaucoup de régions.

achevé d'imprimer en Italie par Deaprinting
Dépôt légal : Décembre 06 - Edition n° 01 16/9448/8